깨어있는 부모

깨어있는 부모

내 안의 상처를 대물림하고 싶지 않은 당신에게

셰팔리 차바리 지음
구미화 옮김

The
Conscious
Parent

나무의마음

차례

The Conscious Parent

일흔다섯 살이 된 지금도 저는 어머니가 주신 지체 없는 사랑과 헌신적인 보살핌을 기억합니다. 그 사랑을 떠올리면 언제나 마음이 편안해지고 차분해집니다. 현대사회에서 우리가 마주하는 어려운 과제 중 하나는 어떻게 하면 이런 헌신적인 베풂에 감사하는 마음을 평생 유지하며 사느냐 하는 것입니다. 어른이 되면서 우리는 엉뚱한 지식에 이끌려 근시안적으로 변하고, 두려움과 공격성, 질투, 분노, 좌절감으로 우리의 잠재력을 억누르곤 하지요.

이 책에서 셰팔리 박사는 우리 안의 잠재력을 키워줄 깨어있는 마음이 가진 중요성을 대중적인 언어로 쉽게 설명합니다. 특히 부모와 아이 관계에서 그것을 키우는 방법에 관해 이야기합니다.

우리가 태어날 때는 '이분이 내 어머니다' 하는 뚜렷한 인식이 없겠지만, 본능적이고 생물학적인 욕구로 인해 자연스럽게 애착이 생깁니다. 어머니 또한 자기가 낳은 아이의 신체적 욕구를 돌봐주고, 달래고 먹이려는 강한 충동을 느낍니다. 이것은 추상적인 가치와 전혀 무관한, 생물학적 본능에서 비롯되는 자연스러운 현상입니다.

제 경험에 비춰볼 때, 모든 행복은 사랑과 연민, 즉 나 아닌 다른 사람에게 친절과 온정을 베푸는 마음에서 옵니다. 다른 사람을 친절과 신뢰로 대할 수 있다면, 우리는 지금보다 더 고요하고 편안해질 것입니다. 우리가 상대방을 잘 몰라서, 혹은 왠지 위협적이거나 경쟁 관계라고 생각해서 자주 느끼게 되는 타인에 대한 공포와 불신이 사라질 겁니다. 마음이 고요해지고 편안해지면 명확하게 생각하는 능력을 제대로 이용할 수 있습니다. 그러면 공부든, 일이든, 무엇을 하든 더 잘 해낼 수 있게 될 것입니다.

친절은 누구나 호의적으로 받아들입니다. 자식을 키워본 사람들은 잘 알지요. 부모와 아이 사이에 끈끈한 유대감이 생기는 이유도 거기에 본능적인 친절함이 존재하기 때문입니다. 어머니의 자궁에 수정란으로 착상하는 순간부터 스스로를 돌볼 수 있게 될 때까지, 우리에게 수많은 사람이 친절을 베풀어줍니다. 그 친절이 없었다면 우리는 결코 살아남지 못했을 겁니다. 이런 사실과 더불어 재산과 교육 수준, 국적과 종교, 문화에 관계없이 우리 모두 그저 한 인간임을 되새긴다면, 그동안 받은 친절에 친절로 보답하고 싶은 마음이 생길 것입니다.

달라이 라마

세상의 모든 부모에게

완벽한 부모가 된다는 건 신기루와도 같다. 세상에는 완벽한 부모도 완벽한 자녀도 없다.

물론 부모가 되면 누구라도 최선을 다해 아이를 키우고자 하겠지만 막상 실전에 들어가면 여러 가지 어려움에 맞닥뜨리게 된다. 이 책 『깨어있는 부모』는 바로 그런 난감한 순간에 부모가 문제를 해결할 수 있도록 도움을 주고자 쓴 책이다.

이 책의 출간 목적은 아이를 키우는 과정에 담긴 '정서적·정신적 교훈'을 찾아내고 이를 양육에 실제로 활용하는 법을 알기 쉽게 설명하는 데 있다. 그렇게 함으로써 모든 부모가 그 교훈을 '각자의 성장'을 위해 사용하고, 결과적으로 아이를 더 잘 키울 수 있게 하려는 것이다. 그 과정의 하나로 우리에게 요구되는 자세가 있다. 실제로는 우리의 불완전함이 변화를 이끌어내는 가장 중요한 도구일지도 모른다는 가능성에 마음의 문을 활짝 여는 것이다.

이 책을 읽다 보면 종종 불편한 감정을 느낄 때도 있을 것이다. 나는 그럴 때, 그 감정이 지닌 에너지에 주목해보라고 제안하고 싶다. 잠시 책 읽기를 멈추고 가만히 앉아 감정이 일어나는 순간을 지켜보자. 그렇게 하면 어느새 불편한 감정을 자연스럽게 해소하고 있는 자신을 발견하게 되고, 그러다 보면 이 책에서 전하고자 하는 내용이 더 깊게 와닿기 시작할 것이다.

『깨어있는 부모』는 연령대와 상관없이 아이를 키우고 있는 모든 이들을 염두에 두고 쓴 책이다. 혼자 아이를 키우고 있든, 가정을 꾸리려고 계획 중이든, 이제 막 가정을 꾸린 젊은 부부든 상관없다. 10대 자녀를 둔 부모나 조부모, 아니면 부모 대신 아이를 돌보는 사람도 이 책에서 소개하고 있는 원칙에 충실하려고 노력한다면 자신과 아이 모두에게 엄청난 변화가 찾아올 것이라고 확신한다.

만약 주변의 도움 없이 혼자 힘겹게 아이를 키우는 중이라면, 이 책이 그 무거운 짐을 덜어줄 수 있을 것이다. 온종일 혼자서 아이를 돌봐야 하는 엄마나 아빠라면, 이 책이 육아를 하면서 겪게 되는 경험의 질을 높여줄 것이다. 만약 육아를 도와줄 사람을 고용할 계획이라면, 이 책에서 소개하는 원칙을 지키려고 노력하는 사람에게 부탁하는 것이 좋겠다. 아이가 아직 여섯 살이 안 됐다면 특히나 더 그렇다.

아이를 키운다는 건 나의 오래된 습관과 낡은 패턴을 벗어던지고 새로운 존재 방식을 받아들이는 여정이다. 한층 더 깨어있는 부모로 발전할 수 있는 그 어마어마한 기회는 나를 늘 겸손하게 만든다.

나마스테,
셰팔리

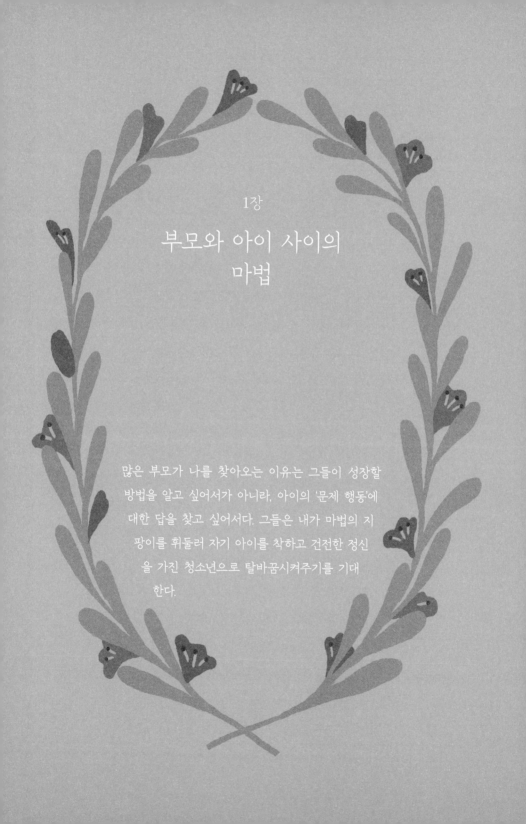

1장

부모와 아이 사이의
마법

많은 부모가 나를 찾아오는 이유는 그들이 성장할
방법을 알고 싶어서가 아니라, 아이의 '문제 행동'에
대한 답을 찾고 싶어서다. 그들은 내가 마법의 지
팡이를 휘둘러 자기 아이를 착하고 건전한 정신
을 가진 청소년으로 탈바꿈시켜주기를 기대
한다.

어느 날 아침, 딸아이가 아직 자는 나를 흔들어 깨우며 잔뜩 흥분한 목소리로 속삭였다.

"요정이 엄마에게 깜짝 놀랄 선물을 놓고 갔어요. 이빨 요정이 뭘 두고 갔는지 보세요!"

베개 밑에 손을 넣어보니 가운데를 쭉 찢은 반쪽짜리 1달러 지폐가 있었다.

"요정이 엄마에게 1달러의 절반을 주고 나머지 절반은 아빠 베개 밑에 놓고 갔어요."•

• 서양에는 아이의 유치가 빠지면 이빨요정이 베개 밑에 돈을 넣어두고 간다는 전설을 이용해 아이에게 돈을 주는 풍습이 있다. 위의 일화에서 글쓴이의 아이는 자신이 받은, 즉 부모가 넣어둔 지폐를 반으로 자른 것이다.

나는 말문이 막혔다. 그와 동시에 딜레마에 빠졌다. 돈은 나무에서 자라는 열매가 아니라는 교훈이 담긴 여러 가지 말들이 떠오르면서 딸에게 돈의 가치를 가르쳐야 한다는 생각이 밀려들었다.

'이번 기회에 지폐가 반쪽이 되면 쓸모가 없어진다는 사실을 알려주면서 돈을 낭비하면 안 된다고 가르쳐야 하지 않을까?'

그러다 곧 나는 내가 어떻게 반응하느냐에 따라 아이의 영혼을 살릴 수도, 파괴할 수도 있다는 사실을 깨달았다. 다행히 나는 가르치는 것을 뒤로 미루고, 전 재산인 1달러를 기꺼이 나눠준 딸에게 그 넉넉한 마음이 얼마나 대견한지 모르겠다고 말해주었다. 내가 요정의 넓은 마음씨는 물론 아빠와 엄마에게 똑같이 나눠준 그 놀라운 공평함과 관대함에 고마움을 표하자 아이의 두 눈이 방안을 환하게 비출 만큼 반짝반짝 빛났다.

아이의 영혼에는 고유한 울림이 있다

부모가 되면 머리와 가슴 사이에서 갈등할 때가 많다. 그래서 아이를 키우는 일이 마치 아슬아슬한 외줄타기처럼 느껴지곤 한다. 자칫 잘못 반응했다가 아이의 영혼을 파괴할 수도 있고, 적절한 말 한마디로 아이를 춤추게 할 수도 있기 때문이다. 부모는 매 순간 아이의 영혼을 살릴 것이냐 짓밟을 것이냐 하는 선택의 기로에 선다.

아이들은 타고난 자기 모습 그대로 존재할 때는 부모가 집착하는 것들에 휘둘리지 않는다. 이때 아이들은 남의 이목이나 성공, 출세처럼 어른들이 집착하는 것들에 별로 관심이 없다. 또한 세상에 뛰어드는 것에 불안해하지 않고, 어떤 위험도 기꺼이 감수하면서 인생을 경험하려 한다.

요정이 내 침실에 찾아온 그날 아침, 딸아이는 돈의 가치는커녕 돈을 나눠주면 엄마가 감동할 거라는 자신만만한 생각도 하지 않았다. 엄마를 깨우기에 너무 이른 시간일지 모른다는 걱정도 하지 않았다. 아이는 그저 자신의 놀라운 창의력을 발휘했을 뿐이다. 엄마아빠에게 즐거운 마음으로 인심을 쓰고, 요정이 찾아왔다고 알려주면서 기뻐한 것이다.

부모로서 나는 내 아이 역시 갈망, 희망, 흥분, 상상, 기발함, 경이감은 물론이고, 즐거워하는 능력까지 내가 경험하는 모든 감정을 똑같이 느끼는 온전한 인격체임을 깨닫고, 그렇게 대할 수없이 많은 기회를 맞닥뜨린다. 하지만 여느 부모처럼 미리 정해놓은 목표에 사로잡혀 그런 순간들이 제공하는 기회를 놓치기 일쑤다. 잔소리를 늘어놓거나 가르치기 바빠서 아이가 자기만의 개성을 발휘하며 지구상에 둘도 없는 존재임을 드러내는 감격적인 순간들을 무심코 지나치는 것이다.

아이를 키울 때는 그 아이가 내 분신이 아니라 고유한 울림을 가진 영혼임을 명심해야 한다. 그런 이유로 부모인 나와 아이의 정체성을 분리하는 태도가 중요하다. 아이들은 어떤 식으로든 우리가 소유하거나 가질 수 있는 대상이 아니다. 이것을 영혼 깊이, 진심으로 이해한다면 부모인 내 욕구에 아이를 끼워 맞추는 대신 아이의 욕구에 나를 맞추게 된다.

대개 부모는 아이들의 욕구를 채워주기보다 자기 생각과 기대를 고스란히 아이들에게 투사*하는 경향이 있다. 심지어 아이들이 타고난 자기 모습에 충

---

* 인정하고 싶지 않은 자신의 감정이나 욕망을 타인에게 돌려버림으로써 자신을 정당화하는 무의식적 심리 작용을 말한다.

실하도록 하려는 좋은 의도를 가졌을 때조차도, 무의식적으로 부모 자신의 목표를 강요하는 함정에 빠지고 만다. 그 결과 의도한 것은 아니지만 아이의 영혼을 망가뜨리는 경우가 대부분이다. 많은 아이들이 자라면서 힘들어하고, 문제를 일으키기도 하며, 괴로워하는 이유도 바로 여기에 있다.

우리는 나름의 비전을 갖고 부모의 여정을 시작한다. 하지만 그 비전은 대부분 환상에 불과하다. 우리가 고수하는 신념과 가치, 전제는 모두 검증받은 적 없는 것들이다. 그런데도 우리는 대부분 자기가 "옳다"고 믿고, 다시 생각해볼 것도 없다고 확신하기 때문에, 자신의 생각에 의문을 가져야 할 이유를 찾지 못한다. 이렇게 검증되지 않은 세계관을 토대로, 아이가 어떤 모습을 보여야 하는지에 대해 부모 자신도 모르게 확고한 기대를 품는다. 아이에게 부모의 방식을 강요함으로써 아이의 영혼을 파괴한다는 사실도 인식하지 못한 채 말이다.

예를 들어 직업적으로 대단히 성공한 부모라면 아이 역시 크게 성공하리라 기대하기 쉽다. 예술적 감각이 있는 부모라면 아이 또한 예술 분야에서 재능을 발휘하도록 밀어주려고 할 것이다. 부모가 학창시절에 공부를 잘했다면 아이도 아주 똑똑할 것이라는 강한 기대를 품는다.

반대로 부모가 공부를 썩 잘하지 못해서 인생이 고달팠다면 아이가 자기들처럼 될까봐 무슨 수를 써서라도 그런 가능성을 없애려고 할 것이다.

부모는 아이에게 최선이라고 생각되는 것을 해주고자 한다. 하지만 그것을 추구하는 과정에서 가장 중요한 건 각자 자기 본연의 모습으로 존재할 권리, 자기만의 고유한 기질에 따라 삶을 살아갈 권리라는 사실을 쉽게 잊어버린다.

아이들은 "맞아, 그건 그래"라고 긍정하는 세상에 살지, "아니, 그건 그렇지 않아"라고 부정하는 세상에 살지 않는다. 아이들은 넘치는 잠재력을 가지고 태어난다. 그리고 각자 자기만의 특별한 운명을 펼치며 살아간다. 누군가는 그것을 '카르마'라고 부를 것이다. 어쨌거나 아이들은 자기 안에 각자의 청사진을 갖고 있어서, 대개는 자기가 어떤 사람이며, 나중에 어떤 사람이 되고 싶은지에 대해서도 이미 알고 있다. 부모는 아이가 그것을 실현할 수 있도록 도와주기 위해 선택된 이들이다. 문제는 부모가 아이에게 세심한 주의를 기울이지 않으면, 자기 운명대로 살아갈 아이의 권리를 빼앗게 된다는 점이다. 아이에게 부모의 비전을 강요함으로써 그들의 타고난 소명을 우리 마음대로 바꿔버리는 것이다.

부모가 아이의 본질을 꿰뚫어보지 못하는 건 어쩌면 당연한 일일지도 모른다. 자기 내면의 소리도 듣지 못하는 사람이 어떻게 아이의 내면에 귀 기울일 수 있겠는가? 자기 삶에서도 그러지 못하는 사람이 어떻게 아이의 영혼을 느끼고 마음의 울림을 들을 수 있겠는가? 부모가 내면의 나침판을 잃어버린 마당에 그토록 많은 아이가 방향을 잃고 단절된 채로 낙담하며 자라는 게 뭐가 이상하단 말인가? 부모가 자기 내면세계와 연결되지 못하면 자기 본연의 모습으로 아이를 대하는, 깨어있는 양육을 실천하기 어렵다.

그렇긴 해도 나는 이 책을 통해 그저 하루하루 살아가려고 애쓰는 부모, 특히 10대 자녀를 둔 부모에게 마치 구명튜브를 던져주듯 실질적인 도움을 주고 싶다. 나는 많은 10대들을 상담하면서 한 가지 확신을 갖게 되었다. 지금 10대인 아이와 소통하는 데 아무리 어려움이 있더라도 관계를 회복하기에 늦지 않았다는 것이다. 물론 아이가 그보다 어릴수록, 더 일찍 단단한 유대감을 형성할수록 좋긴 하지만 말이다.

누구나 처음에는 잘 모른 채 아이를 키운다

부모라면 누구나 한 생명을 세상에 내놓고 키우는 어려운 임무를 맡는다. 하지만 대부분 비즈니스 업무를 처리할 때와는 전혀 다른 방식으로 접근한다. 예를 들어 10억 달러짜리 조직을 이끈다면 우리는 신중히 생각해서 조직의 사명mission을 정할 것이다. 우리의 목표와 그것을 성취할 방법도 알 것이다. 우리의 사명을 실현하기 위해 조직원은 물론이고 그들의 잠재력을 이끌어낼 방법에 대해서도 파악하고 있을 것이다. 전략의 일환으로 자기 자신의 강점을 발견하고 그것을 극대화할 방법을 찾아내는 한편, 약점도 파악해 그 영향력을 최소화하려 할 것이다. 결국 조직의 성공은 '빈틈없는 전략'에서 비롯되는 결과물이다. 그러니 아이를 키울 때도 스스로 이렇게 질문해볼 필요가 있다.

'부모로서 내 사명, 내 양육 철학은 무엇인가? 나는 매일 아이를 대할 때 이것을 어떻게 실천하는가? 과연 나는 큰 조직을 운영할 때처럼 부모의 사명을 깊이 생각하고 신중하게 준비해본 적이 있는가?'

배우자가 곁에 있든 없든, 현재 자신의 양육방식에 대해 충분히 생각해보고, 효과가 있는 것과 없는 것을 따져보면 큰 도움이 된다. 하지만 대부분의 부모는 자신의 양육방식이 아이에게 어떤 영향을 미치는지 생각해보지 않는다. 그 영향을 알아야 잘못된 양육방식을 바꿀 텐데 말이다.

그렇다면 당신의 양육방식에는 무엇보다 아이들의 영혼에 귀 기울이는 태도가 포함되어 있는가? 지금의 양육방식이 효과가 없다는 사실이 명백해지면 당신은 아이를 대하는 법을 기꺼이 바꾸겠는가?

우리는 저마다 부모로서 최선을 다한다고 생각하며, 실제로 대부분의 부모는 아이들에게 깊은 애정을 느끼는 좋은 사람들이다. 우리가 아이에게 자기 뜻을 강요하는 이유는 절대 애정이 부족해서가 아니다. 그저 '알아차림'이 부족해서다. 실제로 부모와 아이 사이의 역학관계를 알지 못하는 경우가 많다.

스스로 '개념이 없다'거나 '알아차림이 부족하다'고 생각하는 사람은 거의 없다. 대개는 그런 생각을 거부한다. 부모는 특히 매우 방어적이어서 누군가 자기 양육방식에 대해 한마디라도 하면 곧장 발끈한다. 하지만 정말로 알아차림이 시작되면, 그때부터는 아이와의 역학관계가 완전히 바뀐다.

부모가 알아차림이 부족하면 그 가혹한 대가를 치르는 건 아이들이다. 응석받이가 되거나 약물에 의존하거나 이런저런 꼬리표를 달게 되는 등 불행해지는 경우가 많다. 이렇게 성장하는 이유는, 부모가 각자의 해결되지 않은 욕구와 충족되지 않은 기대, 좌절된 꿈을 무의식적으로 아이들에게 전달하기 때문이다. 비록 나쁜 의도로 그러는 것은 아니지만, 부모는 자기 부모로부터 대물림된 정서적 유산에 아이들을 옭아맨다. 몸과 마음을 약화시키는 조상의 유산에 아이들을 가두는 것이다. 무의식은 그런 특성이 있어서 의식으로 통합되기 전까지는 자손 대대로 대물림된다. 오직 알아차림을 통해서만 집안에 대대로 내려오는 고통의 악순환을 끊을 수 있다.

아이와 소통하려는 부모는 먼저 자기 자신과 교감해야 한다

대부분의 부모는 지금껏 이상적이라고 믿어온 양육방식과는 다른 형태에 선뜻 마음을 열지 못한다. 그러니 일단 지금껏 스스로가 어떻게 무의식적으로 행동해왔는지를 정확히 이해할 필요가 있다.

전통적으로 부모 역할은 위에서 지시하고 통제하는 수직적인 방식으로 이루어져 왔다. 어쨌거나 아이는 부모보다 미약한 존재이니 상대적으로 아는 게 많은 부모가 변화시켜야 할 대상이 아닌가. 우리는 아이가 상대적으로 작고 아는 것도 적다는 이유로 그들을 통제할 권한이 부모에게 있다고 여긴다. 사실 우리는 부모가 통제권을 행사하는 가족의 모습에 너무 익숙해서 이런 구조가 아이와 부모 모두에게 좋지 않을 수도 있다는 생각조차 하지 못한다.

전통적인 양육방식이 부모에게 문제가 되는 건 권력에 대한 착각에 빠져 에고ego가 단단히 굳어지기 때문이다. 아이들은 아직 순수해서 부모의 영향을 쉽게 받는다. 부모가 그들의 에고를 강요해도 좀처럼 거부하지 않고 받아들인다. 그러다 보면 부모의 에고는 더 견고해진다.

부모가 아이와 순수한 교감을 하고 싶다면 먼저 모든 우월감을 내려놓아야 한다. 에고에 충실한 이미지 뒤로 숨지 않는다면 아이를 당신과 똑같은 온전한 사람으로 대할 수 있을 것이다.

나는 에고에 관해 이야기할 때 의도적으로 이미지(상, 像)라는 단어와 결부시킨다. '에고ego'와 그 파생어인 '에고에 충실한egoic'이라는 말을 쓸 때 그것이 어떤 의미인지를 분명히 해두고 싶어서다. 내 경험에 비춰보면, 많은 사람이 '에고'를 그들 자신과 동일시하며, 그들이 어떤 사람인지를 의미한다고 생각하는 경향이 있다. 그리고 '에고에 충실한'이라는 말은 자기 자신에 대한 과장된 인식, 이를테면 허영심으로 받아들인다.

하지만 나는 이 책에서 이 단어들을 전혀 다른 의미로 사용한다. 우리가 '에고'라고 부르는 것이 사실은 우리의 '진짜' 모습이 아니라, 우리가 각자 머릿속에 넣고 다니는 '자아상'에 더 가깝다는 인식이다. 다시 말하면 각자 자신의 모습이라 여기며 움켜쥐고 있지만, 본모습과는 거리가 먼 형상이다. 우리는 모두 이렇게 만들어진 자신에 대한 이미지를 품고 자란다. 그런데 자신에 대한 이미지는 우리가 어릴 때 주로 다른 사람들과의 상호작용을 통해 만들어진다.

따라서 내가 이 책에서 사용하는 에고라는 단어는 우리 자신에 대한 가공된 이미지, 대체로 다른 사람들의 의견을 근거로 스스로에 대해 갖게 된 견해를 뜻한다. 우리의 모습이라고 믿게 되고, 우리 자신이라고 생각하게 된 자아상인 것이다. 이렇게 만들어진 이미지는 우리의 본모습을 겹겹이 에워싸게 되고, 그러다 보면 우리는 어릴 때 형성된 자기 이미지에 필사적으로 매달리게 된다.

우리는 보통 스스로에 대해 좁고 제한적으로 생각한다. 하지만 우리의 본모습, 즉 존재의 핵심이나 본질은 무한하다. 타인에 대한 기대와 두려움, 죄책감 없이 완전한 자유 속에 존재한다. 이렇게 산다는 것이 현실과 동떨어진 이상한 이야기처럼 들릴지도 모르겠지만 이런 상태에서야말로 진정한 나 자신으로 존재하는 것이기에 다른 사람들과 진실로 의미 있는 교감을 나눌 수 있다.

일단 다른 사람들에 대해 그들이 어떻게 행동해야 한다는 기대를 내려놓으면 그들을 있는 그대로 대할 수 있다. 그렇게 상대를 있는 그대로 받아들이는 모습을 확실하게 보여주면 자연스럽게 교감이 이뤄진다. 진정성은 진정성을 부르게 마련이기 때문이다.

에고를 진짜 자신으로 여길 만큼 우리는 그것과 밀착되어 있어서 그것을 구분해내기가 어렵다. 사실 허풍을 떨고 거만한 태도를 보일 때를 제외하면 에고는 거의 나 자신으로 위장하고 있다. 이런 교묘한 속임수 때문에 우리는 에고를 우리의 진정한 모습이라고 착각하게 된다.

에고가 우리의 본모습인 양 위장하는 대표적인 사례가 있다. 우리는 대부분 자기가 느끼는 많은 감정이 실은 '변장한 에고'라는 사실을 알아차리지 못한다. 이를테면 우리가 "나 화났어"라고 말할 때 자기 존재의 핵심이 그런 상태라고 생각하지만, 실제는 다를 수 있다. 어느 정도는 이미 벌어진 상황을 받아들이기를 거부하면서 자기가 옳다는 생각에 집착하는 것일 수 있다. 그러다 다른 사람에게 화를 터뜨리면 그때는 에고가 확연히 드러나게 된다.

이미 각자 경험을 통해 알고 있듯이, 분노나 질투, 실망, 죄책감, 슬픔 같은 감정에 매달리면 궁극적으로 타인과 분리되는 느낌이 든다. 이런 일이 벌어지는 이유는 분노가 에고에 충실한 반응이라는 사실을 모른 채, 그것이 우리 본모습의 일부라고 믿기 때문이다.

이렇듯 에고가 우리의 본모습으로 위장해 부정적인 감정에 매달리면, 즐거운 상태를 유지하며 다른 사람들과 일체감을 느낄 수 있는 우리의 능력이 가려진다.

에고는 때로 우리의 직업이나 관심사 혹은 민족 정체성에도 파고든다. 사람들은 스스럼없이 "나는 테니스 선수다" "나는 독실한 신앙이 있다" "나는 미국인이다"라고 말한다. 그러나 이 중에 우리가 내적으로 어떤 사람인지를 보여주는 표현은 하나도 없다. 이것들은 다만 내가 속해 있는 역할들일 뿐이다. 그런데도 우리는 대개 집착하고 있다는 의식조차 없이 그것들이 곧 '나'라고 여긴다. 그래서 누군가 내 역할에 의문을 제기하면 우리는 곧 내가 공격받고 있다는 생각에 위협을 느낀다.

상황이 이렇게 되면 '나'라는 인식에 집착하는 에고를 내려놓는 것이 아니라 더 단단히 매달리게 된다. 수많은 갈등과 이혼, 전쟁의 뿌리를 들여다보면 이런 에고에 대한 집착이 자리잡고 있다.

그렇다고 에고가 나쁜 것이며 존재해선 안 되는 것이라고 말하려는 건 아니다. 에고 그 자체는 좋은 것도 나쁜 것도 아니다. 그저 존재할 뿐이다. 에고는 우리의 발달 과정에 들어있는 하나의 단계로, 병아리가 부화하기 전까지 보호막이 되어주는 달걀껍데기 같은 역할을 한다. 달걀껍데기의 역할은 병아리가 부화할 때까지만이다. 만약에 병아리가 부화할 시기가 지났는데도 달걀껍데기가 깨지지 않고 보호막 역할을 계속한다면, 병아리는 제대로 성장하지 못한다. 이와 마찬가지로 안갯속 같이 흐릿한 어린 시절에서 우리의 본모습을 되찾으려면 우리는 계속해서 에고를 벗겨내는 노력을 해야 한다.

깨어있는 부모가 되려면 에고를 완전히 떨쳐내기는 어려워도 에고가 미치는 영향을 계속해서 알아차릴 수 있어야 한다. 알아차림에는 변화를 일으키는 힘이 있다. 이것이 깨어있는 부모가 되기 위한 핵심 요소다. 알아차림이 커질수록 부모는 그동안 자신이 크면서 경험한 검증되지 않은 조건들에 사로잡혀 살았으며, 이를 고스란히 아이에게 대물림해왔음을 깨닫게 된다.

앞으로 이 책에서 소개하는 많은 사례를 통해 이런 일이 얼마나 다양한 양상으로 벌어지는지 보게 될 것이다.

에고가 당신의 진짜 모습이 아니라는 사실과 그것이 어떻게 당신을 속여서 진짜 당신인 것처럼 믿게 하는지를 알아차리려면 작은 틈이 벌어지는 순간을 놓치지 않아야 한다. 즉 자신의 본모습과 조금이라도 다른 생각과 감정, 행동을 놓치지 않도록 잘 지켜봐야 한다. 이런 순간들을 알아차리기 시작하면 자연스럽게 에고와 거리를 두게 될 것이다.

가족 간에 끈끈한 유대감 형성하기

깨어있는 부모가 된다는 건 부모와 아이 사이에 본래 존재하는 일체감을 경험하는 것이다. 여기서 말하는 부모와 아이 사이는 동등한 파트너십을 의미하기 때문에 부모가 아이를 통제하는 형태와는 성격이 다르다.

아이와의 일체감을 회복하려는 과정에서 우리는 그동안 잊고 살았던 자기 자신과 교감하게 된다. 아이와 의미 있는 파트너 관계를 맺으려면 자신의 본모습을 끌어내야 하기 때문이다. 우리의 의식이 성숙해져 아이와의 수직 관계가 깨지면 자연스럽게 집안 전체에 평등한 분위기가 만들어진다. 부모가 에고 상태에서 벗어나면, 즉 일이 어떻게 되어야 하고, 사람들이 어떻게 행동해야 한다는 고정관념을 버리면 군림하던 자리에서 내려올 수 있다.

때로 우리의 아이들이 부모가 원하는 틀에 잘 맞춰준다는 이유로 우리가 변해서 아이들의 정신적 동반자가 될 수 있는 기회를 무시해버리기도 한다. 하지만 우리는 온갖 그럴듯한 목적으로 부모의 통제를 받는 아이를 유심히 지켜보는 것만으로도 아이의 모든 것을 통제해야 한다는 강박에서 벗어날 기회를 얻을 수 있다. 아이들은 에고라는 껍데기를 벗고 더 진실한 모습으로 자유롭게 살아가는 법을 보여줌으로써 부모가 정신적으로 성장하도록 돕기 때문이다. 그러면 우리는 부모라는 여정에 잠재된, 변화를 일으키는 놀라운 힘을 발견하게 된다.

부모와 아이 관계가 일방통행이어야 한다는 건 잘못된 믿음이다. 부모가 아이의 성장을 돕는 것보다 아이가 부모의 성장을 돕는 측면이 더 크다는 사실을 알게 되면, 양육이라는 이 여정이 일방통행이 아니라 순환의 형태가 될 수 있다. 아이는 그 모습이 작고 미약하여 더 힘센 부모의 기분과 지시에 쉽게 영향을 받는 것 같지만, 바로 그 작고 미약해 보이는 아이가 부모에게 가장 위대한 변화를 일으킬 수 있다.

부모가 아이를 키우는 과정을 정신 발달의 여정으로 바라보면, 여기에 담긴 교훈들을 받아들일 심리적 공간이 생겨난다. 아이가 우리 삶에 들어온 이유가 우리가 어떤 사람인지를 새롭게 알아가도록 돕기 위해서임을 알게 되면, 아이가 우리의 진정한 모습을 발견하도록 이끌어줄 존재라는 사실도 알아차리게 될 것이다.

달리 말하면 부모는 아이를 잘 키우는 것이 가장 중요한 도전이라고 여기지만, 그보다 더 중요하게 처리해야 할 사명이 있다. 바로 부모 스스로 최대한 깨어있고자 노력하는 가운데, 현재에 충실하는 것이다. 그것이야말로 가장 효과적인 양육의 기반이 된다. 이것이 좋은 부모가 되기 위해 가장 중요한 이유는, 아이들은 부모의 생각이나 기대, 지배나 통제가 필요 없는 존재이기 때문이다. 부모는 단지 깨어있는 상태로 아이들에게 적절히 대응하기만 하면 된다.

알아차림으로 달라지는 아이와의 관계

알아차림은 운 좋은 몇 사람에게만 주어지는 마법이 아니다. 하늘에서 뚝 떨어지는 것이 아니라, 어떤 과정의 일부분으로 나타나는 상태이다.

이 과정을 경험하기 위해서는 알아차림이 어느 순간 갑자기 무의식이 완전히 사라지는 상태가 아님을 기억해야 한다. 알아차림은 무의식으로부터 점진적으로 일어난다. 알아차림의 길을 가는 사람은 무의식에서 알아차림을 고조시키는 잠재력을 이끌어낼 줄 안다는 것 말고는 보통 사람들과 다를 게 없다. 이 말은 곧 누구나 알아차림을 경험할 수 있다는 뜻이다. 사실 부모와 아이 사이의 마법 같은 면이라면, 아이가 부모에게 더 강력한 알아차림의 기회를 끊임없이 제공한다는 점이다.

우리는 아이를 키울 힘이 부모에게 있다고 믿지만, 사실은 그렇지 않다. 실제로는 좋은 부모가 되도록 우리를 성장시키는 힘이 아이들에게 있다. 그러므로 양육이란 부모 대 아이로 이뤄지는 것이 아니라 부모와 아이가 더불어 경험해나가는 과정이다.

부모와 아이가 온전히 하나 되는 길은 아이들의 무릎 위에 있다. 그러니 부모는 가서 아이 옆에 앉기만 하면 된다. 아이들은 우리에게 각자의 본모습으로 돌아가는 길을 알려준다는 점에서 부모를 일깨워주는 위대한 존재다. 아이들이 알아차림의 관문을 통과하도록 안내할 때 그 손을 잡고 따라가지 못하면 우리는 깨달음을 향해 다가갈 기회를 놓치게 된다.

아이들이 부모를 변화시킨다고 할 때, 부모가 아이에게 미치는 영향력을 포기하고 무조건 아이들 말에 따라야 한다는 의미는 아니다. 깨어있는 부모가 되려면 아이들에게 귀 기울이고 그들의 본질을 존중하며 그들에게 온전히 집중하는 것만큼이나, 경계를 분명히 알려주고 훈육하는 것도 중요하다.

부모는 아이에게 기본적인 의식주와 교육을 제공할 뿐만 아니라, 사회 체계의 중요성과 적절한 감정 조절 그리고 현실적 판단 능력 같은 것도 가르쳐야 한다. 다시 말하면 깨어있는 양육은 아이를 원만하고 균형 잡힌 인류의

구성원으로 키우는 데 필요한 모든 측면을 아우른다. 따라서 깨어있는 양육에 자유방임적인 측면은 전혀 없다.

이 책을 읽다 보면 건설적인 방식으로 '진짜 부모가 되는 법'을 배워나가는 많은 부모들의 사례를 보게 될 것이다. 그들은 아이들이 정서와 행동에서 성숙해지도록 자율권을 부여한다.

이 책에서는 훈육과 관련된 구체적인 정보를 맨 마지막 장에 실었는데, 그 이유는 깨어있는 훈육은 아이들을 얼마나 진실하게 대하느냐에 달려 있기 때문이다. 따라서 효과적인 훈육이 이루어지려면 아이와의 역학관계를 통해 아이에게 온전히 집중하는 법을 먼저 배워야 한다. 이에 대해서는 이 책과 함께하는 동안 각 장에서 차근차근 이야기하겠다.

˅
˅

부모로서 겪게 되는 변화야말로 인간의 의식이 도약하는 결정적 계기다. 하지만 많은 부모가 나를 찾아오는 이유는 그들이 성장할 방법을 알고 싶어서가 아니라, 아이의 '문제 행동'에 대한 답을 찾고 싶어서다. 그들은 내가 마법의 지팡이를 휘둘러 자기 아이를 착하고 건전한 정신을 가진 청소년으로 탈바꿈시켜주기를 기대한다. 그러면 나는 깨어있는 양육은 단지 영리한 전략을 적용하는 것만으로는 이룰 수 없다고 지적한다.

깨어있는 양육은 평생의 철학이다. 거기에는 부모와 아이 모두를 근본적으로 변화시키는 과정이 들어 있다. 부모와 아이에게 의미 있는 관계는 단 하나, 서로의 정신적 발전을 도모하는 영혼의 동반자가 되는 것이다.

그렇기 때문에 깨어있는 부모가 된다는 건 어떤 구체적인 행동을 고치기 위해 다양한 전략을 동원하는 수준을 넘어서 부모와 아이의 관계와 더 심오한 관련이 있다.

이렇듯 양육을 정신적 측면에서 바라보면 특정 상황에 어떤 방법을 적용해보고 즉각적으로 효과가 있기를 기대하는 것이 아니라, 알아차림을 통해 매 순간 어떻게 해야 부모로서 최선을 다하는 것인지 깨닫게 되는 장점이 있다. 예를 들어 내 아이가 1달러짜리 지폐를 반으로 찢었을 때 내가 할 일은 질책이었을까, 칭찬이었을까? 그때 나는 내면의 목소리가 이끄는 대로 따랐다. 그랬더니 아이와 일체감을 느끼게 되면서 교감할 수 있었다. 훈육이 필요할 경우에도 알아차림이 있으면 아이의 영혼을 파괴하지 않고 효과적으로 대처할 수 있게 된다.

부모가 아이를 통제하려는 수직적 접근방식을 버리고 서로의 정신적 발전을 도모하는 순환적 관계를 시작하려고 용기를 낸다면 갈등과 힘겨루기로부터 자유로워질 것이다. 그러면 부모와 아이의 역학관계는 영혼이 담긴 교류로 충만한, 특별한 경험으로 바뀐다. 이것은 영혼의 동반자를 발견하는 기쁨을 아는 사람에게만 주어지는 특권이다. 깨어있는 부모가 되어 아이와의 일체감에 자신을 맡기면, 이전에는 순전히 물리적 영역이었던 양육이 성스러운 영역으로 올라서게 된다.

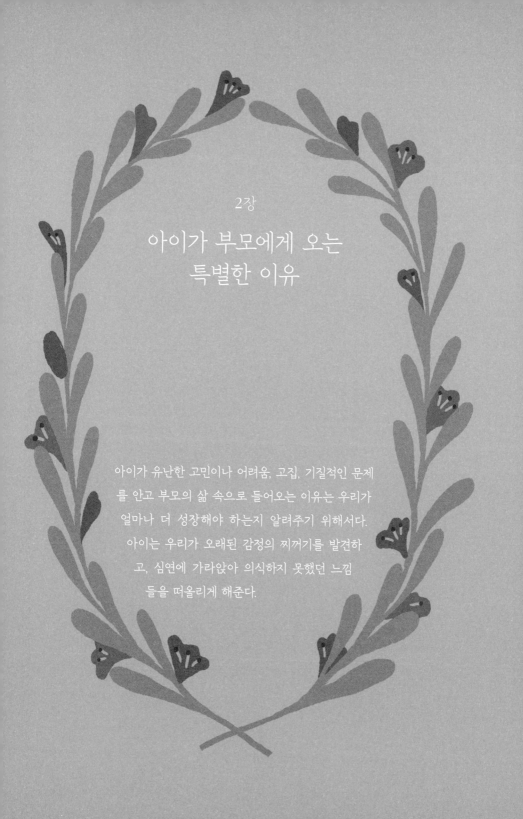

2장

아이가 부모에게 오는
특별한 이유

아이가 유난한 고민이나 어려움, 고집, 기질적인 문제
를 안고 부모의 삶 속으로 들어오는 이유는 우리가
얼마나 더 성장해야 하는지 알려주기 위해서다.
아이는 우리가 오래된 감정의 찌꺼기를 발견하
고, 심연에 가라앉아 의식하지 못했던 느낌
들을 떠올리게 해준다.

부모는 아이에게 사용하는 많은 전략이 효과가 없고, 오히려 역효과를 내기 일쑤라는 것을 알면서도 기존의 양육방식을 버리지 못한다. 부모의 무의식에서 비롯된, 알아차림 없는 양육방식이 아이를 키우며 겪는 여러 가지 어려움의 근본적인 원인인데도 말이다.

아이와 더 효과적인 관계를 맺기 위해서는 부모인 우리가 먼저 해야 할 일이 있다. 우리가 길러진 방식에서 기인한 내면의 문제들을 기꺼이 마주하고 해결해야 한다. 그런 경험을 하지 않으면 아이들의 영혼이 지르는 비명을 얕보면서 무시하게 되고, 그들의 지혜도 알아보지 못하는 부모가 되고 만다. 우리가 우리 내면에 주파수를 맞추고 적절히 대응할 수 있어야만, 아이가 자신의 본모습과 조화를 이루도록 도와줄 방법을 찾을 수 있다.

따라서 깨어있는 부모가 되려면 우리는 각자 변화를 겪어야 한다. 사실 내 경험에 비춰보면 아이를 낳는 가장 중요한 이유는 부모 자신의 변화를 위해서다. 아이를 기르는 건 부차적인 목적이다.

∨
∨

내가 상담하러 온 부모들에게 그들이 변해야 한다고 말하면 대부분 반발한다. 변해야 하는 쪽은 부모라는 내 말에 당혹스러워하며 "우리가 왜요?"라고 반문한다. 부모가 조금 더 깨어있어야만 아이의 행동이 바뀔 것이라고 설명하면 그들은 실망한다. 아이가 아니라 부모의 마음가짐을 바꾸는 데 초점을 맞춰야 한다는 사실도 받아들이지 못한다. 알아차림을 얻으려면, 즉 깨어있는 상태로 도약하려면 자신이 알지 못하는 세계에 마음의 문을 열어야 하는데, 그러기를 두려워하는 부모가 많다.

깨어있는 부모가 되는 길은 용기 없는 사람에게 허락되지 않는다. 아이와 끈끈한 유대감을 경험하고 싶어하는 용감한 사람에게만 허락된다. 아이가 부모에게 오는 이유는 부모로 하여금 마음속 상처를 깨닫고, 그 상처로 인한 한계를 뛰어넘으려는 용기를 끌어모으게 하기 위함이다. 우리가 지금까지 알아차림 없이 어떻게 끌려다녔는지 알게 되면 깨어있는 양육도 서서히 가능해진다. 그전까지는 아무리 깨어있는 양육을 하려고 노력해도 무의식이 스며든다. 아이의 사소한 자극에도 말이다.

무의식이 완전히 사라지기를 바라는 건 불가능한 일이다. 그보다는 무의식의 영향을 이해하고, 그 결과를 알아차리는 편이 효과적인 양육에 필요한 자기점검으로 이어질 것이다.

아이들은 부모가 무심결에 하는 말과 행동을 계속 거울처럼 비춰준다. 그렇게 함으로써 우리가 무의식에서 깨어날 기회를 제공한다는 점에서 아이들은 부모와 한편이다. 아이들은 모두 깨어있는 부모를 만날 자격이 있다. 그러니 적어도 우리가 아이들을 변화시키려고 애쓰는 만큼은 부모인 우리도 아이들로 인해 달라져야 하지 않을까?

변화를 받아들여야 하는 세부적인 면들은 부모마다 다를 수 있겠지만, 변화의 본질은 여러 면에서 보편적이다. 따라서 깨어있는 부모가 되고 싶다면 알아차림의 기준이 되는 다음 질문에 집중해 답해보자.

- 나는 아이와의 관계를 통해 더 큰 정신적 깨달음을 얻고자 하는가?
- 아이가 내게 진실로 원하는 것을 어떻게 알아차리고, 아이에게 걸맞은 부모가 될 수 있을까?
- 어떻게 변화에 대한 두려움을 이겨내고 아이의 영혼이 요구하는 대로 나를 변화시킬 수 있을까?
- 과연 나는 용기 있게 시류를 거슬러 겉모습보다 내면을 더 소중히 여기는 자세로 아이를 키우고 있는가?
- 나는 양육에서 일어나는 모든 일들을 더 높은 수준의 자기 발전의 기회로 여기는가?
- 나는 아이와의 관계를 성스러운 관계로 받아들일 수 있는가?

아이는 어떻게 부모를 일깨우는가?

아이가 유난한 고민이나 어려움, 고집, 기질적인 문제를 안고 부모의 삶 속으로 들어오는 이유는 우리가 얼마나 더 성장해야 하는지 알려주기 위해서

다. 아이는 우리가 오래된 감정의 찌꺼기를 발견하고, 심연에 가라앉아 의식하지 못했던 느낌들을 떠올리게 해준다. 결과적으로 우리 내면의 어떤 부분이 더 성장해야 하는지를 알려면 아이들의 시선으로 바라봐야 한다.

아이를 키우다 보면 부모는 어떤 식으로든 어렸을 때 느꼈던 것과 똑같은 감정을 경험하게 된다. 무의식적으로 그런 상황을 자초하든, 그러지 않으려고 안간힘을 쓰든 피할 도리가 없다. 무의식에 남아 있던 어린 시절의 감정은 의식으로 통합되지 않는 한 결코 사라지지 않고 계속 되살아나기 때문이다. 더 나아가 그것은 우리 아이들에게서도 똑같이 나타난다. 그러니 아이가 부모의 무의식을 비춰주는 것은 귀중한 선물과도 같은 일이다. 아이는 부모가 무의식에 빠지는 바로 그 순간에 알아차릴 수 있도록 도와준다. 그러면 우리는 과거의 굴레에서 벗어나 어렸을 때 길들여진 방식에 더 이상 얽매이지 않을 기회를 얻게 된다. 아이는 또한 우리가 이 모험에 성공하는지 실패하는지를 고스란히 보여줌으로써 앞으로 나아갈 방향까지 알려준다.

부모는 자기가 길러진 방식대로 아이를 대하기 때문에, 좋은 의도를 가졌음에도 불구하고 자기도 모르게 자신이 어렸을 때 경험한 역학관계를 그대로 재현한다. 내게 도움을 청했던 엄마와 딸의 사연을 통해 살펴보자.

∨
∨

제시카는 열네 살 때까지만 해도 성실한 학생이자 이상적인 딸이었다. 그런데 이후 2년간 엄마의 끔찍한 골칫거리로 변했다. 거짓말을 일삼고 물건을 훔치는가 하면, 클럽에 드나들고 담배를 피웠다. 무례하고 반항적이다 못해 폭력적인 모습까지 보였다. 엄마 애나는 감정이 시시

각각 변하는 제시카를 지켜보며 불안감에 휩싸였다. 그러던 어느 날 더 이상 감정을 억누르기 힘들자 딸에게 분노를 터뜨렸다. 고함을 치고 비명을 지르며 아이가 들어선 안 될 욕을 퍼부었다.

딸의 행동에 아무리 문제가 있어도 엄마로서 이런 극단적 분노 폭발이 정당화될 수 없다는 것을 애냐도 잘 알고 있었다. 하지만 그녀는 도저히 분노를 제어할 수 없었고, 그 분노가 어디서 오는지도 알지 못했다. 애냐는 자신이 부모로서 실패했다는 생각에 무력해져 딸이 필요로 하는 교감을 나눌 수 없었다.

얼마 후, 애냐는 학교 상담사를 통해 제시카가 자해를 시도했다는 사실을 선해 들었다. 그제야 딸이 얼마나 힘들어하고 있는지 알게 된 애냐는 내게 연락해 도움을 청했다.

"다시 여섯 살로 돌아간 것 같아요. 딸이 제게 소리를 지르면, 엄마가 제게 소리를 질렀을 때와 똑같은 기분이 들어요. 딸이 자기 방으로 들어가 문을 쾅 닫아버리면 마치 내가 무언가 잘못해서 벌을 받는 기분이에요. 차이가 있다면 어렸을 때는 부모님에게 반항하거나 소리를 지를 수 없었지만, 지금은 제가 그걸 멈출 수가 없다는 거예요. 부모님 때문에 느꼈던 감정을 딸로 인해 다시 느낄 때마다 세상이 다 무너지는 것 같아요. 정신을 차릴 수가 없어요."

딸이 촉발한 무의식의 자물쇠를 풀 수 있는 유일한 방법은 애냐의 과거, 특히 그녀가 나고 자란 가족의 모습을 되짚어보는 것뿐이다. 애냐의 아버지는 차갑고 무뚝뚝했다. 그것은 애냐가 애정에 굶주렸다는 뜻이다.

"어머니는 거기에 없었어요."

애냐가 말했다.

"물리적으로 곁에 계실 때조차 안 계시는 거나 다름없었어요. 저는 일곱 살인가 여덟 살 때부터 외로움을 알기 시작했어요."

어린 애냐는 외로움과 부모에게 인정받지 못한 고통이 너무 컸던 탓에 새로운 인격을 만들기로 마음먹었다.

"엄마처럼 행동하기로 했어요. 그러면 아빠가 엄마를 사랑하는 것만큼 저도 사랑해줄 것 같았거든요."

애냐의 어머니는 언제나 흐트러짐이 없었다. 옷을 예쁘게 차려입었고 무슨 일이든 잘 해내는 사람이었다.

"저는 하루아침에 소녀에서 숙녀로 변신했지요. 미친 듯이 운동하고 학교 생활도 잘 해냈어요."

안타깝지만 애냐가 아무리 책임감 있게 행동해도 엄격한 아버지를 만족시키기엔 역부족이었다. 그러던 어느 날, 애냐에게 잊지 못할 사건이 벌어졌다.

"하루는 숙제하는 자세가 바르지 않다며 아빠가 화를 내셨어요. 말씀이 별로 없으셨던 아빠는 저를 방 한쪽 구석으로 끌고 가서 두 팔을 들고 무릎을 꿇으라고 하셨어요. 그렇게 두 시간이 흐르는 동안 아빠는 한마디도 하지 않으셨죠. 엄마도 감히 아무 말 못 하셨고요. 두 분 다 저와 눈을 마주치지 않았어요. 벌을 받는 것보다 두 분이 그렇게 저를 외면한 것에 더 큰 상처를 받았던 것 같아요. 제가 울면서 용서해달라고 빌어도 두 분 다 못 들은 척하셨어요. 두 시간이 지나고서야 아빠는 제게 일어나 다시 숙제를 하라고 말씀하셨죠. 저는 그날 이후로 다시는 말썽을 피우지 않겠다고 다짐했어요. 화를 꾹 삼키고, 겹겹이 쌓인 분노 속으로 숨어들었죠."

애냐는 자신이 완벽한 아이가 되겠다고 다짐할 수밖에 없었던 바로 그 방식대로 딸 제시카를 단련시켰다. 감정 표현이 전혀 없고 책임감이 놀랍도록 강하며 절제와 관리가 완벽한 작은 로봇으로 만들려고 한 것이다. 하지만 애냐와 전혀 다른 영혼을 가진 제시카는 어린 시절 아주 잠깐 동안만 애냐의 엄격한 방식에 따랐을 뿐이다. 조금 더 나이를 먹자 아이는 기다렸다는 듯 반항하기 시작했다. 제시카는 전혀 중심을 잡지 못하고 감정이 극과 극을 오갔다. 아이가 반항할수록 애냐는 더 억압적으로 변했다. 견디다 못한 제시카는 자해를 하기에 이르렀다.

딸의 모든 행동에서 애냐가 발견한 것은 어린 시절 부모의 분노와 냉대, 배신으로부터 받은 자신의 상처뿐이었다. 애냐는 제시카의 반항적인 행동이 도와달라는 간절한 외침임을 알아보지 못하고 부모인 자신의 권위를 무너뜨리는 행동이라고만 생각했다. 이로 인해 어린 시절 부모가 자신에게 심어준 무력감과 쓸모없는 존재라는 느낌이 되살아났다. 다만 이제는 예전처럼 완벽한 딸이 되려고 하는 대신 그녀 자신이 부모가 되어 아이와 맞서 싸웠다. 안타까운 사실은 그녀가 엉뚱한 사람과 싸우고 있다는 것이다.

그녀의 엄격한 양육방식을 고려하면, 제시카의 행동이 지극히 정상적이라는 걸 애냐는 알아차리지 못했다. 제시카의 행동이 다음과 같이 말하고 있다는 사실도 이해하지 못했다.

"가면 놀이는 할 만큼 했잖아요. 이제 정신 차리고 내가 엄마와 다른 욕구를 가진 존재라는 걸 알아주세요. 더는 엄마의 통제를 받는 소유물이 될 수 없어요."

제시카는 사실상 자유를 달라고 외치고 있었다. 애냐는 어릴 적에 그런 주장을 한 번도 해보지 못했다. 그런 점에서 제시카는 엄마가 싸워보지 못한 전쟁에 앞장서는 기수나 다름없었다. 사람들 눈에는 불량한 아이로 보였지만, 실제로는 엄마가 살아보지 못한 과거를 행동으로 옮길 만큼 용기 있는 딸이었다. 반항적인 행동을 통해 엄마가 수십 년 동안 마음속에 꽁꽁 가둬 놓았던 감정을 표출하도록 돕고 있었다.

깨어있는 부모가 되어가는 여정으로 보면, 제시카의 불량함은 엄마를 위한 봉사였다. 그 덕분에 애냐는 어릴 적 분노와 마음의 상처를 다시 꺼내볼 기회를 얻었다. 그래서 마침내 마음껏 비명을 지르며 독기 서린 묵은 감정을 토해낼 수 있었다.

그러고 보면 아이들은 참 관대하다. 부모가 적절치 않은 감정을 다 쏟아내고 자유로워질 수 있도록 기꺼이 도와주니 말이다. 아이들이 '못돼먹어서' 악의적으로 행동한다는 생각이 든다면, 그건 부모가 자유를 향해 나아가길 거부해서 생기는 오해다.

아이의 부적절한 행동이 사실은 부모가 더 깨어있기를 요구하는 신호임을 알아차리면, 우리는 아이들이 던져주는 변화의 기회를 볼 수 있다. 아이들의 행동에 반사적으로 대응하기보다 우리의 내면을 들여다보면서 왜 발끈하는지 자문해보자. 그렇게 스스로 질문을 하다 보면 알아차림이 일어날 공간이 생긴다.

애냐는 유년 시절을 돌아보고 부모에게 가졌던 분노를 쏟아내고 나서야 자신이 평생 얽매여 살았던 '완벽'이라는 굴레로부터 딸을 풀어줄 수 있었다. 마침내 자기 자신을 자유롭게 놓아주기 시작하자 그녀를 겹겹이 에워쌌던 가식들이 사라지고 서서히 명랑하고 유쾌하며 즐거움이 가득한 편안한 성격이 드러났다. 그동안 딸에게 무신경하게 상처를 준 것에 대해 사과한 덕분에 제시카의 반항도 사라졌다. 엄마와 딸은 서로 도와가며 본래 타고난 각자의 진정한 모습을 회복해나갔다.

과거가 현재에 미치는 영향을 완전히 지워버릴 수는 없다. 역설적이지만 과거를 향해 마음의 문을 활짝 열면 그 영향을 막을 수 있다. 그래서 과거에 입은 상처를 거울처럼 비춰줄 가까운 누군가가 필요하며, 바로 이런 이유에서 아이들은 부모가 자유로워질 수 있도록 도움을 줄 수 있다. 안타깝게도 우리는 대개 아이들이 그런 정신적 임무를 완수하도록 허락하지 않는다. 대신에 아이들을 통해 우리의 에고에 충실한 계획과 환상을 실현하려 한다.

부모 스스로가 자기 안에 자유로운 영혼을 키워본 적이 없다면 어떻게 아이의 영혼을 자유롭게 풀어주면서, 다른 한편으로 현실적인 안내와 보호, 지원을 제공할 수 있겠는가? 정서적 자유를 경험해본 적 없는 부모 때문에 당신의 욕구가 억눌렸다면 당신 또한 아이를 억압할 가능성이 있다. 당신도 모르는 사이에 당신이 어릴 적에 겪었던 고통을 그대로 아이에게 안겨줄지도 모른다. 대대로 내려온 고통을 또다시 대물림하는 것이다. 그렇기에 무의식의 굴레에서 벗어나 깨어있는 상태로 나아가는 것이 부모인 우리에게는 대단히 중요하다.

깨어있는 양육은 어떻게 배울까?

깨어있는 부모는 양육에 관한 답을 밖에서 찾지 않는다. 그들은 아이와의 역학관계 안에서 부모와 아이 모두를 위한 답을 찾을 수 있다고 믿는다. 이 때문에 깨어있는 양육은 효과 빠른 해법을 제시하는 책을 읽거나 각종 기법을 전문적으로 가르치는 수업을 통해서가 아니라, 실제로 아이를 양육하는 경험 속에서 배울 수 있다. 깨어있는 양육은 관계에서 비롯되는 여러 가치를 보여주기 때문에 부모의 절대적이고 적극적인 참여가 필요하다. 알아차림을 향해 발전해나가는 부모와의 교감을 통해서만 아이에게 변화가 일어날 수 있기 때문이다.

깨어있는 양육은 아이와의 관계를 있는 그대로 둔 채 알아차림이라는 요소를 더하는 것이다. 다시 말하면 평소 자녀를 대하는 순간순간을 이용해 진정성 있는 교감을 강화해나가는 것이다. 이 방식은 대단히 관계지향적이라 하나의 처방전에 다 담을 수 없다. 그보다는 앞서 얘기했듯이 하나의 인생철학에 가깝다. 각각의 가르침이 다른 모든 가르침과 긴밀히 연결되어 있기 때문에 그 가족의 내력과 별개일 수 없다는 의미다.

깨어있는 양육은 지금 이 순간을 생생한 실험실로 활용한다는 점에서, 순간순간의 상호작용이 교훈을 배울 소중한 기회다. 가장 평범한 순간들이 자기인식과 회복탄력성, 관용과 유대감을 발달시킬 기회를 제공하며, 이 모든 것은 현재에 충실할 때 생겨난다. 대단한 개입이나 단계적인 전략은 필요 없다. 그저 우리 앞에 놓인 것을 잘 이용해 부모와 아이 모두의 관점을 바꾸기만 하면 된다. 그러면 가장 평범한 상황이 변화를 자극하는 놀라운 계기가 된다. 이것이 현실에서 어떻게 나타나는지는 여러 사례를 통해 차차 확인하게 될 것이다.

우리는 자신이 먼저 변해야 하는 힘든 과정을 건너뛰고, 지금 당장 아이의 행동이 고쳐지기를 바란다. 그러나 명심해야 할 것은, 깨어있는 양육을 할 때 하루아침에 가족을 바꿔놓을 수는 없다는 사실이다.

이 책은 '양육 요령'을 나열한 매뉴얼이 아니다. 그런 책은 깨어있는 양육의 핵심인 현재성을 놓치기 마련이다. 내가 분명히 해두고 싶은 점은 양육을 위한 요령이라는 것이 일련의 지침 안에서 찾아지는 게 아니라, 각각의 상황속에서 만들어진다는 사실이다.

이 책은 깨어있는 부모가 되어 '어떤 문제가 생기는 순간' 아이에게 필요한 것을 즉시 발견하려면 아이와의 관계를 어떻게 바라봐야 하는지에 관해 이야기한다. 깨어있는 순간이 차곡차곡 쌓이면 가족 간에도 알아차림이 생겨난다. 그러면 대부분의 가정과는 확연히 다른 평등한 분위기가 만들어진다. 이렇게 깨어있는 가족의 모습이 현실이 되기 위해서는 인내심이 필요하다.

깨어있는 양육의 목표는 '아이를 잘 재우는 법'이나 '아이가 밥을 잘 먹게 하는 법' 같이 아이의 특정한 행동을 변화시키는 데 있지 않다. 우리의 관심사는 아이와 부모 모두의 인생에 정신적 토대를 마련하는 데 있다. 이렇게 할 때 비로소 부모가 아이를 대하는 방식에 근본적인 변화가 일어난다. 그 결과 아이도 자신의 본모습을 알아차리고 그 모습에 충실해지기 때문에 행동이 저절로 달라진다. 행동의 변화는 관계 변화에 뒤따르는 자연스러운 결과물이다.

깨어있는 상태로 양육이 이루어지면 구체적인 양육방식은 아무 문제가 되지 않는다. 토대가 탄탄하면 그 위에 세워지는 인생도 튼튼할 테니까 말이다. 다시 말하지만 내가 이 책에서 훈육을 맨 마지막 장에서 다루는 것도 같은 이유에서이다. 훈육이 중요하지 않아서가 아니라, 깨어있지 않은 상태로 훈육을 하면 장기적으로 볼 때 효과적이지 않기 때문이다.

깨어있는 부모를 향해 가는 길에 '모 아니면 도' 식의 태도는 도움이 안 된다. 오히려 지혜로운 부모는 여기서 조금, 저기서 조금, 순간순간 배우며, 집안에 작은 변화의 낌새가 보일 때 거기에 가족 전체의 의식을 바꿀 힘이 있다고 믿는다. 그러니 이 책에서 설명하는 깨어있는 부모가 된다는 건 우리가 조금씩 다가가야 할 목표임을 명심하자. 거듭 말하지만 모든 것은 지금 이 순간, 가장 평범한 상황에서 시작된다.

깨어있는 부모는 하루아침에 만들어지지 않는다

아이를 키운다는 건 지적 활동이 아니라 단순하고 에너지를 필요로 하는, 순간순간의 교류다. 이때 정신적 상호작용이 이루어지는 만큼 부모가 매 순간 아이에게 미치는 영향을 의식하지 못하면 아이에게 진짜 필요한 욕구를 무시한 채 양육하게 된다.

따라서 부모와 분리된 독립된 존재로 아이를 보는 것, 정말로 그렇게 보는 것이야말로 우리가 아이에게 해줄 수 있는 최고의 선물이다. 반대로 아이가 가야 할 길이 나타나도 무시하는 것이야말로 부모로서 가장 큰 문제점이다.

깨어있는 부모가 되려면 아이와 함께 있을 때 자신의 행동을 날카롭게 관찰해야 한다. 그렇게 해야 우리가 무의식적으로 하는 언행과 감정적으로 각인된 습관이 나타나는 순간 바로 알아차릴 수 있다.

때로는 깨어있는 부모가 되고자 좋은 의도를 갖고 노력해도 아이를 대할 때 똑같은 행동을 반복한다고 느낄지도 모른다. 이런 일이 거듭되면 우리가 과연 무의식에서 벗어날 수 있을지 의구심이 들기도 한다. 그러다 보면 참으로 맥 빠지는 일이라고 느낄 수도 있다.

그러나 깨어있는 부모는 하루아침에 만들어지지 않는다. 깨어있는 양육은 매일 그리고 평생 우리의 무의식을 경계하며 지켜보는 활동이다. 아무리 사소할지라도 무의식적인 행동의 면면을 의식하게 될 때마다 강력한 변화가 일어난다. 무의식에 빠지는 순간을 알아차리면 거기서 벗어날 수 있으니, 우리가 깨어있는 순간이 확대되는 것이다.

맑은 마음과 또렷한 정신은 공짜로 얻어지지 않는다. 우리 모두에게는 대대로 물려받은 무의식의 잔재가 있다. 무의식은 그 특성상 억누른다고 억제되지 않는다. 우리가 의식적으로 무엇을 의도하든 간에 무의식은 그 나름의 흐름을 유지한다. 우리가 깨닫지도 못하는 사이에 우리의 습관과 생각, 감정 그리고 순간순간을 대하는 태도에 스며든다. 우리는 아이들이 거울처럼 비추는 그 모습을 통해 우리의 무의식을 확인할 때에만 비로소 그것을 의식으로 통합할 수 있다.

이 장을 마무리하면서 한 가지 분명히 해두고 싶은 것이 있다. 의식과 무의식은 양극단이 아니며, 스펙트럼의 양 끝도 아니다. 무의식은 우리의 적이 아니다. 오히려 무의식은 의식이 일어나는 기반을 제공한다. 우리가 기꺼이 허용하기만 한다면 말이다.

깨어있다는 것은 우리가 도달해야 할 상태나 목적지가 아니다. 깨어있는 부모가 된다고 해서 무의식적으로 튀어나오는 말과 행동을 더 이상 하지 않는 것도 아니다. 깨어있는 삶을 산다는 것은 끊임없이 계속되는 과정이다. 어떤 사람도 완전히 깨어있을 수 없다. 우리는 삶의 어떤 면에선 깨어있어도 또다른 면에선 그렇지 않을 수 있다. 어느 순간에는 깨어있는 행동을 하지만 그다음 순간에는 무의식적으로 행동할 수도 있다.

깨어있는 부모가 된다는 건 우리의 무의식을 지켜봄으로써 꾸준히 무의식을 의식으로 바꿔나가는 노력이다. 그러니 무의식을 해치워야 할 골칫거리처럼 대할 필요는 없다. 두려워할 이유도 없다. 무의식은 우리가 온전한 인간으로 성장하기 위해 통과해야 할 관문이다.

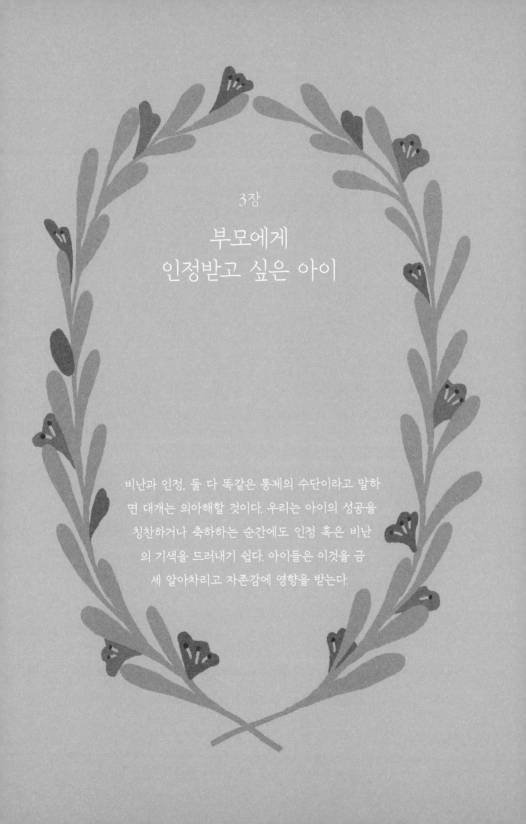

3장

부모에게
인정받고 싶은 아이

비난과 인정, 둘 다 똑같은 통제의 수단이라고 말하
면 대개는 의아해할 것이다. 우리는 아이의 성공을
칭찬하거나 축하하는 순간에도 인정 혹은 비난
의 기색을 드러내기 쉽다. 아이들은 이것을 금
세 알아차리고 자존감에 영향을 받는다.

의식하지 못하는 사이에 우리는 아이들을 부모의 심판을 빌는 노예로 만든다. 아이들이 부모의 인정을 갈구하게 만드는 것이다. 그러다 보면 아이들은 줄곧 부모의 인정에 매달린다.

부모의 인정에 굶주리고 인정받지 못할까봐 겁내는 아이의 심정이 어떨지 상상이 되는가? 조건 없이 인정받고 존중받는다는 걸 알 때와 그렇지 못할 때 기분이 얼마나 다를지.

아이들은 누구나 이따금 자신의 행동 때문에 곤경에 처할 수 있다는 걸 안다. 하지만 그건 그들이 본래 한 존재로서 인정받거나 존중받지 못하는 것과는 전혀 다르다. 이런 이유로 부모로서 우리는 아이들의 모습을 심판하는 위치에 있다는 착각에서 벗어나야 한다. 우리가 뭐라고 아이들을 심판할 수 있겠는가?

아이들은 이 세상에 존재하는 것만으로 있는 그대로의 모습을 인정받을 권리가 있다는 걸 알아야 한다. 이 권리는 부모가 주는 게 아니다. 아이들은 숨을 쉰다는 사실만으로, 속마음을 얘기하고 감정을 표출하며 생각을 말할 권리를 갖는다. 이러한 권리는 태어나는 순간부터 주어지는 것이다.

비난과 인정, 둘 다 똑같은 통제의 수단이라고 말하면 대개는 의아해할 것이다. 우리는 아이의 성공을 칭찬하거나 축하하는 순간에도 인정 혹은 비난의 기색을 드러내기 쉽다. 아이들은 이것을 금세 알아차리고 자존감에 영향을 받는다.

아이가 예술적인지, 학구적인지, 모험을 즐기는지, 운동을 좋아하는지, 음악에 재능이 있는지, 몽상가인지, 내성적인지, 이런 것은 부모가 아이를 대하는 방식과 아무 관련이 없다. 좀 더 범위를 넓혀 아이가 신앙심이 깊든, 동성애자이든, 결혼을 원하든, 야심만만하든, 아니면 여러 다른 특성을 보여주든 그것을 인정하거나 비난하는 것은 부모의 몫이 아니다. 아이가 자기 내면의 모습에 더 가까워지는 방향으로 행동을 조정해나가는 동안에도 그들의 본모습은 무조건적으로 축하받아야 한다.

아이가 부모와 다른 종교를 선택하거나 기대와 다른 직업을 선택할 때, 아니면 동성애 성향을 보이거나 다른 인종과 결혼할 때, 우리가 어떻게 반응하느냐는 우리가 얼마나 깨어있는지를 보여준다. 과연 우리는 아이에게 자기만의 방식으로 자기 내면의 모습을 드러낼 권리가 있다고 기꺼이 인정하는 반응을 보일 수 있을까?

아이들은 자랄 때 자신이 축복받은 존재라는 확신을 가져야 한다. 물론 부모라면 아이들을 축복한다고 얘기할 것이다. 생일이 되면 영화관에 데려가거나 선물을 사주고, 장난감 가게에서 큰돈을 쓰며 축하해주지 않는가? 이런 것이 아이의 존재를 축복하는 것이 아니면 무엇인가?

하지만 우리는 무심결에 아이의 존재 자체보다 행동에 대해 칭찬할 때가 꽤 많다. 아이의 존재 자체를 축복한다는 것은 아이를 부모의 기대에 옭아매지 않고 자유롭게 존재하게 한다는 뜻이다. 아이가 아무 일도 하지 않고, 아무것도 증명하지 않고, 아무 목표도 달성하지 않아도 그 존재 자체를 기쁨으로 받아들이는 것이다.

겉으로 드러나는 모습이 어떻든 아이들의 본모습은 순수하고 다정하다. 우리가 이런 본모습을 존중할 때, 아이들은 겉모습과 상관없이 자신의 내면 세계가 선하고 가치 있다는 것을 부모가 안다고 믿는다. 아이들의 외부세계가 무너질 것 같은 시기에도 부모가 침착하게 버티며 그들의 본모습과 교감한다면, 그들이 대단히 소중한 존재라는 메시지를 전할 수 있다.

이제 아이들이 어떤 행동을 하느냐와 상관없이 그 존재만으로도 인정받는다는 것을 알게 힐 몇 가지 방법을 소개하셨다.

- 아이가 쉬고 있으면 이렇게 말해보자.

  "네가 얼마나 고마운 존재인지 모르겠다."
- 아이가 앉아 있으면 이렇게 말해보자.

  "너와 이렇게 함께 앉아 있으니 얼마나 행복한지 모르겠다."
- 아이가 방안을 돌아다니면 아이를 멈춰 세우고 이렇게 말해보자.

  "우리 인생에 함께해줘서 고맙다."
- 아이가 당신 손을 잡으면 이렇게 말해보자.

  "네 손을 잡는 게 얼마나 좋은지 모르겠다."
- 아이가 아침에 깨어나면 이렇게 쓴 편지를 건네보자.

  "오늘 맨 처음으로 너를 볼 수 있어서 얼마나 행복한지 모르겠다."
- 아이를 학교에서 데려올 때 이렇게 말해보자.

  "보고 싶었단다."

- 아이가 미소를 지으면 이렇게 말해보자.

  "네 덕분에 마음이 참 따뜻해지는구나!"
- 아이가 입맞춤하면 이렇게 말해보자.

  "너와 함께 있어서 정말 행복하단다."

갓난아이든 10대 아이든, 아이들은 그저 존재하는 것만으로 부모를 기쁘게 한다는 사실을 알아야 한다. 부모의 관심을 온전히 받기 위해 아무것도 할 필요 없다는 사실을 알아야 한다. 아이들은 세상에 태어난 것만으로 사랑받을 권리를 얻었다고 느낄 자격이 있다.

내면에 이런 당당함을 품고 자라는 아이는 어른이 되어서도 내적 교감이 각인되어 있어서 정서적으로 안정감이 있다. 이런 사람은 관계에서 가장 중요한 것이 자신의 진심임을 일찌감치 배워, 어른으로 살아갈 때도 이것을 경험의 지표로 삼는다. 이처럼 자신의 내면과 연결되어 있으면 외부의 인정을 갈구할 필요가 없고, 칭찬에 목말라하지도 않는다. 대신에 내면의 당당함으로 자기 자신을 있는 그대로 자랑스럽게 여긴다.

받아들임 vs 거부

아이들을 있는 그대로 받아들이려면 "아이는 이래야 한다"는 고정관념을 버리고 아이와 순수한 교감을 나눌 수 있어야 한다. 정신적 죽음과 맞먹는 포기를 해야 부모는 아이들이 부모에게 바라는 모습으로 그들을 대할 수 있다.

이제껏 우리 자신이라고 알고 있던 모습에 그렇게 이별을 고하면, 우리는 이제 막 싹트기 시작한 아이들의 영혼과 더불어 완전히 다시 태어날 기회를 얻을 수 있다. 이것이 현실로 이루어지기 위해 우리는 그저 부모라는 여정의 변화무쌍한 모험을 따르기만 하면 된다. 앞장서서 이끄는 건 우리 아이들이 할 것이다.

이런 이유로 어린아이를 키우는 일은 부모가 변화할 수 있는 가장 좋은 기회다. 우리가 그러기로 마음을 열면 아이의 행동에서 많은 것을 배울 수 있다. 이것이 어떻게 가능한지는 앤서니와 티나 부부를 통해 확인해보자.

∨
∨

두 사람은 아들 션의 학습장애로 인해 수년째 어려움을 겪고 있었다. 사회적으로 성공한 두 사람은 아들이 받아온 학교 성적을 인정할 수 없었다. 하지만 션의 학습장애는 학교 공부에만 국한된 게 아니었다. 사람들과 어울리고 일상적인 생활을 해나가는 데도 어려움이 있었다. 사실 션이 무엇을 시도하든 그들이 가졌던 환상과는 전혀 다른 모습이었다.

션의 아버지 앤서니는 유명한 테니스 선수인 데다 자전거도 무척 즐기는 데 반해, 션은 바깥활동을 싫어하고 곤충만 봐도 질색했다. 대신에 방에서 비디오게임을 하거나 책 읽는 걸 더 좋아했다. 아들의 이런 성격이 못마땅했던 앤서니는 매일같이 아들을 야단쳤다.

능력 있는 변호사인 어머니 티나는 남자라면 당연히 강인하고 주도적인 면이 있어야 한다고 믿었다. 그러니 아들의 소심한 모습이 불만스러웠다. 티나는 아들을 '더 남자답게' 만들 요량으로 션에게 체육관에서 운동을 하라고 잔소리했다. 옷도 더 멋지게 차려 입고, 여자애들에게 말도 걸어보라고 떠밀었다. 션이 여자애들을 겁내는 데도 전혀 아랑곳하지 않고 말이다.

숙제를 할 때나 시험 기간이 되면 스트레스와 갈등이 극에 달했다. 션이 일반 학교에서 요구하는 수준을 따라갈 수 없는데도 두 사람은 현실을 인정하려 들지 않았다. 부부가 아들을 대하는 방식은 서로 달랐지만, 학대를 하는 것은 마찬가지였다. 욕설과 고함을 퍼붓고, 기본적인 계산도 하지 못하는 아들을 비웃었다. 어떤 개념을 완전히 이해하기 전까지는 굶기기도 했다. 나와 상담할 때 두 사람은 줄곧 이렇게 강조했다.

"우리 애는 지적장애아가 아니에요. 특수교육을 받는 '그런' 아이들과는 달라요."

이 집에선 매일 싸움이 벌어졌다. 션과 아버지가 싸우지 않으면 션과 어머니가 싸웠다. 급기야 부부는 부모 노릇에 절망해 한 팀이길 포기하는 데 이르렀다. 조금씩 서로를 원망하기 시작하다 결국은 사이가 멀어졌다. 두 사람이 나에게 이혼하기로 결정했다고 말했을 때 나는 조금도 놀라지 않았다. 그들이 밝힌 이혼 사유에 대해서도 마찬가지였다.

"우리는 션의 행동을 받아들일 수가 없어요. 아이가 우리 사이를 갈라놓고 있어요. 더는 감당을 못하겠어요. 애 때문에 미칠 지경이에요."

앤서니와 티나는 "우리가 이혼하려는 이유가 바로 너 때문"이라고 션에게 말하면, 아들이 충격을 받아 '잘못된' 행동에서 벗어나리라고 예상했다. 그들이 느끼는 고통의 원인을 아들에게서 찾은 두 사람은 정말로 아들만 아니면 행복한 부부로 살았을 거라고 철석같이 믿었다. 그들은 아들의 행동이 자신들에게 모욕을 주는 것이라고 여겼다. 사실 션의 행동은 두 사람이 부부로서 실패했음을 알려주는 쓰라린 상처였다. 그러나 션의 관점에서 보면 자라는 내내 부모의 분노를 받아내야 했을 뿐만 아니라, 철저히 악역을 맡아야 했던 것이다.

앤서니와 티나는 그들의 부정적 성향이 기본적으로 아들을 있는 그대로 받아들이지 못해서 생긴 것임을 이해하고 나서야 비로소 달라지기 위한 노력을 시작했다. 그 과정에서 두 사람은 아들이 남들과 다른 점을 불안해하는 자신들의 모습과 마주해야 했다. 부부는 각자의 무의식이 어떤 패턴을 보이는지 알게 되었고, 시금까지 그것을 고스란히 아들 션에게 쏟아부었다는 사실도 인정할 수밖에 없었다. 션은 단지 부모의 무의식을 행동으로 표출했을 뿐이고, 그로 인해 더 많은 문제가 생겼던 것이다.

앤서니와 티나는 자신들이 처리해야 할 문제를 아들에게 떠넘기고 있었다는 것을 깨닫자 진짜 문제인 그들의 부부관계를 풀어나가기 시작했다. 부부의 균열을 해소하려고 몇 개월을 힘들게 매달린 끝에 아들이 대신 짊어졌던 고통스러운 짐을 내려줄 수 있었다.

부모는 어떤 구체적인 행동을 권유하지 않더라도, 아이가 자신의 내면과 일치하는 모습으로 존재할 권리에 대해서는 언제나 전폭적으로 지지해주어야 한다. 아이를 있는 그대로 받아들이면 아무런 판단 없이 중립적인 상태로 아이를 대할 수 있다. 부모가 자신의 과거를 투영하지 않고 아이에게 필요한 방식으로 아이를 대하기 위해서는 아이의 있는 그대로의 모습과 앞으로의 모습 그리고 그 과정에서 그들이 부모에 관해 가르쳐줄 수 있는 것을 무조건 옳다고 받아들여야 한다.

아이는 부모의 환상과 꿈을 대신 이루어주는 존재가 아니다

　받아들임을 수동적인 태도로 여기는 사람들이 많은데, 오해다. 받아들임은 머리로만 결정해서 되는 것이 아니라 머리와 가슴 전체로 해야 하는 일이다. 강조하건대 받아들이는 것은 절대 수동적인 태도가 아니다. 대단히 적극적이고 능동적인 과정이다. 받아들인다는 것이 실제로 어떤 모습인지는 존과 알렉시스 부부가 아들 제이크를 어떻게 대했는지 보면 이해하기 쉬울 것이다.

∨

　제이크는 보통의 남자아이들과 다르게 성장했다. 스포츠나 소란스러운 놀이엔 전혀 관심이 없었고, 미술과 춤을 더 좋아하는 조용하고 예술적인 아이였다. 부모는 제이크가 아주 어릴 때부터 또래 아이들에게 치이는 모습을 안타깝게 지켜봐야 했다. 두 사람은 제이크가 혹시나 동성애 성향을 지녔을지 모른다는 생각도 했다. 물론 아이가 남성적인 모습보다 여성적인 모습을 더 많이 보여준다는 이유만으로 아들을 그렇게 규정짓고 싶지는 않았다.
　이따금 제이크가 대부분의 남자아이들과 같기를 바라는 마음이 올라와 힘들 때도 있었지만 전전긍긍하는 대신 음악과 춤에 대한 아들의 애정을 키워 주는 길을 선택했다. 부모가 지켜봐주고 기다려주자 제이크는 자신의 운명대로 친절하고 섬세한 남자로 멋지게 성장했다.
　존과 알렉시스는 혹시라도 제이크에게 동성애적 성향이 있다면, 아들이 제 힘으로 그 길에 들어서기를 원했다. 그들이 볼 때 아들의 삶에서 성적 취향은 별로 중요하지 않았다. 그것은 제이크의 진면목을 드러내는 수많은 아름다운 모습 중 하나일 뿐이었다. 제이크가 또래들에게 상처를 받았을 때도 부모는 그 고통을 없애주려고 애쓰는 대신 그것에 대해 진지하게 생각해보도록 도왔다.

제이크가 더 나이를 먹자 존과 알렉시스는 일부러 동성애자가 포함된 친목모임을 만들었다. 제이크가 자신의 동성애 성향을 밝힐 준비가 되면 주변에 그것을 흔쾌히 받아들여 줄 사람들이 있다는 사실을 알려주고 싶었기 때문이다. 예상대로 제이크는 10대 후반이 되자 부모에게 자신의 동성애 성향을 솔직히 털어놓았다. 두 사람은 아무 말 없이 두 팔을 활짝 벌려 받아들였다.

부모가 처음부터 아들의 모습을 있는 그대로 받아들인 덕분에 제이크는 아무런 조건이나 판단, 죄책감 없이 자신의 본모습을 드러낼 수 있었다. 가족 전체가 그의 삶을 있는 그대로 기쁘게 받아들였다. 이 가족은 아들에게 부모의 환상을 대신 실현해달라거나 꿈을 이루어달라고 요구하지 않았다. 자신들의 아물지 않은 상처를 치유하거나 자존심을 세우는 데 아들을 이용하지도 않았다. 그들은 아들이 본질적으로 부모와 다른 존재라는 점을 분명히 해두었다.

이렇듯 부모와 아이 사이에 적당한 거리를 둘 수 있다면 최상의 연대감을 조성하는 데 도움이 된다.

아이들을 똑같은 틀에 찍어내듯 키우지 말자

부모가 아이의 고유한 여정이 펼쳐지는 순간을 존중할 수 있다면, 아이는 자기 내면의 소리에 귀 기울이는 동시에 다른 사람의 목소리를 존중하는 법을 배우게 된다. 이를 통해 아이들은 건강한 방식으로 서로 의존하며 관계 맺는 능력을 기르게 된다. 사람마다 가야 할 길이 다르니 서로 해가 될 정도로 의존하지는 않는다. 아이들은 이렇게 어른이 되기 위한 준비를 한다. 어른의 세계에서는 건강한 상호의존이 바람직한 친밀감의 기준이기 때문이다.

아이를 있는 그대로 받아들이려면 해로운 인생대본life-scripts*을 멀리하고 오롯이 아이에게 집중해야 한다. 부모가 자신의 마음을 아이의 개성에 맞추면 쿠키 틀로 찍어내듯 아이를 키우려고 애쓰는 것이 부질없음을 깨닫게 된다. 아이들은 저마다 부모에게 요구하는 것이 다르기 때문이다. 어떤 아이는 부드럽고 다정한 부모를 필요로 하는 반면, 표정 하나까지 단호한 부모를 필요로 하는 아이들도 있다. 부모가 일단 아이의 기본 성향을 받아들이면 아이의 기질에 맞춰 양육방식을 정할 수 있다. 그렇게 함으로써 우리가 어떤 유형의 부모라는 환상을 내려놓고 눈앞에 있는 바로 그 아이에게 필요한 부모로 진화해가는 것이다.

• 심리학 용어. 연극에서처럼 인생 역시 대본에 따라 전개된다는 생각으로, 인간은 생애 초기에 부모의 양육태도에 영향을 받아 생활 자세를 만들어가고, 이에 따라 인생대본이 만들어지며, 그 대본에 맞춰 생활하게 된다는 것이다.

일찍이 나는 내 아이가 어떤 모습일지 상상해둔 바가 있었다. 뱃속 아이가 딸이라는 사실을 알게 되자 수많은 기대를 품었다. 틀림없이 내 장점을 모두 가진, 상냥하고 온순하며 예술에 소질이 있는 아이일 것으로 믿어 의심치 않았다. 또 순진무구하고 비할 데 없이 유순할 것 같았다.

그런데 자라면서 딸의 기운이 세지기 시작하자, 나는 이 아이가 내 예상과 딴판이라는 것을 알았다. 딸아이는 상냥하지만 거침없고 자기주장이 강했다. 우두머리 기실이 있어서 거칠고 고집스러운 면을 보일 때도 있었다. 예술적 기질과는 거리가 멀었다. 나의 몽상가 기질을 전혀 안 닮아서 사고가 대단히 기계적이고 논리적이었다. 성격 또한 순진하거나 유순하기보다는 세상물정에 밝고 영리했다. 그리고 무엇보다 '재롱을 부릴' 줄 몰랐다. 내가 어렸을 때는 재롱부리기가 내 담당이었는데 말이다. 딸아이는 조금도 미안한 기색 없이 '나는 나다' 하는 태도를 보여주었다.

내 인생에 이미 들어와버린 딸의 이런 모습을 받아들이기가 쉽지 않았다. 나는 환상을 버려야 했고, 여러 가지 기대도 조정해야 했다. 하지만 '내 딸은 마땅히 이래야' 하는 생각에 오래 사로잡힌 나머지, 나는 내 딸의 있는 그대로의 모습을 한동안 받아들일 수가 없었다. 실제로 아이를 대하는 일보다 이 아이가 내가 축복받으며 낳은 내 딸이라는 사실을 받아들이는 것이 더 어려웠다. 대부분의 부모가 그렇지 않을까? 대개 우리가 힘들게 넘어야 할 장애물은 현실 그 자체가 아니라 우리의 기대를 조정하는 일일 때가 많다.

부모는 아이를 있는 그대로 받아들이는 것이 아이가 해로운 행동을 할 때조차 내버려두는 것이라고 오해하기도 한다. 내가 제안하는 것은 절대 그런 수동적인 태도가 아니다. 아이들의 존재, 즉 그들의 본성을 있는 그대로 받아들이라는 뜻이다. 받아들이는 것은 양육의 기본이다. 아이들의 행동을 그들의 본모습에 부합하도록 교정하는 것은 그다음이다.

만약에 아이가 반항심에서 '불량한' 행동을 한다고 생각된다면 단호하게 대응하는 것이 맞다. 그러나 아이가 고통스러운 감정을 제대로 다스리지 못해서 '불량한' 태도를 보이는 것이라면 부모가 이해심을 발휘해야 한다. 아이들이 힘들어하면서 매달릴 때는 안아주고 들어줄 필요가 있다. 다만 너무 다 받아주며 키워서 독립심을 길러주지 못했다면, 아이가 혼자 있는 것을 편안해하고 만족해하는 법을 배우게 도와줘야 한다. 아이가 혼자 조용히 있고 싶어하면 부모는 그럴 수 있는 공간을 내주며 떨어져 있고 싶은 욕구를 존중해줘야 한다. 아이가 적절한 상황에서 활기 넘치고 장난을 칠 때는 간섭하지 않고 즐거움을 누리게 둬야 한다. 그러나 숙제를 해야 할 시간에 장난을 친다면 그때는 부모가 아이를 자제시키고 집중할 수 있도록 이끌어야 한다.

아이를 받아들인다는 건 다음과 같이 여러 가지 의미를 담고 있다.

- 내 아이가 나와 다르다는 것을 받아들인다.
- 내 아이가 말수가 적다는 것을 받아들인다.
- 내 아이가 고집스러울 때가 있음을 받아들인다.
- 내 아이가 사람이나 사물을 좋아하게 되는 데 시간이 걸린다는 것을 받아들인다.

- 내 아이가 다정한 성격임을 받아들인다.
- 내 아이가 쉽게 상처받는 편임을 받아들인다.
- 내 아이가 사람들을 즐겁게 하고 싶어한다는 점을 받아들인다.
- 내 아이가 변화를 거부한다는 점을 받아들인다.
- 내 아이가 낯선 사람을 두려워한다는 점을 받아들인다.
- 내 아이가 버릇없이 행동할 수 있음을 받아들인다.
- 내 아이가 감정 기복이 심한 편임을 받아들인다.
- 내 아이가 상냥한 성격임을 받아들인다.
- 내 아이가 겁이 많다는 것을 받아들인다.
- 내 아이가 부끄러움을 많이 타는 성격임을 받아들인다.
- 내 아이가 거들먹거리는 편임을 받아들인다.
- 내 아이가 반항적이라는 점을 받아들인다.
- 내 아이가 남을 잘 따르는 편임을 받아들인다.
- 내 아이가 까다로운 성격임을 받아들인다.
- 내 아이가 공부를 잘 못 한다는 점을 받아들인다.
- 내 아이가 추진력이나 의욕이 별로 없다는 점을 받아들인다.
- 내 아이가 압박을 느끼면 종종 거짓말을 한다는 점을 받아들인다.
- 내 아이가 호들갑스러울 때가 있음을 받아들인다.
- 내 아이가 가만히 앉아 있는 것을 힘들어한다는 점을 받아들인다.
- 내 아이에게 자기만의 존재방식이 있음을 받아들인다.
- 내 아이가 자기만의 개성을 지녔음을 받아들인다.
- 내 아이가 발전하기 위해서는 경계선을 확실히 그어줘야 한다는 점을 받아들인다.

아이가 필요로 하는 부모의 모습으로

아이를 있는 그대로 받아들이기 위해서는 한 가지 요소가 더 필요하다. 바로 아이가 필요로 하는 부모의 모습이 되기 위해 노력하는 것이다.

나는 딸아이가 내 생각보다 훨씬 더 세상물정에 밝다는 것을 받아들이자 아이를 대하는 방식을 바꿀 수 있었다. 내가 기대했던 '순진한 꼬마 아가씨'가 아니라 영리한 아이로 딸을 대할 시간을 맞이했다. 늘 아이보다 두 박자 늦게 쫓아가면서 엄마를 속수무책으로 만드는 딸을 원망하던 내가 이제는 아이보다 두 박자 빨리 생각하는 법을 배웠다. 아이는 늘 나보다 한 박자 앞서곤 했다.

마침내 딸이 얼마나 영특한지를 받아들이고, 아이보다 두 박자 앞서 생각하려고 노력하기 시작하니 더는 아이의 영리함이 잔꾀로만 보이지 않았다. 내가 부모로서 가졌던 환상을 버리고, 딸이 필요로 하는 부모가 될 수 있어서 얼마나 다행스러웠는지 모른다.

우리가 아이를 받아들이는 것은 우리 자신, 그러니까 지금 우리의 모습과 잠재된 우리의 모습을 모두 받아들일 수 있느냐와 직접적인 관련이 있다. 부모인 우리의 생각이 자유롭지 못하고 영혼이 자유롭지 않은데 어떻게 아이가 그렇게 되기를 바랄 수 있겠는가? 우리 스스로가 독립적이지 않고 자율적이지도 않다면 어떻게 아이에게 독립성과 자율성을 가르칠 수 있겠는가? 우리의 존재가 거의 무시당하고 의도적으로 영혼이 짓눌려 왔다면 그런 사람이 어떻게 다른 존재를 키우고 영혼을 춤추게 할 수 있겠는가?

요즘 내가 부모로서 받아들이는 법을 배우려고 노력하는 모습들을 공유하면 도움이 될지도 모르겠다.

- 나는 부모이기 전에 한 사람이다.
- 나는 여러 가지 한계가 있고 부족한 점도 많지만, 그래도 괜찮다.
- 내가 늘 옳은 길을 아는 것은 아니다.
- 나는 내 잘못을 인정하는 게 부끄러울 때가 있다.
- 나는 자주 내 아이보다 더 심하게 중심을 잃곤 한다.
- 나는 내 아이를 대할 때 이기적이고 경솔해지기도 한다.
- 나는 이따금 부모로서 주저하고 혼란스러워한다.
- 나는 내 아이에게 어떻게 반응해야 할지 모를 때가 있다.
- 나는 가끔 내 아이에게 잘못된 말과 행동을 한다.
- 나는 때때로 너무 피곤해서 정신을 못 차린다.
- 나는 이따금 딴 데 정신이 팔려서 아이에게 온전히 집중하지 못할 때
  가 있다.
- 나는 최선을 다하고 있으며, 이만하면 충분하다.
- 나는 부족한 점이 많고, 내 삶은 완벽하지 않다.
- 내 안에 권력과 통제에 대한 욕구가 있다.
- 내 안에 에고가 있다.
- 나는 깨어있기를 원한다(비록 깨어있는 상태로 들어가려는 순간에 스스
  로 망쳐버릴 때가 많지만).

우리가 아이를 받아들이지 못하는 이유는 그들이 우리 내면의 상처를 들
추며, 여태 우리가 붙들고 있던 에고에 대한 집착을 위협한다고 생각하기 때
문이다. 우리가 아이를 있는 그대로 받아들이지 못하는 이유를 해결하지 못
한다면, 부모로서 언제까지나 아이를 자기 틀에 넣어 통제하고 지배하려 들

것이다. 그렇지 않으면 반대로 아이에게 휘둘리게 될 것이다.

부모가 아이를 온전히 받아들이는 데 걸림돌이 있다면 그것은 어디까지나 우리의 과거에서 비롯되는 것임을 알아야 한다. 자기 자신을 있는 그대로 받아들이지 못하는 부모는 자기 아이 또한 결코 받아들이지 못할 것이다. 부모가 아이를 받아들이는 것은 부모가 자기 자신을 받아들이는 것과 맞물려 있다. 부모는 딱 자기 자신을 존중하는 만큼만 아이를 존중하기 때문이다.

혹시 피해의식이 있는 부모라면 속으로 이렇게 생각하기 쉽다.

'나는 내 아이가 반항적이고, 앞으로도 쭉 그러리라는 것을 받아들인다.'

이는 받아들이는 게 아니라 체념하는 것이다. 반대로 우월의식을 지닌 부모라면 이렇게 생각할 것이다.

'나는 내 아이가 천재라는 사실을 인정한다.'

이 또한 받아들이는 것이 아니라 과대망상이다.

부모의 기대에 맞춰 아이를 재단하는 것은 아이의 있는 그대로의 모습을 부정하는 태도이다. 이는 나중에 생길 수 있는 여러 가지 문제의 씨앗을 뿌리는 것과 같다. 반면에 어느 때든 아이를 있는 그대로 받아들이면 해방감과 더불어 우리 마음에 여유가 생긴다. 아이를 통제하려는 욕구에서 벗어나면 아이와의 사이에 연대감이 싹튼다. 우리가 상상했던 모습이 아니라 아이의 있는 그대로의 모습에서 시작한다면, 아이가 스스로 발견한 자신의 진면목과 일치하는 모습으로 성장하도록 도울 수 있다.

그런데 여기서 말하는 '아이가 스스로 발견한 자신의 본모습'은 유동적인 상태임을 명심해야 한다. 우리는 아이가 고정된 실체가 아니며, 끊임없이 변화를 추구하고 진화를 거듭하는 존재임을 자꾸 잊어버린다. 만약에 우리가 고정된 자기 인식에 갇혀서 스스로를 계속 진화하는 존재로 보지 못한다면,

아이에 대해서도 그럴 수밖에 없다. 일방적으로 어떤 아이인지 판단하여, 에고 대 에고, 꽉 막힌 방식으로 아이를 대하게 된다. 그러니 계속해서 문제가 생길 수밖에 없다. 아이가 매 순간 새로운 모습을 드러내도록 도와주는 건 고사하고, '바로 지금' 아이가 어떤 모습인지도 제대로 보지 못한다.

틀에 박힌 방식으로 아이를 키우지 않으려면 온전히 현재에 집중하며 완전히 열린 마음으로 아이를 대해야 한다. 그리고 다음과 같은 질문을 통해 자기점검을 해야 한다.

"나는 내 아이가 어떤 사람인지 정말로 알고 있는가? 내 안에 아이에 대해 매일같이 새롭게 알아갈 공간을 만들 수 있는가?"

이를 위해서는 이이와 함께 있을 때 되도록 입을 나물어야 한다. 한눈팔지 말고, 호기심과 즐거움이 가득한 상태로 아이에게 온전히 주파수를 맞춰야 한다.

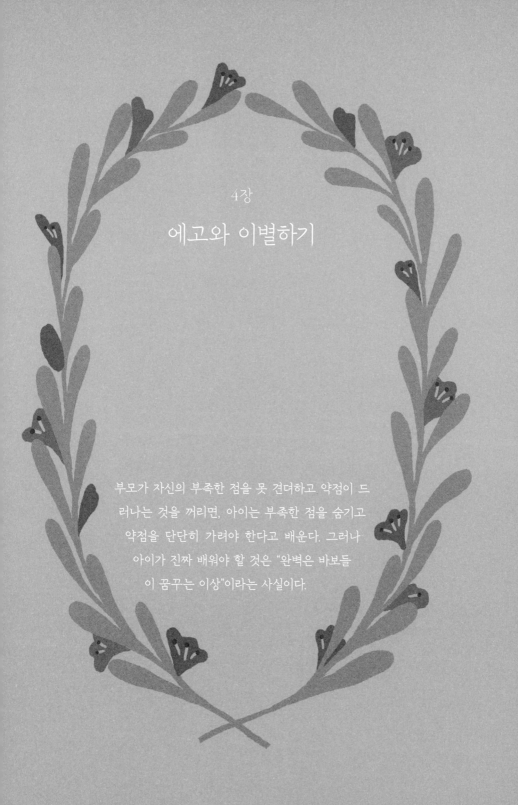

4장

에고와 이별하기

부모가 자신의 부족한 점을 못 견뎌하고 약점이 드
러나는 것을 꺼리면, 아이는 부족한 점을 숨기고
약점을 단단히 가려야 한다고 배운다. 그러나
아이가 진짜 배워야 할 것은 "완벽은 바보들
이 꿈꾸는 이상"이라는 사실이다.

부모가 아이를 전적으로 받아들이면 정신 분야에서 아주 오래전부터 귀하게 여겨온 값진 기회를 얻게 된다. 바로 에고와 이별할 기회다.

　부모로서 에고를 포기한다는 것은 결코 쉬운 일이 아니다. "이 아이가 제자식입니다"라고 말하는 자체가 이미 에고를 드러내는 것이기 때문이다. 사실 아이 문제에 관한 한 부모는 좀처럼 에고와 분리되기가 쉽지 않다. 대부분의 부모는 아이의 학교생활, 외모, 결혼 상대, 거주지, 직업까지도 완벽하게 자기 일로 받아들인다. 따라서 아이를 자기 에고의 연장으로 보지 않고 자유롭게 둘 수 있는 부모는 거의 없다고 할 수 있다.

　어느 부모 모임에서 왜 아이를 가졌는지 물어본 적이 있다. 그들의 대답은 이랬다.

　"아이를 키운다는 게 어떤 건지 직접 경험해보고 싶었어요." "제가 워낙 아이들을 좋아하거든요." "엄마가 되고 싶었죠." "가족이 생기길 원했어요." "저도 엄마가 될 수 있다는 걸 사람들에게 증명해보이고 싶었어요."

　각각의 대답을 들여다보면 아이를 원하는 이유에 하나같이 에고가 결합

되어 있다. 우리 대부분이 이와 비슷할 것이다.

부모의 여정은 대개 나르시시즘, 즉 자아도취와 함께 시작되며, 우리는 에고에 충실한 그 에너지를 아이와의 관계에까지 끌어들인다. 그 결과 많은 경우 의도한 바는 아니지만, 우리의 욕구를 채우기 위해 아이를 이용하는 덫에 빠진다. 시종일관 아이를 사랑하고 헌신적으로 키우고 있다고 착각하면서 아이를 이용해 자기 내면의 상처를 치유하려 하고, 아이에게 집안의 부당한 역할을 떠맡긴다. 자신의 가치를 확인하고 세상에 영향력을 발휘하고 있다는 환상을 키우기 위해 아이를 이용하는 부모도 있다.

부모가 자신의 욕구를 채우기 위해 아이를 낳아 키운다는 사실을 쉽게 받아들이기 힘들지도 모른다. 그러나 에고가 얼마나 강하게 우리를 밀어붙이는지 알아차리고, 그것이 우리의 진짜 모습이라는 착각에서 벗어나지 않는 한, 우리는 계속 잘못된 상태로 아이를 키우게 된다. 그러면 아이의 본모습을 끝내 발견하지 못하게 된다.

에고는 어떻게 작동하는가?

앞서 우리는 에고가 자기 자신에 대해 품고 있는 이미지, 즉 각자 머릿속에 품고 다니는 자아상에 맹목적으로 집착하는 것임을 살펴보았다. 우리의 사고와 감정, 행동방식은 전부 이런 에고에 뿌리를 두고 있다.

에고를 더 잘 이해하기 위해 내가 앞에서 언급했던 말을 기억해보자. 아이의 행동을 개선하려면 부모가 먼저 바뀌어야 한다는 내 얘기에 대부분의 부모는 거부감을 보인다. 그런 다음 자기 아이들과의 관계가 왜 그렇게 될 수밖에 없었는지 구구한 변명을 늘어놓는다.

우리는 살면서 경험하는 부정적인 일에 자신이 일정 부분 기여했을 수 있다는 사실을 쉽게 받아들이지 못한다. 대신 우리가 처한 상황의 책임을 주변 환경 탓으로 돌리고 싶어한다. 우리가 '나'라고 알고 있는 것이 전부 자신에 대해 가지고 있는 이미지에 불과한 것이니 바뀌어야 한다는 주장은 우리의 정체성을 위협한다. 우리가 적극적으로 스스로를 방어하면서 우리와 인생을 함께하는 다른 누군가가 달라져야 문제가 해결될 거라는 헛된 희망을 품는 것도 바로 이 때문이다.

에고는 우리가 어떤 사고방식이나 신념체계에 집착할 때 어김없이 작동한다. 우리는 감정적으로 폭발하기 전까지는 대개 자신이 집착하고 있다는 것조차 의식하지 못한다. 그러나 분노나 통제, 지배, 슬픔이나 불안, 심지어 행복 같은 긍정적인 감정에 휩싸여 "내가 옳다"는 인식이 팽배해진다면, 그건 우리가 에고에 빠졌다는 뜻이다. 이렇듯 "내가 옳다"는 경직된 사고로 움직이면 우리는 고정관념이나 이상, 판단을 근거로 현실을 바라보게 된다. 그래서 어떤 상황이나 상대가 자기 뜻대로 움직이지 않으면 그 상황이나 상대를 지배하고 통제하려 든다. 문제는 에고에 충실한 상태로 살면 다른 사람의 진면목을 못 보게 된다는 점이다. 그 전형적인 사례가 있다.

스튜어트의 아들 새뮤얼은 의욕적이고 활달한 성격에 뭐든 능숙하게 해내는 아이였다. 그중에서도 특히 연기 실력이 뛰어나서 연극영화과 에 진학하고 싶어했다. 하지만 스튜어트는 반대했다. 그는 이민 1세대로서 평생 불안정한 저임금 육체노동자로 살아온 터라 아들이 안정적인 직업을 가지길 원했다.

대학에 지원할 시기가 되자 새뮤얼은 이름 있는 연극영화학과가 있는 학교를 선택하고 싶어했다. 하지만 스튜어트는 아들이 경영대학에 가기를 고집했다. 두 사람은 매일 싸웠다. 급기야 스튜어트는 아들에게 연극영화학과에 가면 학비를 지원하지 않는 것은 물론이고, 영원히 인연을 끊겠다고 으름장을 놓았다. 새뮤얼은 이것이 아버지에게 얼마나 중요한 문제인지 알게 되었고, 결국 아버지 뜻에 따르기로 했다. 워낙에 똑똑했던 새뮤얼은 컬럼비아대학교 경영학과에 합격했고, 졸업 후에도 성공적으로 커리어를 쌓아나갔다.

연극영화과를 포기한 것은 새뮤얼 스스로 내린 결정이었지만, 그는 지금도 자신의 열정을 지지해주지 않았던 아버지를 원망한다. 직장을 다니면서 누리는 윤택한 생활이 무대 위에서 느꼈던 기쁨과 목적의식을 완전히 보상해주지는 못했기 때문이다. 그에겐 연기가 삶의 소명이었고, 자신의 본질과 존재 자체를 드러내는 방식이었다. 하지만 이제는 주택담보대출과 학자금대출이라는 수렁에 빠져 진로를 바꿀 여유가 없었다.

스튜어트는 자신의 감정이나 욕망을 고스란히 투사해 아들을 키웠다. 아들의 직업 선택에 대해 그가 불안감을 보였던 이유는 그가 내면에 지니고 다니는 감정대본에 "불확실성은 나쁜 것"이라고 쓰여 있었기 때문이다. 이민 1세대로서 겪은 불안감에 사로잡혀 아들의 운명을 통제하려고 했던 것이다.

스튜어트처럼 에고의 기둥이 내면 한가운데 버티고 서 있는 한 진정성 있는 삶을 살기는 어렵다. 부모가 그런 성향을 가지고 있다면 아이로 하여금 진정성 있는 삶을 살아가도록 지지하기란 쉽지 않다. 에고 상태에서 아이를 키우는 것은, 내 방식이 옳다는 무의식의 명령에 따라 사는 것이다.

결과적으로 스튜어트가 새뮤얼에게 그랬듯이 우리도 아이에게 우리 세계로 들어오라고 강요하느라 아이의 세계로 들어가 볼 기회를 놓치게 된다. 안타깝게도 아이가 우리의 통제를 받으며 우리 말을 복음처럼 따를 때 부모로서는 가장 만족스러울지도 모른다.

에고에 대한 집착은 두려움을 감추려고 가면을 쓰는 것과 같다. 최악의 경우 인생이 본래 알 수 없는 것이라고 체념해버린다. 내 본모습으로 존재하지 못하고 에고에 집착하면 아이의 진면목과 교감하기는 힘들다. 그러면 아이는 자신의 본모습과 단절된 채 성장하게 되고, 존재하는 모든 것과의 관계를 불신하게 된다.

이렇듯 두려움으로 삶에 접근하면 진실하고 아무 거리낌 없는 자연스러운 모습이 드러나기 어렵다. 따라서 우리는 우리의 진실한 모습이 드러나도록 에고를 무너뜨려야 한다. 그러다 보면 아이 또한 자신의 본모습에 충실한 상태로 자라도록 놓아줄 수 있다.

부모가 에고에서 벗어나 아이가 순리대로 성장해나가는 모습을 그저 지켜볼 수 있다면, 아이는 부모의 스승이 된다. 달리 말해 부모가 진실한 삶을 살게 되면 아이를 부모가 옳다고 생각하는 이미지를 투사해도 되는 백지 같은 존재가 아니라, 인생이라는 여행의 동반자로 보게 된다. 양육이라는 여정에서 부모가 아이를 변화시키는 만큼 아이도 부모를 변화시킬 수 있다고 보는 것이다.

문제는 우리가 "안다"는 생각을 버리고 권위적인 에고의 제단에서 내려와,

누구보다 에고의 영향을 받지 않고 순수하게 깨어있는 상태의 이 아이들로 부터 배우려는 의지가 있느냐는 것이다.

에고에 사로잡히지 않고 진실하게 산다는 것은 계속되는 변화를 받아들이는 것이다. 우리는 언제까지나 미완성 상태이며 끊임없이 변화한다는 사실을 알아차리는 것이다. 또한 진실한 삶을 살려면 일상에서 벌어지는 어떤 소란 속에서도 우리 내면의 깊고 고요한 소리와 닿을 수 있어야 한다. 이런 진실한 상태는 외적인 요소들의 도움과 안내가 필요할 때가 있지만, 살아남기 위해 외적 요소가 반드시 필요한 것은 아니다. 그보다는 우리의 정신과 조화를 이루고 매 순간 육체와 교감하는 것이 중요하다.

우리가 진실한 삶을 살더라도 여전히 에고가 좋아하는 것들, 예를 들면 새뮤얼의 아버지가 그토록 갖고 싶어하던 인간관계, 집, 자동차를 비롯한 호화로운 것들을 계속 유지할 수 있다. 하지만 이런 것들이 존재하는 목적이 이전과는 완전히 달라진다.

만약 우리가 행복해지기 위해서 인맥과 집, 직업, 자동차, 그밖에 다른 외적인 요소들에만 의존한다면, 우리는 에고의 노예가 될 수밖에 없다. 그러나 이런 요소들이 우리가 목적을 완수해 다른 사람들에게도 도움을 주는 수단으로 쓰인다면 우리의 본모습에 더 충실하게 하는 것이다.

사람마다 에고가 표출되는 방식은 다르지만, 스스로를 함정에 빠뜨리는 공통된 패턴이 몇 가지 있다. 보편적인 에고의 유형이라 할 수 있는 이 패턴들이 각각 어떻게 작용하는지 살펴보자.

① 이미지에 집착하는 에고

∨

한 젊은 엄마가 학교 교장선생님으로부터 아홉 살짜리 아들이 다른 아이와 싸움을 했다는 전화를 받고 큰 충격에 빠졌다. 아들이 문제아가 되었다는 사실이 믿을 수 없어 당혹스럽고 수치스럽기까지 했다. '뭘 해야 하지?' '어떻게 대응해야 할까?'

그녀는 어느새 방어태세를 취하면서 다른 사람을 비난하고 있었다. 자기 아들이 억울하게 오해를 받고 있다며 교장선생님은 물론이고, 다른 선생님들 그리고 상대 아이의 부모와도 말다툼을 했다. 급기야 교육감에게 편지를 보내 자기 아들이 누명을 썼다고 호소했다.

이 엄마는 자기도 모르게 이 사건을 자기 문제로 받아들였다. 그녀의 에고가 그렇게 만들었다. 그 일이 마치 그녀의 능력을 문제 삼은 것처럼 느껴졌기 때문이다. 아들의 행동과 자기 자신을 분리하지 못한 엄마는 상황을 있는 그대로 보지 못하고 균형을 잃어버렸다. 모든 게 자신에 대한 공격으로 느껴졌고, 교장실에 불려가 부모 노릇을 제대로 못 했다고 질책을 받은 것처럼 느껴졌던 것이다. 그 결과 아홉 살 아들은 자기 행동이 낳은 자연스러운 결과를 통해 배울 수 있었음에도 그 기회를 놓치고, 대신에 엄마의 행동에 죄책감과 당혹감을 느껴야 했다.

많은 부모가 아이의 행동을 자기 자존감과 결부시키는 함정에 빠지곤 한다. 그래서 아이가 규범에 어긋나게 행동하면 자기 책임이라고 느낀다. 그 상황으로부터 우리의 에고를 분리하지 못하고 아이의 행동에 지나치게 큰 의미를 부여하는 것이다.

무능력한 부모로 인식되고 싶은 사람은 아무도 없을 것이다. 우리의 에고는 우리가 최고의 부모로 보이기를 원한다. 그래서 자기가 바라는 모습에 미치지 못한다고 느껴질 때마다 다른 사람들 앞에서 망신을 당했다는 생각에 불안해하고, 그러다 보면 감정적으로 반응하게 된다.

② 완벽에 집착하는 에고

우리는 대부분 완벽해질 수 있다는 환상을 품는다. 하지만 이런 환상에 집착하면 진정한 삶을 따라 자연스럽게 흘러가지 못한다.

아들의 바르미츠바(유대인들이 성인식 개념으로 성대하게 치르는 열세 살 생일파티—옮긴이)를 위해 3만 달러 넘는 돈을 들여 세세한 것까지 완벽을 추구한 엄마가 있다. 그렇게 꼬박 몇 개월을 분주하게 준비했음에도 막상 당일이 되자 그녀는 극도로 불안했다.

결과부터 말하면 생일파티는 엉망이었다. 그녀의 눈에는 재난의 연속이었다. 아침부터 예고에 없던 천둥번개가 치기 시작했다. 다행히 그럴 경우를 대비해 천막을 준비해두긴 했다. 또 차가 막혀서 사회자가 한 시간이나 늦게 도착했다. 그리고 얼마 후 주인공인 아들이 술에 취해서 그녀의 친척과 상류층 지인들 앞에서 소란을 피우기 시작했다.

그녀는 극심한 당혹감을 느끼며 충격에 빠졌다. 그리고 몹시 화가 났다. 그래도 자신이 초대한 손님들이 있는 동안에는 완벽한 엄마의 이미지를 가까스로 유지할 수 있었다. 하지만 그들이 떠나자 남아 있는 모든 사람들에게 분통을 터뜨렸다. 집에서 밤을 함께 보내기로 했던 아들의 친구들 앞에서 아들에게 분노를 터뜨리며 분위기를 망쳐버렸다. 곧장 남편과도 다투고, 사회자와도 한바탕 크게 싸웠다. 그녀는 자기가 기대했던 대로 상황이 돌아가지 않자 다른 사람들을 비참하게 만들었다.

인생이 계획대로 풀리지 않을 때, 우리가 거부 반응을 보이면서 감정적으로 격해지는 이유는 자신이 위협받고 있다고 느끼기 때문이다. "인생은 이래야 한다"는 환상이 무너지면 우리의 에고가 상황을 통제하려는 욕구를 드러낸다. 사랑하는 사람은 물론이고 인생 자체가 원래 우리 마음대로 되는 것이 아님에도 불구하고, 특정한 모습으로 보이길 바라는 병적인 욕구를 모두에게 강요한다. 인생이 동화 같은 결말을 얻게 되리라는 환상에 매달리면 사랑하는 이들을 희생시킬 수도 있다는 사실을 놓치게 된다.

전통적인 방식으로 육아에 접근할 때, 우리가 아이에게 부모를 존경해야 한다고 가르치는 이유는 우리가 그렇게 자랐기 때문이다. 또한 좋은 부모가 되려면 전지전능해야 한다고 생각한다. 부모가 능력 있는 모습만 보여주면 오히려 아이들이 위축되거나 두려움을 갖게 된다는 사실을 잘 모른다. 아이가 부모를 다가갈 수 없는 존재로 바라보면 자신이 너무 작게 느껴진다. 그러다 보면 의도치 않게 아이 내면에 부족한 존재라는 인식을 새겨, 아이가 자기만의 고유한 능력을 알아차리지 못하도록 막게 된다.

아이가 부모를 언제나 다 아는 사람, 완벽한 해결책이나 정확한 의견을 가진 사람이라고 느끼면 자신도 똑같이 그런 사람이 되어야 한다고 믿으며 자란다. 부모가 자신의 부족한 점을 못 견뎌하고 약점이 드러나는 것을 꺼리면, 아이는 부족한 점을 숨기고 약점을 단단히 가려야 한다고 배운다. 그러나 아이가 진짜 배워야 할 것은 "완벽은 바보들이 꿈꾸는 이상"이라는 사실이다.

부모로서 우리의 목표는 아들의 생일파티를 준비한 엄마가 그랬던 것처럼 흠잡을 데 없는 '완벽'을 추구하는 것이 아니다. 오히려 '허점투성이'인 자신을 인정하는 데서 시작해야 한다. 아들을 키울 때도 자신처럼 결정적인 순간에 일을 그르칠 수도 있는, 허점이 있는 인간이라는 사실을 받아들이는 것이 목표가 되어야 한다. 그러기 위해 부모는 언제나 '완벽하다'는 환상에서 아이를 놓아주는 것이 중요하다. 이는 우리가 '완벽한' 부모가 되겠다는 집착에서 벗어나야만 가능한 일이다.

부모가 자신의 단점과 끊임없는 실수를 자책하기보다 있는 그대로 편안하게 받아들이면, 아이에게 실수는 누구나 하는 것이라고 가르칠 수 있다. 또한 가벼운 실수를 웃어넘기고 부족한 점을 인정함으로써 대단한 존재라는 자의식에서 벗어날 수 있다. 그러다 보면 수직적인 관계를 버리고 아이에게 부모를 인간 대 인간, 영혼 대 영혼으로 대하라고 북돋울 수 있다.

아들의 생일파티를 준비했던 엄마가 모든 것이 계획대로 풀리지 않았을 때 웃어넘기지 못한 것은 안타까운 일이다. 만약 그녀가 그럴 수 있었더라면 아들에게 인생에서 가장 값진 교훈을 가르칠 수도 있었을 것이다. 어떤 일이든 있는 그대로 받아들이는 태도, 심지어 아들의 부적절한 행동까지도 말이다.

부모는 모범을 보이기만 하면 된다. 우리가 괜찮다고 너그럽게 받아들이면 아이들의 내면에 자신감이 싹튼다. 우리가 각자의 어리석음을 웃으며 받아들일 수 있으면, 아이도 스스로를 너무 심각하게 받아들이지 않게 된다. 우리가 망가지기를 두려워하지 않고 기꺼이 새로운 것에 도전하면, 아이도 남에게 어떻게 보이는지 혹은 얼마나 잘하는지는 별로 신경 쓰지 않고 직접 인생을 탐구하려고 한다.

아들의 열세 살 생일파티를 그토록 완벽하게 계획했던 엄마는 과연 아들 앞에서 일부러 웃기는 행동을 한 적이 있을까? 춤추고 노래하거나, 평소와 다른 모습으로 그녀도 사람이라 실수할 수 있다는 것을 보여준 적이 있을까? 부모가 이런 모습을 보여주면 아이는 익숙한 영역에서 벗어나 미지의 영역에 도전해볼 용기를 얻게 된다.

그 엄마가 과연 아이 눈높이에 맞춰 아들을 포함한 그 또래 아이들과 놀아본 적이 있을지도 의문이다. 주저 없이 무릎을 꿇고 엎드려 당나귀 울음소리를 내거나 개구리 왕자 흉내를 내면서 말이다.

부모가 아이 수준에 맞게 몸을 낮추면 아이와의 관계가 수평이 된다. 그러면 아이는 전혀 위축되지 않고 장난기 가득한 태도로 부모와 교감할 수 있게 된다. 나는 그 엄마가 아들 앞에서 발을 헛디디거나 넘어지거나 다치거나 부딪치거나 얼룩을 묻히거나 울거나 침을 튀기며 말해본 적이 있을지도 의문이다. 이런 인간적인 면들을 어떻게든 숨기려 하는 대신 말이다. 그녀는 집의 청소 상태나 자신의 손톱과 화장이 완벽하지 않아도 별로 신경 쓰지 않는 모습을 보여준 적이 있을까? 우리가 그렇게 할 수 있을 때 아이에게 "괜찮아"가 정말로 괜찮은 것임을 보여줄 수 있다.

부모가 자신의 한계를 받아들이고, 괜찮다고 여기는 것이 괜찮다는 분위기를 풍기면, 부모 자신에게는 물론 아이에게도 좋은 일이다. 부모의 이런 모습을 보면서 아이는 자신의 있는 그대로의 모습을 편안하게 받아들일 용기

가 생기고, 스스로에게서 유머와 가벼움을 발견하게 된다. 그렇게 함으로써
지독한 에고의 엄격함에서 벗어날 수 있다.

③ 지위에 집착하는 에고

∨

대학 입학을 앞둔 아들이 아이비리그 대학에 떨어지고, 인근 주립대학
에 합격하자 그의 부모는 수치심에 휩싸였다. 아들이 '변변치 않은' 대
학에 다니게 됐다는 충격적인 소식을 친척과 친구들에게 어떻게 전해
야 할지 난감했던 것이다. 두 사람이 아이비리그에 속한 예일대와 컬럼
비아대 출신이라 더 그랬다.
부모가 크게 낙심한 모습을 보이자 아들은 자신이 부모를 실망시켰다
는 사실을 깨달았다. 부모의 시각에서 보면 그는 부모를 실망시켰을
뿐만 아니라, 소중히 지켜온 가족의 명예까지 실추시킨 것이었다. 면목
이 없었던 아들은 의예과에 진학해 그 어느 때보다 자신을 몰아붙였
다. 부모가 자랑스러워할 만한 아들임을 증명해보이고 싶었기 때문이
다. 그 결과 자신의 진실한 모습과는 더욱더 멀어졌다.

우리는 성공이 무엇을 의미하는지에 대해 저마다 확고한 이상을 품고 있
다. 돈 잘 버는 직업, 비싼 차, 고급 주택, 완벽한 이웃, 세련된 친구들 등등 겉
으로 드러나는 여러 기준을 갖고 있다. 그러니 어떤 일에 실패하거나 일자리
를 잃거나 혹은 아이가 그다지 성취욕이 높지 않다는 것을 받아들여야 할

때면 마치 근본적으로 패배한 것처럼 느낀다. 우리의 핵심이 위협받고 있다고 여기고 자기 자신을 몰아세운다.

부모가 완벽한 이미지에 집착하면 아이에게도 이를 강요하게 된다. 그리고 부모가 공들여 만들어낸 유능한 모습을 아이가 유지해주기를 고집한다. 아이의 독특하고 자유로운 영혼을 온전히 이해할 때 부모에게 주어지는 영적 기회를 얻을 수 있다는 것을 깨닫지 못한 채, 아이가 저마다 고유한 소명을 지닌 존재라는 사실을 놓쳐버린다.

부모는 '도대체 아이가 왜 그럴까?' 하는 의구심을 버리고, 아이에게 "틀렸다"고 지적하려는 마음도 다잡아야 한다. 부모로서 우리가 해야 할 도전은 아이가 우리의 지배를 받지 않고 자기의 본모습을 드러낼 수 있게 기다려주는 것이다. 과연 우리는 아이를 부모의 분신으로 삼고 싶은 끈질긴 욕망을 내려놓을 수 있을까? 과연 우리는 아이가 부모의 욕망으로부터 벗어나 자유롭게 커나갈 수 있도록 아이의 내면에 공간을 만들어줄 의향이 있을까?

이것은 우리가 소유하고 지배하려는 성향을 버리고 우리 내면에 먼저 공간을 마련할 때 가능하다. 그런 다음에야 비로소 우리가 바라는 모습이 아닌 있는 그대로의 아이의 모습과 만날 수 있다. 아이에게 가졌던 모든 기대에 매달리지 않고도 아이를 온전히 받아들일 수 있게 된다.

부모가 아이를 대할 때 언제나 있는 그대로의 모습을 존중하면 아이는 자기 자신을 존중하는 법을 배운다. 반대로 아이의 현재 모습을 바꿔 부모가 바라는 대로 행동하게 하려고 하면, 아이는 자신의 본모습에 문제가 있다는 뜻으로 받아들인다. 그 결과 아이는 가면을 쓰기 시작하고, 그러다 보면 자신의 진정한 모습과 멀어진다.

우리가 부모로서 가졌던 비전과 아이의 미래를 그려보면서 품었던 기대를 포기한다는 것은 어쩌면 견디기 힘든 정신적 죽음처럼 느껴질지도 모른다. 하지만 이제라도 지금까지의 모든 계획과 기대를 완전히 내려놓고 아이를 있는 그대로 받아들여야 한다. 우리 아이가 어떨 것이라는 환상을 버리는 대신 지금 우리 앞에 있는 현실의 아이를 대해야 한다.

④ 순응에 집착하는 에고

우리 인간은 자기 자신을 성과지향적인 존재로 생각하고 싶어한다. 즉 A지점에서 B지점까지 가는 것을 선호한다. 인생에서의 교류가 질서 있고 체계적이기를 원한다. 그러나 안타깝게도 인생은 말끔히 포장되어 있지 않다. 쉬운 해결책이나 정해진 해답 같은 것도 제공하지 않는다. 특히 부모의 여정은 질서나 체계와 거리가 멀다. 그래서 아이가 집안의 틀을 깨면 부모가 몹시 힘들어하는 것이다. 그런데 집안의 골칫덩이가 되더라도 자기가 되고 싶은 사람이 되고, 자기가 원하는 일을 하기로 결정하는 아이들이 있다. 이때 순응에 집착하는 우리의 에고를 아이가 위협하면 부모는 감정이 격앙된다.

∨

언제나 남들과 달랐던 10대 여자아이가 있었다. 친구들보다 느리고 성격이 까다로웠던 아이는 다른 또래 여자아이들보다 감정 기복도 심해서 부모의 인내심을 시험하곤 했다. 아이는 느긋했지만 부모는 정반대였다. 아이는 몽상가인 반면 부모는 다분히 현실적이었다. 아이는 외모에 무관심했지만 부모는 겉모습을 대단히 중요하게 생각했다.

비록 의도했던 바는 아니지만, 아이는 부모가 자신 때문에 곤혹스러워한다는 사실을 알았다. 특히 사회생활을 하며 지금의 자리에 오르기까지 피나는 노력을 해야 했던 야심만만한 엄마에게 아이는 거슬리는 존재였다. 사실 아이는 어떻게 하면 부모가 원하는 딸이 될 수 있는지 알지 못했다. 아무리 노력해도 부모를 만족시킬 수 없었다.

부모가 아이의 존재 방식을 못마땅해하는 이유는 대개 우리가 지금 벌어지고 있는 일을 위에서 내려다보고 있다는 생각을 은연중에 하고 있기 때문이다. 현실에서 일어나는 일이 엉망이라고 여길 때 특히 그렇다.

우리는 인생의 달갑지 않은 면들이 남들에게는 일어날지 몰라도 우리에겐 절대 일어날 리 없고, 일어나면 안 된다고 생각한다. 언제든 문제가 생길 수 있는 평범한 삶을 살면서 우리 스스로 문제를 일으킬 가능성을 노출한다는 건 너무나 위협적인 일이기 때문이다. 그래서 우리는 삶을 있는 그대로 받아들이길 거부하고, 남들보다 우월하다는 착각에 쉽게 빠진다. 그러다 우리의 이런 착각을 깨는 아이가 있으면 적처럼 느낀다.

방금 언급한 10대 여자아이와 달리 완벽한 딸의 모습을 보여준 스무 살 여성의 사례도 있다.

∨
∨

그녀는 무슨 일이든 부모가 원하는 대로 따르고 모든 면에서 탁월한, 늘 부모에게 기쁨을 주는 딸이었다. 그녀가 평화봉사단의 일원으로 세계 여행에 나섰을 때, 부모는 더없이 행복했다. 불우한 사람들을 위해 헌신하는 딸이 마치 자신들의 훌륭한 인격을 반영하는 것 같아서 무척 감격스러웠다.

딸은 세계 여행 중에 인도 출신의 청년과 사랑에 빠졌다. 딸이 부모에게 결혼하겠다고 전하자, 두 사람은 그녀가 "자신을 위해 더 나은 선택을 해야 한다"며 반대했다. 결혼을 막기 위해 아버지는 딸과 연락을 끊었다. 어머니는 그렇게 극단적으로 행동하지는 않았지만 딸의 선택에 대한 실망감을 거침없이 드러냈고, 틈만 나면 딸의 남자친구를 깎아내렸다.

언제나 부모에게 기쁨을 주던 딸이었던 그녀는 괴로운 나머지 인도 청년과 헤어지고 몇 년 뒤 피부색과 사회적 계층이 같은 남성과 결혼했다. 하지만 지금까지도 그녀는 그 인도 청년을 영혼의 동반자로 기억하며, 다시는 누구도 그때처럼 사랑하지 못할 거라 생각한다. 또한 지난날 자신이 너무 나약하여 부모의 뜻을 거스르는 사랑을 하지 못했으니, 그 결정에 책임지고 살아야 한다는 것도 안다.

대부분의 부모는 살아가면서 상대해야 하는 사람들 중에 적어도 내 아이만큼은 내 뜻에 순응할 것이라는 환상을 품는다. 만약에 아이가 그러지 않고 자기만의 리듬에 맞춰 삶을 살고자 하면 무시당했다고 느낀다.

부모는 아이를 순응하게 만들려는 더 치밀한 방법이 실패하면 목소리를 더 높이고, 더 강압적인 태도를 보인다. 아이가 부모의 뜻에 맞서고 있다는 생각에 참을 수가 없는 것이다.

부모의 이런 태도는 자녀와 멀어지는 결과를 가져오게 되고, 그러다 보면 아이는 거짓말을 하기 시작한다. 이따금 속임수를 쓰고 물건을 훔치기도 한다. 심지어 부모와 아예 대화를 단절하는 지경에 이른다.

부모와 아이 사이는 아이를 순응하게 만들려는 부모의 욕구를 내려놓을 수 있어야만 서로 힘이 되고 발전하는 관계로 나아갈 수 있다. 이제 권위에 기대는 수직적 관계는 구식이 되었다.

⑤ 통제에 집착하는 에고

감정을 표출하는 것보다 억제하는 것을 더 중시하는 부모 밑에서 자라면, 스스로 정서적 반응을 철저히 살펴서 부모가 싫어할 것 같은 반응은 아예 싹을 잘라내는 법을 일찍부터 배운다. 감정 표현이 많은 것은 약점이라고 생각하기 때문에 감정을 억누르는 태도가 자동반사적인 전략이 된다.

그와 동시에 인생 자체는 물론이고 주변 사람들에게도 엄격한 기준을 들이댄다. 여러 상황을 평가하고 불만을 드러냄으로써 인생에 통제력을 행사해야 한다고 느낀다. 우월하다는 착각은 우리가 감정을 통제할 수 있으며, 인생의 예측할 수 없는 면을 어떻게든 초월해 있다고 느끼게 한다.

통제나 비판, 질책이나 죄책감 자극하기, 평가 혹은 우월한 '지식'을 과시함으로써 다른 사람들에게 권력을 행사하기 등은 정신적으로 우월한 게 아니라 오히려 허약하다는 증거다. 어떤 아이가 부모의 어설프거나 갈팡질팡하는 모습은커녕 나약하고 유치한 모습도 본 적 없다면 어떻게 자신의 약점을 드러내는 위험을 감수하겠는가?

이렇게 억눌린 채로 자라면 탐험이나 모험을 피하고, 결과적으로 실수도 안 하게 된다. 부모가 말없이 못마땅해하는 것이 두렵기 때문이다. 아이는 부모가 탐탁지 않아 할 것임을 '아는 것만으로도' 인생의 진정한 모험을 시도조차 해보지 않으려 한다. 대신에 정해진 틀 안에서 안전하게 지낸다. 그러면 '통제가 잘되는' 아이라서 학교 선생님으로부터 작은 천사로 인정받는다. 하지만 그건 아이의 본모습을 포기하고 얻은 꼬리표다.

이렇게 새겨진 에고의 각인 때문에 우리는 권력과 통제를 보호의 수단으로 바라보는 경향이 있다. 그러다 보면 인생이 나이나 지식을 앞세워 권력을 휘두르는 사람과 힘없는 사람으로 나뉜다고 믿고 이렇게 생각하게 된다.

'언제나 정신 똑바로 차리고 감정을 통제해야 해. 언제나 논리적이고 실용적이고 잘 알아야 해.'

이런 세계관을 가지고 자란 아이들은 어른이 돼서도 자기 내면에서 나오는 강력한 힘을 알아차리지 못한다. 만약 이런 사람이 부모나 교사가 되면 힘없는 아이들에게 지배욕을 마구 드러내기 쉽다. 자기 지위에 대한 무례함을 참지 못하고 지위를 이용해 다른 사람들을 억압하려 들기 때문이다.

∨

나는 크리스토퍼와 그의 의붓아들인 열일곱 살의 제이든보다 더 많이 다투는 부자 관계를 거의 본 적이 없다. 부모의 이혼으로 큰 혼란에 빠져있던 제이든은 어머니가 재혼하자 아주 자연스럽게 새아버지 크리스토퍼에게 불안감을 표출했다. 크리스토퍼는 자신을 거부하는 제이든의 행동을 지극히 개인적인 차원에서 해석했다. 집안의 가장으로 인정받지 못한다는 사실을 견딜 수 없었던 그는 제이든에게 예의를 갖추라고 요구했지만 거부당하자 격분했다. 제이든의 입장이 되어 제이든의 관점에서 바라볼 생각을 하지 못했던 그는 제이든의 감정적 거부 반응을 감당할 수 없었다.

의붓아들을 통제해야 한다는 생각에 사로잡힌 크리스토퍼는 매일 제이든과 충돌했다. 10대 아이를 자꾸만 코너로 몰아세우니 반발에 부딪칠 수밖에 없었다. 크리스토퍼는 재혼한 아내와도 제이든 문제로 끊임없이 싸웠다. 아내에게 자기편을 들라고 다그치고, 아이를 변화시키지 못하면 그녀를 떠나겠다고 협박하기도 했다.

상황이 더 나빠지자 제이든은 새아버지와 단둘이 집에 있을 때면 자기 방에서 나오는 게 불편해졌다. 그러다 보니 엄마가 돌아올 때까지 방안에 틀어박혀 있을 때가 많았다. 고통과 분노를 잊으려는 생각으로 불량한 친구들과 어울려 다니고, 급기야 학교를 빠지기 시작했다.

크리스토퍼는 남편이자 새아버지라는 새로운 역할에 자신이 없었다. 그는 자신의 이런 내적 갈등을 무시한 채 제이든을 괴로움의 원인으로 생각했다. 우리가 저마다 고유한 방식으로 각자의 길을 가고 있지만, 모두가 이 여정을 함께하고 있다는 점에서는 '나'와 '너' 사이에 근본적인 차이가 없다는 사실을 그는 알지 못했다.

만일 그가 이 점을 이해했더라면 자신의 상처를 가리기 위해 제이든을 이용하고 있다는 사실을 깨달았을 것이다. 뿐만 아니라 제이든을 공격함으로써 스스로에 대한 불만을 지우려고 했다는 것도 알아차렸을 것이다. 그리고 제이든의 무례한 태도 역시 자신의 낮은 자존감을 비춰주는 거울로 이해할 수 있었을 것이다. 두 사람의 상황은 통제를 많이 한다고 바뀔 수 있는 게 아니었다.

통제하고자 하는 에고의 습관은 대물림된다. 이런 성향을 가진 부모의 아이들은 대개 자랄 때 모든 것에 강박적일 정도로 아주 세세한 부분까지 완벽하려고 애를 쓴다. 이런 경우 감정을 표현하지 못하고 쌓아두는 경향이 있어서 완고해지기 쉽다. 완고함이 심해져 모든 것을 흑백논리로 바라보니 친구들로부터 외면당할 때가 많다. 무의식중에 친구들의 일상적인 행동을 "유치하다"고 여기며 우월감을 드러내기 때문이다. 이런 아이들은 제멋대로 행동하기는커녕 흐트러지는 일도 거의 없다. 수박을 먹을 때조차 절대 얼굴을 파묻고 먹는 법이 없다. 당연히 냅킨과 포크, 숟가락을 사용한다.

아이러니하게도 이렇게 경직된 세계관을 갖고 자란 아이가 부모가 되면 아이들을 마구 날뛰도록 내버려두는 경우가 많다. 자기가 그렇게 해보지 못했다는 이유에서다. 통제받는 것에 익숙한 부모는 아이가 '부모'를 통제하게 내버려둠으로써 자신이 어렸을 때 부모에게 통제받던 상황을 그대로 재현한다.

반면에 일이 계획대로 되지 않을 때 부모가 감정을 통제하지 못하면 그 감정이 아이들에게 고스란히 스며들어 정서적인 습관으로 자리를 잡는다. 이런 경우 자기가 충분히 세게 반발하면 인생이 자기 뜻대로 될 거라는 망상에 젖어 매 순간 감정을 분출한다.

에고가 이렇게 각인된 사람이 인생의 어떤 단계에서 침체기를 만나 울화가 치민다면 그 분노는 불안감을 감추기 위함이다. 어떤 상황이 감당이 안돼 괴로운 느낌이 들 때 그런 감정이 익숙하지가 않으니, 그들의 에고가 불안감을 분노로 바꿔놓는 것이다. 분노는 우리가 여전히 강하고 통제력을 갖고 있다고 착각하게 만드는 강력한 자극제다. 역설적이지만 분노에 사로잡혀 있다는 사실 자체가 스스로를 전혀 통제하지 못하고 있다는 뜻이다. 이때 우리는 그저 에고의 포로일 뿐이다.

에고의 손아귀에서 벗어날 수 있다

　많은 부모를 상담한 결과를 토대로 에고에 사로잡힌 상태에서 아이를 대할 때와 자신의 진정한 존재 상태에서 아이를 대할 때 사례를 비교해보면, 에고와 본모습을 구분하는 데 도움이 된다. 이것은 아이를 머리로 대할 때와 가슴으로 대할 때의 차이이자, 부모가 상황이 '이래야 한다'는 생각을 갖고 대할 때와 '있는 그대로' 받아들일 때의 차이이기도 하다.

　먼저 어떤 일의 결과와 완성도, 거주지와 은행 잔고, 겉모습, 부와 성공 등에 집착할 때, 즉 에고에 충실할 때의 반응은 이렇다.

　　설교 : "내가 너라면."
　　조언 : "내게 묻는다면."
　　판단 : "나는 …이 좋아." "나는 …이 싫어"
　　명령 : "슬퍼하지 마." "울지 마." "겁내지 마."
　　통제 : "네가 이걸 하면 내가 저걸 해줄게." "네가 저걸 좋아한다는 걸
　　　난 인정할 수 없어."

　반면에 우리의 본모습, 즉 진정한 존재 상태에서 비롯된 반응은 다음과 같다.

　　"네 마음 알겠어." 아이를 있는 그대로 끌어안는다.
　　"이해해." 아이를 있는 그대로 받아들인다.
　　"그래." 아이를 있는 그대로 존중한다.

"너는 지금 이대로 완전해." 각자 내면에 지니고 있는 온전함을 존중한다.

"지금 이 순간 우리 사이는 이대로 완벽해." 인생 자체의 온전함을 깨닫는다.

에고는 순식간에 작동하기 때문에 우리는 무슨 일이 벌어지는지 알아차리기도 전에 에고의 손아귀로 들어간다. 특히 아이를 훈육할 때 그러기 쉽다. 만약에 우리가 흥분하거나 짜증이 나거나 피곤한 상태라면 훈육을 망칠 가능성이 높다. 아이에게 허용되는 범위를 정할 때 우리의 내적 갈등이나 모순, 피로감 때문에 실수를 범하는 경우가 많다. 이게 다 에고가 발동해서 그렇다.

부모는 어떤 자극을 받더라도 자신의 감정 상태를 아이에게 전이시켜서는 안 된다. 우리가 에고에 쉽게 휘둘린다는 사실을 알게 되면 감정적으로 무너지기 쉽고 판단력이 흐려질 수 있다는 것도 알아차릴 수 있다. 우리는 오직 중립적인 상태일 때만 아이의 행동에 정당한 반응을 보일 수 있다.

아이를 대할 때마다 명심해야 할 것이 있다. 아이는 처음에 마치 흡수하듯 부모의 모습을 그대로 따라한다. 그래서 우리는 미처 깨닫지 못하지만 우리가 아이에게 반응하고 있다고 생각하는 대부분의 순간에 실은 아이가 흡수한 우리의 단면들에 반응하고 있는 것이다. 부모가 아이는 물론이고, 아이의 감정 그리고 아이가 겪는 문제까지도 지나치게 부모 자신과 동일시하는 이유가 바로 여기에 있다. 우리의 감정과 아이의 감정을 분리하지 못할 뿐만 아니라, 객관적이고 합리적으로 판단하지 못한 채 우리가 과거에 겪은 어떤 일과 동일시한다.

이렇게 심리적으로 다소 복잡한 과정을 거치는 동안 부모는 의도치 않게 아이가 본모습을 드러낼 기회를 억누른다. 아이를 자신의 '분신'으로 여기면서 우리의 에고를 더 단단하게 만든다. 아이가 원치 않는 방식으로 아이를 우리의 심리 상태에 얽매놓는 것이다.

부모가 되어 에고를 허물 수 있다면, 그건 우리 자신과 아이 모두에게 멋진 선물이다. 다만 그 선물을 얻으려면 위기를 잘 넘겨야 한다. 깨어있는 부모가 되려면 그동안 버티고 있던 견고한 에고의 기둥을 허물어야 하는데, 문제는 우리의 본모습이 아직 기초도 세우지 못한 상태에서 에고가 무너져 내리기 시작한다는 것이다.

보통 이 전환기는 아이가 태어났을 때와 아이가 초등학교 저학년이 될 무렵, 그 사이에 찾아온다. 부모는 이때 상실감에 휩싸였다가 극심한 혼란에 빠진다. 아이가 차츰 독립적으로 변해갈수록 부모는 인생이 공허하다고 느낀다. 아이가 점점 부모를 필요로 하지 않는 것 같으니 아주 오랫동안 아이가 채우고 있던 자리가 빈 것처럼 느껴지는 것이다.

이런 위기감은 아이가 10대가 되면 더 커지고, 아이가 집에서 독립해 나갈 때쯤 극도로 심해진다. 우리는 누구의 엄마나 아빠가 아닌 우리의 본래 모습을 되찾으려고 노력해보기도 하지만 거울에 비친 모습이 어떨지 사뭇 겁이 난다. 자신을 아이와 따로 떼어 생각해본 지가 너무 오래돼서 그런 생각 자체가 두려운 사람들도 있다. '나'라는 사적인 공간으로 되돌아간다고 생각하면 죄책감과 슬픔, 불안감이 차오른다. 그런데 만약 우리의 잠재력이 되살아날 수 있다고 믿으며 '나'라는 공간으로 다시 들어간다면, 우리는 각자의 타고난 본질을 경험하게 되고, 마침내 진정한 자기 모습을 활짝 꽃피울 수 있다.

우리가 기꺼이 따르기만 한다면, 아이는 어떻게든 우리를 우리의 마음속 공간으로 인도한다. 그러면 우리는 그전까지는 있는지도 몰랐던 그곳으로 들어가 자신의 본모습에 대한 인식을 넓히게 된다. 뿐만 아니라 조건 없이 사랑하고 현재의 순간에 충실하며 알아차림을 경험할 수 있게 된다.

그러니 우리에게 인생 여정을 함께할 아이가 있다는 것은 얼마나 값진 선물인가. 아이를 키운다는 건 끊임없이 우리의 무의식을 드러냄으로써 에고에서 벗어나 더 진실한 존재로 변할 기회를 수없이 제공하니 부모와 아이 모두에게 참으로 이로운 일이다.

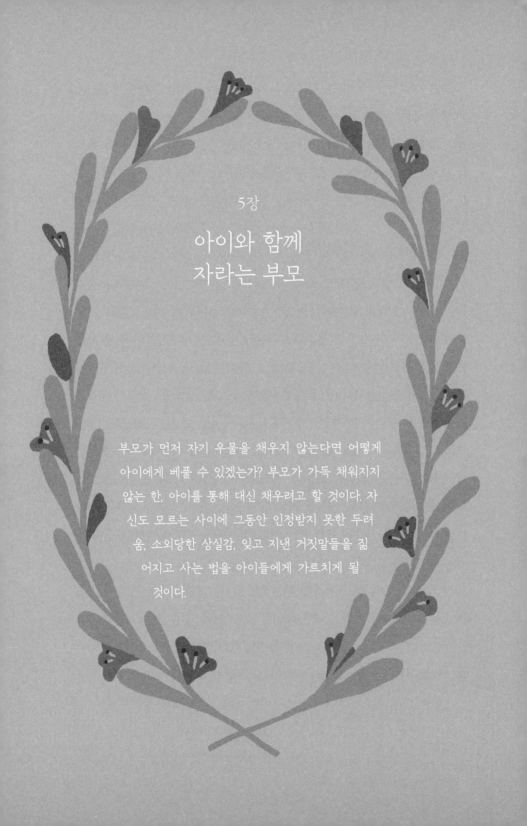

5장

아이와 함께
자라는 부모

부모가 먼저 자기 우물을 채우지 않는다면 어떻게
아이에게 베풀 수 있겠는가? 부모가 가득 채워지지
않는 한, 아이를 통해 대신 채우려고 할 것이다. 자
신도 모르는 사이에 그동안 인정받지 못한 두려
움, 소외당한 상실감, 잊고 지낸 거짓말들을 짊
어지고 사는 법을 아이들에게 가르치게 될
것이다.

아이들은 흡수력이 강해서 부모가 시각없이 하는 말과 행동까지 쭉쭉 빨아들인다. 그렇기에 우리는 우리 감정을 잘 알아차려서 아이들에게 부당하게 떠넘기지 말아야 한다. 우리가 아이들에게 가르쳐도 되는 건 오직 인생을 살면서 얻은 깊은 통찰력뿐이다. 우리가 계속 감정을 다른 사람들에게 쏟아내고, 살면서 느끼는 결핍감을 남 탓으로 돌리는 모습을 아이들에게 보여준다면, 아이들도 그렇게 살게 된다.

반면에 우리가 실수를 기꺼이 인정하는 모습을 아이들에게 보여주면서 그것을 자기성찰의 기회로 삼는다면 아이들은 실패할 수도 있다는 사실에 두려워하는 대신 뛰어넘는 법을 배우게 될 것이다.

깨어있는 부모가 된다는 건 아이를 대할 때 스스로에게 다음과 같이 묻는 것이다.

'나는 지금 깨어있는 상태로 아이를 대하고 있는가? 아니면 과거에 연연해 발끈하는가?'

질문할 때는 항상 아이가 아니라 부모인 우리 자신에게 초점을 맞추고, 스스로를 돌아봐야 한다.

'나는 지금 아이와의 관계에 무엇을 끌어들이고 있는가? 그것은 내가 감당해야 할 몫이지, 아이가 받아야 할 것이 아니지 않은가?'

특히 아이가 어릴 때, 부모는 아이들의 거울 역할을 한다. 따라서 만약에 당신이 스스로 존재의 기쁨을 느끼지 못하면 아이의 기쁨을 비추는 거울이 될 수 없다. 그러면 아이는 자기가 타고난 본모습에 접근하지 못한다. 아이가 본래 기쁨으로 가득한 자신의 본질을 향유할 수 없다면 얼마나 안타까운 일인가!

부모의 의식과 무의식은 부모가 고통을 표출할 때만 전달되는 게 아니다. 부모가 말이나 움직임이 없을 때조차 존재 자체에서 풍기는 에너지로도 아이들에게 전달된다. 그러니 우리가 아침에 아이를 안아주는 태도, 아이가 아끼는 꽃병을 깼을 때 우리의 반응, 교통사고를 처리하는 방식 등에서 아이들은 아주 많은 것을 배운다. 또 우리가 어떻게 앉아서 그들과 대화를 나누는지, 그들이 보여주는 것을 제대로 보는지, 그들의 얘기에 관심이 있는지 다 알아차린다. 아이들은 부모가 부당한 질문과 요구로 그들의 인생에 끼어드는 것을 알아차리고, 부모가 그런 부당한 간섭이나 심한 질책을 자제할 때도 그것을 다 느낀다. 부모가 잘했다고 칭찬하면 아이들은 감동받지만, 잘못했다고 나무라면 상처받는다. 우리가 아무 말 없이 곁에 앉아 있을 때, 아이들은 부모와 함께 있다는 게 어떤 느낌인지 배우게 된다. 부모가 수용하는지 거부하는지도 에너지를 통해 다 느낀다. 이런 순간순간의 교감을 통해 의식이나 무의식이 전달된다.

부모가 먼저 자기 우물을 채우지 않는다면 어떻게 아이에게 베풀 수 있겠는가? 부모가 가득 채워지지 않는 한, 아이를 통해 대신 채우려 할 것이다.

자신도 모르는 사이에 그동안 인정받지 못한 두려움, 소외당한 상실감, 잊고 지낸 거짓말들을 짊어지고 사는 법을 아이들에게 가르치게 된다. 부모가 의식하지 못한 채 살아갈 때 입게 되는 손실이 이와 같다.

부모가 아이를 대할 때 자주 발끈하는 이유

우리는 아이들을 통해 자신의 미숙함이 펼치는 복잡한 연극을 대극장 1등석에 앉아 관람하듯 목격할 수 있다. 아이들이 우리 내면에 격한 감정을 불러일으킬 때면 우리는 사신이 제어가 안 되는 것처럼 느껴져 금세 짜증과 불안, 분노를 표출한다.

물론 아이들이 우리를 그렇게 느끼도록 '만드는 건' 아니다. 아이들은 단지 우리가 어렸을 때 풀지 않은 채 묻어둔 감정적인 문제들을 일깨우는 것뿐이다. 그런데도 우리는 아이들이 약하고 힘이 없다는 이유로 아이들 탓으로 돌린다. 이때 '진짜 문제는 아이가 아니라 우리가 가진 무의식'이라는 사실을 인정해야만 변화가 일어날 수 있다.

우리는 어쩌다 이렇게 예민해졌을까? 우리는 가족으로부터 에고에 충실한 역할과 인생대본만이 아니라 정서적 특징도 물려받는다. 모든 역할과 인생대본에는 저마다 독특한 정서적 특징이 새겨져 있다. 우리가 갓 태어났을 때는 에고의 영향을 받지 않은 순수한 상태다. 이 말인즉슨 아직 방어막이 형성되지 않아 주변의 정서적 에너지로부터 쉽게 영향을 받는다는 뜻이다.

우리가 부모와 정서적으로 활발하게 교감하며 부모의 정서적 특징을 흡수하는 동안, 그 에너지가 서서히 우리의 정서적 특징으로 각인된다. 우리가 부모에게서 흡수한 그 정서적 에너지를 인생의 어느 시점에 알아차리지 못하면 그 각인을 우리 아이들에게 고스란히 물려주게 된다.

우리가 외부환경에 민감하게 반응하는 이유는 내면의 고요 속으로 들어가 우리가 느끼는 괴로움과 즐거움의 뿌리를 찾는 법을 부모나 사회로부터 배우지 못했기 때문이다. 감정이 일어나는 것을 가만히 지켜보고 존중하며 받아들이고 성장의 발판으로 삼는 법을 배우지 못했으니, 외부 자극에 대한 우리의 반응은 갈수록 민감해진다. 이것은 또다시 극적인 사건들에 휘말리는 원인이 된다.

어두운 감정을 억누르면서 자라면 그 감정들이 우리가 의식하지 못하는 그림자를 만든다. 우리의 의식에서 떨어져나간 이 감정들은 언제든 낌새만 보이면 활약할 준비를 하고 잠복해 있다. 많은 사람이 느닷없이 발끈하는 이유가 바로 이 때문이다.

다른 누군가의 어두운 그림자로 인해 이렇듯 감정이 일어나면, 우리는 우리 안에 이런 감정을 일으킨 상대를 원망한다. 그러나 다시 한 번 강조하지만 애초에 우리 안에 그런 그림자가 없었다면 누구도 그런 감정을 불러일으킬 수 없다.

이를 깨닫지 못하는 우리는 이 감정들을 남에게 쏟아냄으로써 자기 안의 그림자를 마주하는 불편을 덜려고 한다. 그러다 보니 상대를 악당으로 만들려 한다. 우리의 억눌린 감정과 마주하기가 너무 두려운 나머지 다른 사람에게서 그런 감정을 발견할 때마다 혐오감이 일고, 그것이 반발로 이어져 그 사람을 괴롭히고, 어떤 경우 죽이기까지 한다.

아이가 10대가 되면 왜 부모와 자주 충돌할까? 결혼생활이 파경에 이르는 이유는 무엇일까? 인종차별이나 증오범죄는 왜 일어날까? 이런 일은 모두 우리가 우리 안의 그림자, 즉 내면의 상처를 외면할 때 벌어진다.

예컨대 우리가 어렸을 때 누군가에게 괴롭힘을 당한 경험이 있다고 가정해보자. 우리 스스로 그 고통을 해소하지 않는 한 나중에 부모가 되었을 때 아이가 괴롭힘을 당해 고통스러워하면, 그 모습을 보는 게 힘들다고 생각할 뿐 문제에 제대로 대처하지 못한다. 그래서 아이가 스스로 차분하게 감정을 다스릴 기회를 주는 대신 절대 나약한 사람처럼 보이면 안 된다는 잘못된 믿음을 심어주기 쉽다. 그러다 보면 아이는 강하고 흔들림 없는 모습을 보여야 한다는 생각에, 실제로 강하다고 느끼지 않는데도 불구하고 으스대는 법을 배운다. 힘과 통제를 둘러싼 부모의 여러 가지 문제가 미묘한 방식으로 무수히 아이들에게 전달되는 것이다.

우리는 인간관계와 외부환경에 문제가 생기면 인생이 내 편이 아니라고 생각하기 쉽다. 인생이 우리에게 적대적이라거나 우리를 골탕 먹인다고 생각하며 희생자의 인생대본을 받아들인다. 인생은 중립적일 뿐인데도 인생이 늘 내게만 가혹하다고 여긴다.

그러나 실제로 외부에 우리의 적이 있는 것은 아니다. 우리에게 어떤 반응을 일으킨 사람은 그냥 사람일 뿐이고, 상황은 그저 상황일 뿐이다. 그런데도 우리가 그 사람을 적대시하는 이유는 단 하나, 우리 내면의 그림자를 이해하거나 받아들이지 못한 채 다른 사람이나 상황 탓으로 돌리기 때문이다.

이제라도 외부에서 자극을 받아 발끈할 때면 '감정이 동요하는 것은 내 안에 무언가 문제가 생겼다는 신호이다.' 이렇게 생각해보자. 다시 말하면 감정적으로 발끈할 때는 밖을 보는 게 아니라 내면을 들여다보고 자기 자신의 성장에 집중해야 한다. 세상에 적은 없으며 오로지 우리의 내적 성장을 이끄는 안내자만 있음을 알아차리면 인생에서 만나는 모든 이들이 나를 비추는 거울이 된다. 인생의 갖은 고난들도 정서적으로 다시 태어날 수 있는 기회로 바뀐다. 인생에서 사람이든 상황이든 어떤 장애물을 만나면 민감하게 반응해야 할 적으로 보는 대신 잠시 멈춰 서서 생각해보자.

'나는 지금 무엇이 부족하다고 느끼는 걸까?'

그러면 주변환경에 대한 불만이 사실은 내 안의 불만에서 비롯되었음을 깨닫게 된다.

이렇게 깨닫고 나면 장애물 같던 사람이나 상황이 오히려 고맙게 느껴진다. 친절하게도 내 안의 불만을 거울처럼 비춰주니 말이다. 그러다 보면 나와 다른 사람 사이를 갈라놓던 균열도 사라진다. 그 사람이 나와 분리된 존재이긴 하지만 내 안의 내면상태를 비추는 거울이라는 점에서 나와 별개의 다른 사람이 아니기 때문이다. 이런 정신적 교훈을 우리 삶 속으로 받아들이면, 이제 우리 안의 본질적인 존재부터 일상의 태도가 달라지길 원하게 된다.

부모가 되는 것보다 정서적으로 더 예민한 반응을 불러일으키는 삶의 여정은 없다고 할 수 있다. 아이가 감정적인 반응을 유발할 때마다 우리는 정신적 성장의 기회를 얻는 것이다. 왜냐하면 부모가 된다는 건 우리의 정서적 그림자에 처음으로 환한 조명을 비춤으로써 우리 내면의 민감한 반응을 다스릴 수 있는 좋은 기회를 선물하기 때문이다. 단언컨대 부모의 여정은 부모와 아이 모두를 다시 태어나게 하는 특별한 경험이 될 수 있다. 매 순간 정신적 교감이 이루어지면서 부모와 아이는 각자 고유의 영적 길 위에서 손을 맞잡았지만 여전히 각자 춤추고 있음을 알게 된다. 이런 깨달음을 통해 우리는 서로에게 상처주지 않고 각자의 삶에 창조적으로 반응하게 된다.

나도 모르게 대물림된 정서적 유산을 찾아라

우리는 매일 온갖 것에 자극을 받는다. 특히 부모로서 우리는 아이가 늘 곁에 있고, 끊임없이 우리의 도움을 필요로 하기 때문에 감정적으로 좀 더 예민해지기 쉽다.

하지만 다음번에 아이가 당신을 자극해 어떤 감정을 건드리면, 짜증을 내기 전에 무엇이 당신으로 하여금 그런 반응을 일으키는지 지켜보며 감정의 도화선을 관찰해보자. 그 감정의 원인까지 성찰할 필요 없이 그저 내면을 지켜보기만 하면 된다. 그 감정이 다른 사람의 행동이 아니라 당신 안에서 비롯되는 것임을 알아차리기만 해도, 그동안 욱하고 폭발하던 것에서 벗어나 좀 더 합리적으로 반응할 시간을 벌게 된다.

우리는 대부분 각자 발끈하게 되는 계기를 표면적인 수준에서 알고 있다. 예컨대 이런 식이다.

"나는 애가 버릇없이 굴면 못 참아." "나는 애가 숙제를 안 하면 화가 나." "나는 애가 머리카락을 염색하면 화가 나."

모두 우리가 감정을 폭발하는 표면적인 이유이다. 그렇다면 실제로 우리 안에 있는 어떤 부분이 자극을 받는 걸까? 우리는 본질적인 차원에서 무엇을 경험하고 있는 걸까?

발끈한다는 것은 인생에 어떤 일이 벌어지든 그것에 반발한다는 뜻이다. "나는 이 상황을 원치 않아. 일이 이런 식으로 돌아가는 게 싫어"라고 이야기하는 것이다. 다시 말하면 우리가 아이나 배우자, 친구들의 삶의 방식에 반감을 갖는 것은 그들의 삶을 있는 그대로 받아들이기를 거부하는 것이다. 그이유는 우리가 집착하는 우리의 이상적인 모습, 즉 우리의 에고가 흔들리는게 두렵기 때문이다. 이런 상태에서는 재치 있게, 창의적으로 대응할 수 있는능력이 있음에도 그냥 무시하고 발끈하는 반응을 보인다. 이런 반응이 나타나는 방식은 각자의 고유한 인생대본과 역할, 정서적 유산에 따라 다르다.

깨어있다는 것은 우리가 경험하는 모든 것을 진짜로 자각할 수 있다는 뜻이다. 이 말은 우리 앞에 펼쳐진 현실을 바로 그 순간, 있는 그대로 대할 수 있다는 뜻이기도 하다. 이때 현실은 우리가 이래야 한다고 생각하는 모습이 아니라, 있는 그대로의 모습을 말한다.

깨어있는 상태라는 것은 우리가 현실적인 문제에 접근할 때 우리 삶이 그저 존재한다고 인식하는 것이다. 삶을 통제하려고 하거나 지금과 다른 모습이기를 바라지 않고 그 흐름을 따르기로 의식적으로 선택하는 것이다. 그리고 주문을 외듯 말한다.

"이게 현실이야."

이 말은 부모로서 아이에게 바라는 모습이 아니라, 아이의 있는 그대로의 모습에 충실하게 양육하겠다는 뜻이다. 그러기 위해서는 아이를 있는 그대로 받아들여야 한다.

앞에서 언급했듯이 우리가 아이의 모습과 주변환경 그리고 현실을 있는 그대로 받아들이지 못하는 이유는 우리가 화를 내거나 슬퍼하거나 행복해하거나 또는 고압적으로 굴면 상황을 어떻게든 바꿀 수 있을 거라고 생각하기 때문이다. 하지만 진실은 정반대다. 현실을 있는 그대로 받아들이지 못하면 우리는 그 상황에서 헤어나지 못한다. 그렇기 때문에 현실을 거부하지 않고 있는 그대로 받아들이는 것이 현실을 바꾸는 첫걸음이다.

삶을 통제하려는 생각을 버리면 배우려는 자세로 삶을 대할 수 있다. '있는 그대로' 삶을 대할 때 가장 큰 가르침을 얻을 수 있다. 관건은 현실과 다른 이상적인 모습이 아니라 현실에서 시작하는 것이다. 우리가 원하는 모습이 되라고 아이를 떠미는 대신 아이의 있는 그대로의 모습에 충실히 대응하는 것이다.

과연 부모가 현실을 있는 그대로 받아들이는 게 간단한 일일까? 아이가 아프거나 괴로워하거나 혹은 성질을 부려도 그 모습을 자연스럽고 온전한 것으로 받아들일 수 있을까? 현실은 그 자체로 완벽하다고 인정할 수 있을까?

아이가 울고불고 떼를 쓸 때조차 아이의 상태를 '있는 그대로' 받아들이면 잠시 진정할 기회가 생긴다. 그리고 이렇게 진정하면 섣불리 발끈하지 않고 대처할 방법이 생각난다.

쉽게 욱하거나 토라지거나 냉담해지거나, 아니면 반대로 감정을 잘 숨기는 부모에게서 자란 아이는 삶이 투쟁의 대상이라고 배운다. 감정을 폭발시킴으로써 상황을 다스려 굴복시켜야 한다고 여긴다. 그래서 "네가 감히 어떻게" "그게 감히 어떻게" "그 사람들이 감히 어떻게"를 입버릇처럼 사용한다.

이런 유형의 정서를 지닌 사람은 특권의식이 강하다. 그래서 "나는 더 좋은 대접을 받을 자격이 있어"와 같은 말을 거듭 사용한다. 이들은 인생에서 달콤한 경험만 자기들 몫이라고 여기고, 괴로움은 어떻게든 피하려고 한다. 인생이 뜻대로 풀리지 않으면 "다 그 사람들 잘못이야"라며 남 탓으로 돌리고 "나는 화낼 권리가 있어"라고 자신한다.

이런 유형의 양육자에게서 자란 아이들이 나중에 부모가 되면 아이에게 툭하면 화를 낼 가능성이 높다. 아이가 부모의 명령을 따르지 않고 자기 리듬에 맞춰 부모의 계획과 다른 길을 가려고 하면, 부모는 크게 분노함으로써 아이를 통제하려 할 것이다. 이렇게 자란 아이는 부모에게 존경심이 아닌 두려움을 배우게 된다. 다른 사람을 변화시킬 수 있는 방법은 상대를 제압하는 것뿐이라고 믿게 된다. 그들 또한 언젠가 부모가 되면 독재자처럼 군림하며 세상에 적개심을 드러내고, 어쩌면 폭력적인 모습까지 보일 수도 있다.

앞서 언급했듯이 부모의 분노에 철저히 억눌린 아이는 결국 자존감이 낮아지고, 나중에 부모가 되었을 때 자기 아이에게 사납고 폭력적인 부모의 모습을 보여줄 가능성이 높다. 워낙 자존감이 낮아서 아이에게 부모를 존경하라고 요구하지도 못하는 이런 사람은 아이가 안하무인이 되어도 방치하고, 결국엔 자식에게 꼼짝 못하는 부모가 된다.

어떻게 고통을 끌어안을 수 있을까?

아이들은 모든 감정을 억누르지 않고 자연스럽게 느낀다. 순수한 감정에 자연스럽게 몸을 맡겼다가 지나가게 놓아버린다. 이런 식으로 아이들의 감정은 마치 파도처럼 밀려왔다 밀려나간다.

우리 어른들은 대개 감정에 자신을 내맡기는 것을 겁낸다. 거부감, 두려움,

불안, 혼란, 의심, 슬픔 같은 감정을 견디기 힘들어한다. 그래서 회피하거나 부정하는 형태로 우리의 감정을 외면한다. 아니면 감정적으로 발끈하며 다른 사람이나 상황 탓을 한다. 그런가 하면 지적인 분석에 의존하거나 성형수술, 두둑한 은행 잔고 혹은 넓은 인맥에 의지해 그런 감정을 느껴야 하는 상황을 회피하는 사람들도 많다. 아니면 고통을 안겨준 원인이라고 생각되는 사람을 향해 비난과 원망, 분노를 표출함으로써 괴로움을 떠넘기기도 한다.

깨어있는 사람은 자기감정을 견딜 수 있을 뿐만 아니라 끌어안을 줄도 안다. 이때 감정은 모든 감정을 의미한다. 우리가 자기감정을 존중할 줄 모르면 아이의 감정도 존중하지 못한다. 우리가 감정에 솔직하지 못하면 아이노 그만큼 감정을 익누르고 가식적으로 사는 법을 배우게 된다.

아이들은 본래 자기감정에 솔직하다. 그러니 우리가 막지 않는 한 아이들은 자기감정을 부정하거나 다른 사람에게 전가할 필요성을 느끼지 않을 것이다. 따라서 아이가 자기 행동에 전적으로 책임지며 원만한 삶을 살길 바란다면 아이의 '모든' 감정을 존중해주어야 한다. 이 말은 아이에게 그림자를 만들어주어서는 안 된다는 뜻이다. 그렇게 되면 아이는 자기 삶을 모든 행동과 관계가 긴밀히 연결되는 매끄러운 구조물로 인식하게 된다.

이쯤에서 감정적으로 반응하는 것과 감정을 느끼는 것의 차이를 짚고 넘어가는 것이 좋겠다. 보통 우리는 화가 나거나 슬플 때 감정을 느끼고 있다고 생각한다. 그러나 대개는 그저 감정적으로 반응한다. 어떤 감정을 진짜 느끼는 것은 그 순간에 경험하는 혼란을 견딜 수 있다는 뜻이다. 그 감정을 터뜨리거나 부정하는 대신 그것을 수용하고 함께하는 것이다.

감정에 반응하지 않고 지켜본다는 게 두려울 수 있다. 감정을 오롯이 견디려면 혼자만의 시간이 필요한데, 많은 사람이 이런 순간을 참지 못한다. 우리는 어떤 생각을 떠올리고, 그 생각을 계기로 어떤 감정이 느껴지면 그 감정에 반응하는 데 너무 익숙하다.

예컨대 불안감을 느끼면 우리는 뭘 먹거나 약을 복용하는 등 어떻게든 기분을 전환하려 한다. 화가 나면 누군가에게 화풀이를 하고 싶은 충동을 느낀다. 조용히 앉아 우리의 생각과 감정을 지켜보는 것이 무의미하게 보일 수도 있지만, 바로 이 과정을 통해 알아차림의 가장 중요한 가르침을 얻는다. 조용히 우리의 생각과 감정을 관찰함으로써 그것들을 있는 그대로 받아들이는 법을 배우는 것이다. 그러다 보면 우리 안에서 생각과 감정이 일어나고 가라앉을 때 거부하거나 반응하는 대신 가만히 지켜볼 수 있게 된다.

감정을 가만히 지켜보는 법을 배우면 더는 감정에 휩쓸리지 않는다. 모든 감정을 받아들인다는 건 단순히 체념해버리는 것과 전혀 다르다. 고통을 그저 고통으로 여길 뿐 더 보태거나 빼지 않는다. 물론 고통은 견디기 힘들다. 당연하다. 그러나 고통을 부정하거나 발끈함으로써 더 키우지 않고 가만히 지켜보면, 고통은 어느 순간 지혜로 승화된다. 당신이 느끼는 모든 감정을 포용할 수 있게 되면 당신의 지혜도 그만큼 커질 것이다. 지혜가 커지면 연민도 함께 늘어난다.

우리가 모든 경험을 온전히 받아들일 줄 알게 되면, 그러니까 상황이 늘 계획대로 흘러가는 것은 아니며 제멋대로 돌아갈 때도 있다는 사실을 받아들이면, 그때부터 우리는 삶과 춤추기 시작한다. 부모의 그런 모습을 지켜보는 아이 또한 우리가 느끼는 모든 감정을 그대로 느끼는 것이 성장하는 길임을 배운다. 불편하고 고통스럽기까지 하던 감정을 더 이상 두려워하지 않는 법을 배워 자신의 어느 한 부분도 억누르지 않게 된다.

아이가 스스로 고통을 다스리도록 도와주는 법

아이가 육체적으로나 정신적으로 고통스러워하면, 부모는 견디기 힘들다. 아이가 마음의 상처를 입은 경우, 부모는 아이의 고통을 없애주지 못한다는 무력감 탓에 어떻게든 아이를 구제하고 싶어한다. 그래서 교장에게 전화를 걸고 담임교사에게 큰소리를 치며, 감히 내 아이에게 상처를 준 아이의 부모에게 항의를 한다. 부모의 이런 반응이 아이의 고통을 더 키운다는 사실을 의식하지 못한 채 말이다. 부모가 이런 반응을 보이게 되면, 아이는 자신의 고통은 물론이고, 다른 사람의 고통도 견디기 힘들어한다.

아이가 감정을 잘 다스리기를 바란다면, 우리는 아이가 자기감정에 스스로를 내맡기는 법부터 가르쳐야 한다. 이것은 감정에 빠져 허우적대거나 발끈하는 것과 다르다. 여기서 자신을 내준다는 건 우리가 어떤 감정 상태에 있든 우선 수용한다는 뜻이다. 그렇게 함으로써 아이가 자기감정을 있는 그대로 경험하도록 북돋워주는 것이다. 아이가 마음의 문을 활짝 열어 내면에 이미 존재하는 고통이 그 모습을 드러내도록 이끌어주는 것이다.

아이가 스스로 고통을 견디도록 부모가 지켜봐주지 못하면 어떤 일이 벌어지는지 다음 사례에 잘 드러나 있다.

∨
∨

약간 과체중에 두꺼운 안경을 쓴 여덟 살짜리 여자아이가 학급 친구들에게 종종 놀림을 받거나 따돌림을 당했다. 그러자 외모에 극도로 신경을 쓰면서 엄마에게 유행하는 옷과 가방, 신발을 사달라고 졸랐다. 모두 친구들과 잘 어울리기 위해서였다. 젊고 세련된 엄마는 딸의 요구를 기꺼이 들어줬다.

그런데 어느 날부터인가 아이가 학교에서 돌아오면 자기 방에 들어가 한참을 울곤 했다. 어느 날은 밥을 먹거나 숙제하는 것도 거부했다. 엄마는 딸의 이런 모습을 참을 수 없었다. 솔직히 그녀도 딸의 외모가 창피했다. 그래서 딸을 위해 운동기구를 사고, 영양사까지 고용해 운동과 체중 감량에 공을 들였다. 주기적으로 미용실에 데려가 헤어스타일을 바꿔주는가 하면 안경을 벗고 콘택트렌즈를 사용하게 했다. 또 학교에 전화해 교사들과의 면담을 요청하고 다시는 딸이 친구들에게 따돌림을 당하지 않도록 해달라고 요구했다. 그리고 모녀가 함께 심리치료사를 만나 상담을 받고, 엄마부터 불안감을 가라앉힐 약을 처방받아 먹기 시작했다.

딸의 고통을 지켜보는 게 견딜 수 없이 힘들었던 엄마는 딸이 스스로 고통을 다스리도록 도와주기는커녕 자기감정을 느낄 기회조차 허락하지 않았다. 그러다 보니 아이는 상처받고 권리를 박탈당했을 때의 감정을 있는 그대로 느끼는 대신 외모만 바꾸면 친구들이 받아줄 거라고 믿게 되었다.

결과적으로 아이는 괴로운 감정은 스스로 감당하기에 너무 고통스러우니 숨겨야 한다고 배우고 있었다. 그게 안 될 때는 남 탓으로 돌리거나 외모를 바꾸는 등의 다양한 조치로 위장하는 편이 낫다고 말이다.

고통을 지켜보려는 노력은 전혀 하지 않고 무조건 억누르거나 감추려고만 한 탓에, 아이는 자기가 느끼는 내면의 감정들보다 겉으로 드러나는 모습이 더 중요하다는 잘못된 믿음을 갖게 되었다. 그러다 보니 아이는 거부당한다는 생각이 들 때마다 누군가 자기 문제를 빠르게 처리할 방법을 알려주길 간절히 원했다.

아이들이 느끼는 대로 부모가 가만히 지켜봐주면 아이들은 믿을 수 없을 만큼 빨리 그 감정에서 벗어난다. 고통도 그저 하나의 감정일 뿐임을 이해하고 고통에서 쉽게 빠져나오는 것이다. 실제로 고통을 겪는 것보다 고통을 예상하는 것이 더 견디기 힘들 때가 많다. 아이들이 고통을 그 순수한 형태 그대로 경험할 뿐, 저항함으로써 고통의 강도를 키우거나 반감으로 물들이지 않는다면 고통은 지혜와 균형 잡힌 시각으로 바뀐다.

아이들은 그렇게 감정을 처리하고 나면, 어른들처럼 지나간 일에 연연하지 않는다. 바다의 밀물과 썰물같이 고통도 파도처럼 왔다가 사라질 뿐이라는 것을 본능적으로 안다. 반면에 우리 어른들은 고통이 마치 영원히 지속될 것처럼 느끼는데, 그 이유는 과거의 흔적에서 기인한 여러 가지 생각들이 감정과 뒤얽히기 때문이다. 고통은 현실이 아니라 우리 마음속에만 계속 존재한다. 그리고 그건 우리가 놓아주지 않기 때문이다.

우리의 문제 중 하나는 혼자서 고통을 다스리는 데 익숙하지 않다는 것이다. 우리는 고통이 느껴지면 다른 사람들에게 쏟아내는 데 더 익숙하다. 예를 들면 죄책감을 자극하거나 비난과 분노를 통해 다른 사람들을 우리의 감정이 펼치는 드라마에 끌어들이는 것이다. 아니면 음식이나 술, 운동, 마약 또는 다른 약물에 지나치게 의존한다. 우리는 이런저런 방법으로 고통을 외부에서 해결하려고 하지만, 장기적으로 보면 이런 잘못된 방법 때문에 오히려 고통이 지속된다고 할 수 있다. 이때 해결책은 따로 있다. 혼자 고요히 앉아 자신의 고통을 지켜보면서 고통이 에고에 대한 집착에서 비롯된다는 사실을 이해해야 한다.

아이가 고통을 자연스럽고 불가피한, 인생의 일부분으로 받아들이는 법을 배우면 고통을 너무 겁내는 대신 "지금 나는 고통스러워"라고 가볍게 인정하게 된다. 논리적으로 분석하거나 심판하거나 거부하는 대신 그저 지켜볼 수 있게 된다.

이런 태도는 아이가 어릴 때 부모가 곁에서 가만히 지켜봐줌으로써 몸소 가르칠 수 있다. 대화가 필요하다면 아이들이 먼저 말을 꺼낼 것이다. 부모는 그저 고개를 끄덕이거나 "그렇구나"와 같은 말로 공감해주기만 하면 된다. 논리나 요란한 응원도 필요 없고, 빨리 해치울 필요도 없다. 그저 집안에 그럴 여지를 두기만 하면 된다.

혹시라도 고통이 한동안 계속된다면 극단적인 면은 다 배제하고, 있는 그대로 경험해보자. 그러면 고통을 빛깔과 다양한 취향, 독특한 분위기를 가진 '어떤 것'으로 얘기할 수 있게 될 것이다. 무엇보다 우리는 아이가 고통도 불사하고 행복해지기를 바라면 안 된다. 그보다는 아이가 자신의 감정에 솔직해지기를 바라야 한다.

이제라도 무의식을 알아차렸다면 한 번에 한 걸음씩

예민하게 받아치지 않는 태도는 어디에서부터 시작될까? 바로 우리가 이제껏 우리의 모습이라고 여겼던 것이 우리의 진짜 모습이 아니라 무의식의 산물임을 알아차리는 데서 비롯된다. 알아차림이 깊어질수록 발끈하는 태도가 사라지는 속도도 빨라진다. 아이에게 큰소리치던 버릇이 당장 사라지는 않겠지만, 예전에 10분 하던 것이 8분으로 줄어든다. 버럭 소리를 지르다가도 문득 자기가 얼마나 지각없이 행동하고 있는지 깨닫고 스스로를 다잡기 때문이다.

아이가 하는 행동을 보고 여전히 조바심이 나겠지만 마음이 심하게 동요해서 종일 감정에 휘둘리는 대신에 한 시간쯤 후면 차분해질 수 있다. 그러면 발끈하는 대신 고요히 앉아서 불안한 감정을 지켜볼 수 있다.

어떤 부모가 아이 앞에서 감정을 자제하지 못해 속상하다고 내게 털어놓을 때, 대개는 내가 그들을 심판하거나 죄책감을 갖게 할 거라고 예상한다. 하지만 나는 축하의 말을 건넨다.

"당신의 무의식이 어떤 모습인지 알게 됐으니, 이제 중요한 첫걸음을 내딛으셨네요."

그건 정말로 의미있는 진전이다. 욱하는 반응을 보이는 것이 무의식의 발현임을 알지 못하는 사람들이 많다는 점에서 자신에게 그런 면이 있음을 알아차리는 것은 엄청난 발전이다.

우리가 이따금 무의식을 발산한다는 사실을 정확하게 인식하는 것은 대단히 중요하다. 깨어있는 부모는 무의식이 올라오면 그것을 궁극적인 치유가 이루어지는 방향으로 이용하는 법을 안다. 그들은 이미 반응한 뒤에라도 반사적인 반응을 가려낼 줄 안다. 뿐만 아니라 자신의 무의식과 마주하기를 두려워하는 대신 다음과 같은 말을 명심하며 살아간다.

"나는 이따금 발끈하고 혼란스러워하며 당황할 뿐만 아니라, 에고에 따라 양육을 할 때도 있을 것이다. 하지만 이런 상황이 주는 교훈을 활용해 한 인간으로서 성장하고 내 아이도 성장하도록 도울 것이다."

그럼에도 불구하고 부모로서 우리는 종종 아이에게 즉각적으로 반응할 때가 있다. 어떻게 반응하는 게 좋을지 고민해보지도 않고 본능적으로 반응한다. 그러다 보면 자기도 모르는 사이에 어떤 역학구도가 단단히 만들어지고, 금세 아이와 부정적인 관계에 놓이게 된다.

ᐯ
ᐯ

한번은 혼자서 아들을 키우는 피터를 상담한 적이 있다. 당시 그는 열다섯 살짜리 아들 앤드루와 유난히 힘든 시간을 보내고 있었다. 아버지와 아들의 관계는 거의 회복불능 상태였다. 앤드루는 반항하는 10대의 전형적인 모습을 보여주고 있었다. 아버지를 피하고, 친구들과 어울려 노는 데만 관심이 있었다. 밤늦게까지 컴퓨터 채팅을 하느라 숙제는 뒷전이고 학교 수업도 빠지곤 했다. 게다가 마리화나에도 손을 댔다.

피터는 화가 났다. 앤드루가 더 어렸을 때는 둘 사이가 아주 좋았는데, 지난 몇 년간은 만나기만 하면 심한 말다툼을 벌였다. 언젠가 앤드루가 다른 주州에 사는 할머니, 할아버지와 살고 싶다고 했을 때, 피터는 두 분이 연로해서 안 된다고 반대했다. 그 뒤로 두 사람은 집안일과 숙제 문제로 하루가 멀다고 다퉜다. 그때마다 앤드루는 손도 안 댄 숙제를 다 끝냈다고 거짓말을 했다.

그러다 두 사람이 유독 심하게 부딪친 어느 날 저녁, 피터는 감정이 너무 격해져서 다시는 아들과 대화하지 않겠다고 매섭게 말하고 집을 나왔다. 그는 흥분한 상태로 집 주위를 배회하다 내게 전화를 했다.

"어떻게 해야 할지 모르겠어요. 이 녀석은 나나 내 방식을 존중해줄 마음이 전혀 없어 보여요. 나는 그 애를 돌보려고 모든 것을 제쳐두고 사는데, 그 애는 불쾌하고 반항적인 행동만 해요. 아무런 노력도 하지 않고요. 이제 정말 나를 대하는 그 애의 태도에 신물이 나고 지쳐요. 내 자식이길 원치 않는다면 그러라죠. 나도 더 이상 아무 노력도 안 할 거예요. 나도 그 녀석처럼 무신경해질 수 있어요. 당장 오늘부터 애정도 인내심도 베풀지 않을 거예요. 녀석에게서 아주 손 뗄 거예요."

자신이 대단히 발끈한 상태임을 알아차리지 못한 피터는 금방이라도 폭발할 것 같은 불안한 상태로 치달았다. 그는 전화를 끊고 집으로 돌아가 앤드루의 방에 있던 컴퓨터를 바닥에 내동댕이쳤다. 앤드루가 저항하자 그의 뺨을 때리며 "너를 낳은 걸 후회한다"라고 말했다.

피터는 10대 자녀를 둔 수많은 부모가 겪는 과정을 통과하는 중이었다. 10대 자녀를 둔 부모의 이런 반응이 얼핏 정당화될 수 있을 것 같지만, 우리가 쉽게 잊어버리는 사실이 있다. 이런 갈등 상황은 이미 수년 전부터 시작되었다는 점이다. 애초에 기 싸움이나 주도권 다툼으로 시작된 것이 부모와 아이 모두에게 끔찍한 관계로까지 악화된 것이다.

피터는 그의 감정이 펼치는 드라마와 그가 짐작하는 아들의 의도 그리고 자신의 권위가 사라졌다는 느낌에 사로잡힌 나머지 자제력을 잃어버렸다. 이처럼 우리가 권위와 통제력에 대한 욕구에 반응하면 다음과 같은 질문을 스스로에게 던질 수 없게 된다.

'지금껏 내가 주지 못한 것 중에 아이가 내게 원하는 것은 무엇일까?'

피터는 이미 오래전부터 아들이 그에게 진실로 원하는 것에 귀 기울이지 못하고 있었다. 어쩌면 피터는 마치 거울을 보듯 아들에게서 자신의 어린 시절을 떠올리고, 오랫동안 극복하려고 애써온 자신의 부족한 점들을 발견했을지도 모른다. 그러다 아들을 통제해야 한다는 생각에 사로잡혀 아들이 조금이라도 기대에 어긋나면 참지 못했다. 완벽해야 한다는 강박 때문에 아들이 잘못된 길로 빠졌다는 사실을 용납할 수가 없었던 것이다. 어쩌면 피터는 아들을 보며 자신이 어떤 아버지인지 아들이 거울처럼 비춰주고 있다고 여겼을지도 모른다. 수년 전에 아내와 이혼한 사실에 죄책감을 불러일으켰기 때문인지도 모른다.

어떤 동기에서든 피터는 이를 자기 문제로 받아들였고, 그것이 그의 에고를 자극한 게 분명했다. 모든 아이들이 그렇듯 앤드루는 아버지가 이성을 완전히 잃어버렸다고 생각했다.

피터는 아들의 행동을 대개 부정적으로 해석하고, 모두 자신에 대한 공격으로 받아들였다. 예를 들면 이런 식이었다.

"아들은 내 감정을 조금도 신경 쓰지 않아." "나에 대한 공경심이 없어." "일부러 반항하는 거야."

이중에 피터 자신은 물론이고, 앤드루의 마음 상태를 개선하는 데 도움이 되는 해석은 하나도 없었다. 그러나 대부분의 부모가 불편한 상황을 만나면 이와 같이 반응한다.

다른 사람의 행동을 자신에 대한 공격으로 개인화해서 해석하게 되면 우리는 감정이 들끓는 가마솥으로 뛰어들 각오를 해야 한다. 반대로 자신을 개입시키지 않고 중립적으로 해석하면 부정적인 감정이 초래하는 여러 가지 문제를 겪지 않아도 된다. 피터는 아들이 왜 그런 행동을 하는지 궁금해하기는커녕 그 행동을 해석하는 데 있어서 전혀 중립적이지 않았다.

'아들이 힘들어하며 내게 도움을 요청하는구나!' '당장 어떻게 행동해야 할지 몰라서 도와달라고 소리치고 있구나!' '내 아들이 정체성 혼란으로 힘

든 시기를 보내고 있으니 내가 인내심을 가질 필요가 있겠구나!'

그는 이런 생각을 전혀 하지 않았다. 반대로 앤드루의 행동에 심한 반감을 일으키는 해석만 하다 보니 앤드루를 '있는 그대로' 대할 수 없었다. 부모가 아이를 '있는 그대로' 대하면 받아들이게 될 뿐만 아니라, 아이의 고유한 길을 진심으로 존중하게 된다.

해석은 순식간에 이루어진다. 우리는 어떤 것이 에고가 집착하는 바에 부응하는지 여부만 판단하면서 우리 삶이 에고가 집착하는 대로 풀리면 만족스러워한다. 그러나 우리 삶이 이러한 확고한 믿음에 어긋나는 순간, 우리는 중심을 잃는다.

모든 문제는 우리가 주변에서 벌어지는 사건들을 철저히 자기중심으로 해석할 때 발생한다. 여기에 따르는 안타까운 부작용은 우리의 기분이 언짢을 때 아이들이 자신들 때문이라는 생각에 죄책감을 갖고, 급기야 쓸모없는 존재라고 느낄 수 있다는 점이다. 그러다 보면 아이들이 부모에게 반발하기 시작한다. 상황이 이와 같을 때는 애초에 부모가 아이들의 행동에 대해 심판하는 태도를 보인 것이 화근임을 깨닫는 것이 중요하다.

아이들에게는 부모를 자극할 '숨은 의도'가 없다. 그저 자기 본모습 그대로 존재할 뿐이다. 자극을 받는다는 건 어느 관계에서나 피할 수 없는 부분이라서 우리 자신은 물론이고 다른 누구도 탓할 필요가 없다. 다만 우리의 무의식적인 반응을 잘 살펴서 줄여나가는 것이 부모로서 우리의 책임이다. 우리가 맹목적인 무의식 상태로 들어가는 이유는 해결되지 않은 감정의 응어리가 남아 있기 때문이며, 그 감정의 응어리는 우리 아이들이 그저 아이답게 구는 모습에 대한 반응으로 나타난다.

자극을 받는 것은 우리가 연기하는 인생대본의 역할과 밀접한 관련이 있다. 예컨대 어쩌면 우리는 '난 더 존경받을 자격이 있어'라고 생각할 수 있다. 만약에 우리가 아이의 행동을 보면서 부모에 대한 존경심이 부족하다고 해석한다면, 이는 우리가 권위의식이 강하다는 증거다. 그래서 누군가 우리에게 존경심을 충분히 보여주지 않으면 반사적으로 분한 마음이 든다. '내가 이 정도는 아닌데, 어떻게 감히 나를 이런 식으로 대하지?' 하고 생각한다. 우리가 내리는 주관적인 해석이 얼마나 많은 것에 영향을 미치는지 알면 좋으련만……

세상을 바라보는 우리의 시각이 얼마나 왜곡될 수 있는지를 단적으로 보여주는 사례가 있다.

15년 넘게 가족과 소원하게 지낸 아름답고 젊은 여성의 이야기다. 마침내 가족이 다시 모이기로 한 전날 밤, 그녀는 아주 생생한 꿈을 꾸었다. 꿈에서 가족들이 싸우는 바람에 그녀는 겁이 나서 꼼짝할 수가 없었다. 싸움이 계속되자 그녀는 아주 조금씩 가족들에게 다가갔다. 그러다 문득 아무도 무기를 들고 있지 않다는 사실을 깨달았다.
'세상에, 싸우는 게 아니라 춤을 추고 있었구나!'
꿈에서 깬 그녀는 그 꿈이 가족과 화해하기를 갈망해온 자신의 일부분이 보낸 메시지라고 생각했다. 그 순간, 현실을 어떻게 판단하고 해석하느냐는 자기가 선택할 수 있다는 사실도 깨닫게 되었다. 가족과의 재결합이 그녀에게는 영적으로 한 단계 성숙하는 중요한 치유의 시간이 되었다.

에고에 발동을 거는 첫 번째 실수는 바로 어떤 일들을 지나치게 자신에 대한 공격으로 해석하는 태도에서 시작된다. 아이가 부모의 '계획'을 따라주지 않으면 부모는 곧장 잘못이 아이에게 있고, 아이가 그렇게 행동하는 이유는 부모인 자신의 권위를 무시해서라고 해석한다. 문제가 생기도록 분위기를 만들어가는 건 우리의 해석 때문이라는 사실을 깨닫지 못한다. 진짜 문제는 우리가 어떤 식으로든 위기감을 느끼기 때문이라는 사실을 알아차리지 못하는 것이다.

우리가 이런 드라마를 펼치는 이유는 현실을 있는 그대로 보려고 하지 않기 때문이다. 우리가 현재 상황에 자신의 과거를 끌어들이는 순간, 우리 안에선 엄청난 불안감이 일어나 극심한 공포에 휩싸이게 된다. 이렇게 감정이 고조된 상태에서는 성급하게 판단하게 되는데, 그러다 보면 관련된 모든 사람들에게 해로운 결정임에도 불구하고 최소한 '무엇이라도 하고 있다'는 위안을 느끼게 된다. 결국 우리는 감정이 고조된 상태를 결단력 있는 모습으로 착각하여 드라마를 펼치는 것이다.

잠시 피터와 그의 아들 앤드루 이야기로 돌아가보자. 만약에 피터가 아들의 반항적인 행동을 있는 그대로 바라볼 수 있었다면 어땠을까? 아들의 행동에 대해 어떤 판단이나 해석도 하지 않고, 무엇보다 그 문제에 피터 자신을 개입시키지 않았더라면, 완고함이 누그러져 내면에 여유가 생기면서 유연하게 잘 대처할 수 있었을 것이다.

우리가 마음에 여유를 가지면 매번 똑같은 싸움을 반복하지 않고 아이를 대하는 새로운 방법을 발견할 수 있다. 뭔가를 해야 한다는 강박관념에 사로잡히면 오히려 문제 해결과는 멀어진다. 그러면 우리 인생은 부모와 아이가 서로의 에고를 앞세워 맞붙어 싸우는 전쟁터가 된다.

우리가 있는 그대로의 존재를 중시하며 살아갈 수 있다면 차분한 자세로 인생에 접근할 수 있다. 그러면 우리를 숨막히게 하는 판단이나 무의식의 투사에서 벗어나, 눈앞에 펼쳐진 상황에 적절히 대응할 수 있게 된다. 어떤 상황을 만나든 "좋다" "나쁘다" 구분하는 않고 그저 '있는 그대로' 받아들이며 중립적인 자세로 삶을 대할 수 있다면, 모든 상황을 '나'와 연관 지어 개인적으로 해석하는 일도 점점 줄어들 것이다. 그러면 우리는 아이가 떼를 쓸 때 발끈하면서 우리 내면의 응어리진 분노나 죄책감, 두려움, 불신을 아이에게 쏟아내는 대신 아이의 행동을 제대로 바로잡아줄 수 있다.

우리와 인생을 함께하는 모든 이들이 다른 누군가의 감정이 펼치는 드라마에 걸려 넘어지지 않고 자기감정을 다스릴 수 있을 때, 우리는 모든 감정은 단지 감정일 뿐임을 알고 다 받아들이기 시작한다. 그때부터는 삶의 다양한 빛깔이 보인다. 삶을 '좋은 것'과 '나쁜 것', '나'와 '너'로 구분하는 제한된 범주에 끼워 맞출 필요 없이 있는 그대로를 경험하게 된다. 그러다 보면 인생은 무척이나 다채롭고 복잡해서 범주화할 수 없으며, 사람은 본래 정량화할 수 없는 존재라는 사실을 깨닫게 된다.

불안감, 피할 수 없다면 어떻게 해야 할까?

피터의 사례에서 보았듯이 감정은 순식간에 우리를 불안과 내적 갈등상태로 치닫게 한다. 피터의 경우도 뼛속 깊이 긴장감을 지니고 있다보니, 아들도 자연스럽게 그것을 배워 아버지와 갈등 상태에 돌입하곤 했다

불안은 우리가 머리로 내린 판단에 대한 반응 방식이다. 따라서 관계를 유

지하기 위해 우리가 할 수 있는 가장 중요한 일 중 하나는 내가 언제 불안한지를 알아차리는 것이다.

불안하다는 것은 우리 내면 깊은 곳의 무언가가 자극을 받았다는 뜻이다. 따라서 불안이 감지될 때마다 '지금 내가 왜 이러지?' 하고 자문해보자. 그런 다음, 마음을 열고 우리의 불안을 남에게 쏟아내지 않도록 주의해야 한다. 불안은 우리 안에 해결되지 않고 남아 있는 뭔가에서 비롯된다. 그것은 자극하는 사람이나 사건과 무관하게 계속 존재하기 때문에, 어떤 상황이 우리를 자극하지 않았더라도 또 다른 상황에서 자극받을 수 있다.

불안은 피하기 힘든 자연스러운 감정이다. 따라서 불안을 억제해야 할 대상으로 바라보기보다는 자연스런 것으로 받아들이면서 조용히 지켜봐야 한다. 불안을 느끼더라도 가만히 내버려두는 것이 중요하다. 불안을 가만히 지켜보는 법을 배우지 못하면, 내면의 마음 상태에 휩쓸려 맹목적으로 반응하기 쉽다.

그러다 보면 다른 사람을 반사적으로, 언제 터질지 모르는 불안정한 태도로 대하게 된다. 혹은 그와는 반대로 쉽게 의기소침해진다. 어느 쪽이든 둘 다 불필요한 결과를 불러온다. 우리는 오직 알아차림을 통해서만 불안을 외면하지도, 다른 사람에게 떠넘기지도 않을 수 있다.

인생은 그야말로 경험이다. 우리가 아무리 통제하려고 해도 논리나 일관성을 초월하는 어떤 힘이 있다. 우리는 바다에서 수영할 때 파도에 몸을 맡긴다.

"어떻게 감히 파도가 이렇게 높을 수 있지? 파도라면 당연히 잔잔해야지."

이렇게 항의하지 않는다. 우리가 바다를 지배할 수 없다는 사실을 인정하기 때문이다. 사실 바다 수영의 매력은 파도를 예측할 수 없다는 점에 있다.

그래서 더 짜릿하다. 그런데 어째서 우리는 인생의 사건이나 관계에 대해서는 그냥 흘러가는 대로 따라가지 못할까?

삶은 원래 좋은 것도 나쁜 것도 아니다. 바다의 파도처럼 그냥 존재할 뿐이다. 인생을 사는 유일한 방법은 있는 그대로의 삶 속으로 들어가는 것이다. 삶을 있는 그대로 받아들일 수 있다면 불안은 우리를 살짝 적시고 지나가는 정도일 것이다. 하지만 우리가 민감하게 반응하는 순간 그것은 거대한 쓰나미로 바뀐다.

피터는 자신의 불안 때문에 날마다 아들과 부딪쳤다. 사소한 대립이 다툼으로 커졌고, 얼마든지 피할 수 있었던 일들이 결국 유감스러운 사건으로 번졌다. 만약에 피터가 중립적인 상태에서 앤드루를 대하고 상황을 있는 그대로 받아들이면서 아들과 진솔한 교감을 나누려고 했더라면, 앤드루도 다르게 반응했을 것이다. 자신도 이 상황에 영향을 미칠 수 있다는 생각에 나쁜 행동을 자제하려고 했을지도 모른다. 하지만 피터는 앤드루가 반발할 수밖에 없도록 만들었다.

자동적으로 반발하는 상태는 누구에게도 도움이 안 된다. 감정의 드라마는 고통으로 이어질 뿐이다. 우리가 느끼는 고통은 대부분 스스로 만들어낸 것이다. 부정적으로 해석하는 법을 내려놓지 않는 한 우리는 파괴적인 감정 패턴에서 영원히 헤어나지 못한다.

다행히 우리가 더 깨어있는 존재가 되려고 노력하면, 삶은 기꺼이 그 여정의 동반자가 되어준다. 삶이 모든 면에서 도와주기 때문에 우리는 그저 마음을 활짝 열고 받아들이기만 하면 된다. 게다가 부모에겐 무한한 회복력을 지닌 아이들이 함께한다는 큰 장점이 있다. 부모가 이 여정을 선택한다면, 그 길에 고통이 가득할 때조차 우리는 아이와 더불어 성장할 수 있다. 이런 사실이 우리로 하여금 망설임이나 주저함 없이 이 여정에 뛰어들게 한다. 모든 것이 우리 자신과 아이들의 행복을 위한 길이라고 믿으면서.

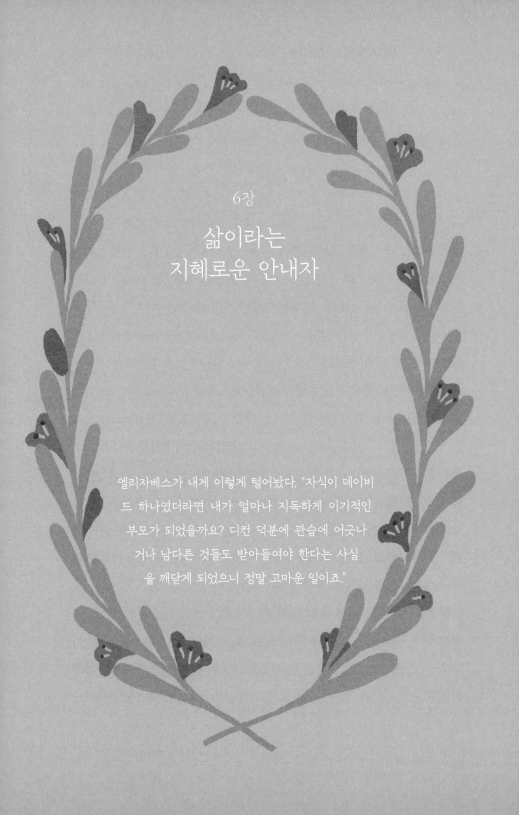

6장

삶이라는
지혜로운 안내자

엘리자베스가 내게 이렇게 털어놨다. "자식이 데이비
드 하나였더라면 내가 얼마나 지독하게 이기적인
부모가 되었을까요? 디컨 덕분에 관습에 어긋나
거나 남다른 것들도 받아들여야 한다는 사실
을 깨닫게 되었으니 정말 고마운 일이죠."

양육방식은 우리가 어떤 사람인지를 그대로 보여준다. 따라서 일상적으로 벌어지는 일들에 우리 스스로가 어떻게 반응하는지를 잘 살피면서 우리의 세계관부터 파악할 수 있어야 양육방식을 바꿀 수 있다.

　삶이 우리가 원하는 대로 풀리지 않을 때 어떻게 반응하는지 스스로에게 질문을 던져보자. "내 잘못이 분명해'라고 하면서 곧장 자책하는가?" 아니면 정반대로 "내가 왜 이런 대접을 받아야 하지? 어떻게 이런 일이 내게 일어난 거지?"라고 반발하는가? 혹시 "그저 운이 나빴을 뿐이야. 삶은 불공평해!"라고 생각하는가? 이런 식의 반응은 모두 삶이 당신과 관계없이 당신 밖에서 벌어지는 일이라고 믿는 세계관을 보여준다. 즉 삶은 내가 통제할 수 없는 힘들이 일으키는 알 수 없는 '무엇'이라고 믿는 것이다.

　당신이 스스로에 대해 "운이 좋다"거나 "운이 나쁘다"고 생각한다면, 그건 당신이 아직 삶을 당신의 진정한 모습을 찾아 떠나는 그 여정의 동반자로 바라보는 훈련이 안 되어 있기 때문이다. 그러나 삶이 당신에게 배우라고 요구하는 정서적 교훈을 찾아서 내면을 들여다보기 시작하면, 당신에게 일어나는 모든 일들이 의미 있게 다가온다. 어떤 상황이든 이러한 마음가짐으로 접근하면 세상에 불운이나 행운 같은 건 없음을 알게 된다. 우리 삶 속에서 일어나는 모든 일들이 우리의 정신적 성장을 도와주기 위한 것임을 알게 된다. 그러면 달갑지 않은 일은 거부하고 마음에 드는 일만 찾고자 하던 태도는 사라진다. 무엇이든 배울 점이 있다는 태도로 임하면 삶이 당신에게 건네는 모든 것을 끌어안게 된다. 역경에 부딪쳐도 삶을 적대시하지 않고, 좋은 일이 생긴다고 너무 좋아하지도 않는다. 그보다는 삶의 밝은 면과 어두운 면이 모두 우리에게 더 깨어있는 사람이 되라고 찾아온 소중한 기회라고 받아들이게 된다.

부모가 자꾸 발끈하고 불안해한다면

인생은 본질적으로 좋은 것이라고 믿을 것인지, 아니면 피할 수 없는 일이 일어날까 하루하루 마음 졸이며 보내는 것이라고 믿을 것인지는 우리가 어떻게 자랐는지에 달렸다. 그런데 본질적으로 삶이 지혜로운 것이라고 배우며 자라는 경우는 드물다.

삶은 지혜로운 스승과 같아서 우리가 더 나은 모습을 발견하도록 도와주려 한다는 사실을 알면, 우리가 사는 방식은 물론이고 아이를 키우는 방식에도 획기적인 변화가 일어난다. 우리에게 무슨 일이 일어나든 우리의 더 나은 모습을 이끌어내려는 것이라고 생각하게 된다. 삶은 믿을 만한 것이며, 우리가 내면과 더 깊이 교감하도록 돕는 것이라고 믿게 된다. 삶은 본래 좋은 것이며, 우리 내면의 좋은 면을 비추는 거울이라는 것도 알게 된다. 이런 접근 방식은 삶에서 일어나는 모든 일이 근본적으로 우리와 밀접하게 연결되어 있으며, 따라서 우리 각자는 우리가 살아가는 현실을 만들어나가는 일원이라고 여긴다. 삶은 우리에게 일어나는 것이 아니라 우리와 함께 일어난다고 믿는다.

아이의 행동 역시 아무것도 없는 진공상태에서 일어나는 게 아니라 우리의 에너지에 반응하는 것이다. 이 말은 곧 부모가 아이의 태도에 아주 많은 영향을 미칠 수 있다는 뜻이다. 아이가 현실을 부정적으로 바라보도록 가르치는 부모는 많지만, 현실을 있는 그대로 경험하도록 가르치는 부모는 거의 없다.

사실 아이는 부모가 각각의 경험을 대하는 태도를 보면서 자기 경험을 어떻게 대해야 할지 배운다. 부모가 자꾸만 현실에 발끈하고 계속해서 불안해하는 모습을 보이면, 아이도 그렇게 예민하고 불안한 마음을 행동으로 표현하는 법을 배운다. 부모가 경험에 대해 평가하고 분류하는 모습을 보이면, 아이도 같은 방식으로 자신을 둘러싼 세상을 분류하기 시작한다.

만일 부모가 상황에 지나치게 민감해하거나 심각하게 받아들이는 대신 현실을 있는 그대로 받아들이는 태도를 보이면, 아이도 똑같은 방식으로 삶을 대하게 된다. 우리가 신뢰하는 태도를 보이고 그 신뢰를 바탕으로 여유롭고 편안하게 삶을 대하면, 아이는 인생의 좋은 면과 나쁜 면을 구분하는 대신 어떤 상황에서든 지혜를 얻는 법을 배운다.

삶은 경험하는 것이지 맞서 싸우거나 도망치거나 건성으로 대할 것이 아니다. 깨어있다는 것은 미래를 바꾸고 싶은 마음이 들더라도 어떻게 바꾸고 싶은지 생각하기보다 바로 그 순간에 펼쳐진 경험과 온전히 함께하는 것이다. 향후 경험의 질을 바꾸기 위해 삶을 관리하는 것은 먼저 경험해본 다음에 할 일이다.

우리가 인생 자체를 지혜로운 안내자로 받아들이면 평가하거나 심판하거나 분석하는 대신 자신을 온전히 삶에 맡기게 된다. 삶이 위협적이라는 느낌을 떨쳐버리고 인생이라는 물살에 우리를 맡기는 것이다. 어떤 것을 경험할 때마다 그것을 진실로 느낄 뿐 거기에 자신을 결부시키려 하지 않고, 그 경험이 다음 순간으로 흘러가도록 풀어놓는다. 그러면 저항하거나 반발하면서 낭비할 뻔한 정신적 에너지를 남겨둘 수 있게 된다.

이제 우리는 이 에너지를 관계, 특히 아이와의 관계에 집중하는 데 쓸 수 있게 된다. 아이들도 경험은 그저 경험하면 될 뿐 달리 뭔가 해야 할 필요가 없다는 사실을 배우고 나면 있는 그대로의 삶에 친숙해진다. 사소한 경험에서 기쁨을 발견하고, 순간에 충실할 때 따르는 보상을 얻게 된다.

나는 내 딸이 어떤 경험을 할 때 그 일이 빨리 사라지기만 바라는 대신 있는 그대로 받아들이는 법을 배울 수 있도록, 내가 어떤 상황에서 느끼는 감정을 딸에게 솔직하게 얘기한다. 화가 날 때는 "지금 엄마 화났어"라고 말한다. 그 말은 그 순간 내 감정이 그렇다는 것이고, 나는 내 자신이 그 감정을 느끼도록 내버려둔다는 뜻이다. 다만 그 감정을 다른 사람에게 발산하지는 않는다.

이렇게 나는 내 감정을 인정하되 그 상황에 반응하거나 싸우지 않는다. 그 감정을 행동으로 표출하지도 않는다. 대신에 내 모든 감정을 껴안는다. 그렇게 하다 보면 그 상황마저도 자연스럽게 모두 받아들일 수 있게 된다.

마찬가지로 꽉 막힌 도로 위에 있을 때는 "길이 막히네"라고 말한다. 그런 경험을 "좋다" "나쁘다"라고 분류하지 않는다. 지금의 이 경험으로 인해 앞으로 어떤 일이 벌어질지 예측하지 않을뿐더러, 과거의 기억들을 끌어와 덧씌우지도 않는다. 중요한 건 현실을 우리 뜻에 맞추려고 애쓰지 않는 것이다.

우리가 어떤 존재인지 더 깊이 알아갈수록 우리 내면은 인생이 우리 앞에 펼쳐놓은 모든 것을 끌어안을 만큼 넓다는 사실을 확인하게 된다.

이제부터라도 삶의 전령사들이 우리의 본모습을 보여줄 비밀을 들고 찾아온다고 믿으며, 우리를 위해 비밀의 메시지를 간직하고 있는 아이들을 받아들여보자. 아이들이 우리의 무의식을 환하게 비춰도 심판하거나 비난하거나 외면하지 말고 겸손하고 감사한 마음으로 아이들에게서 배워보자.

아이들은 우리 삶에 처음 등장할 때 그 모습 그대로 우리가 에고에서 벗어나 우리의 본모습을 받아들이는 법을 알려주려고 여기 있는 것이다. 두 아들을 둔 엘리자베스와 매슈 부부의 이야기를 보자.

∨

엘리자베스에게 두 아들은 타고난 모습 그대로 인생이 보내준 지혜로운 선물이었다. 그녀는 두 아들을 있는 그대로 받아들이면 엄청난 깨달음을 얻게 된다는 사실을 알게 되었다.

큰아들 데이비드는 인기 많은 농구선수이자 공부도 잘하는 학생이었다. 성격도 너그럽고 인정이 많은 편이었으며, 무엇보다 정말 지혜로운 영혼을 가졌다. 작은아들 디컨은 모든 면에서 데이비드와 조금 달랐다. 공부를 썩 잘하는 것도 아니었고 운동에도 별로 소질이 없었다. 다소 허술하고 조심성이 없었으며, 건망증이 심하고 행동이 느린 편이었다. 게다가 관습에 얽매이는 것을 싫어했고, 정해진 규정을 따르는 것보다 자기만의 규칙을 만드는 것을 더 좋아했다. 외모나 옷차림, 다른 사람의 시선을 전혀 신경 쓰지 않았고, 물질세계에서의 경쟁과 성공도 거부했다. 대신에 애완동물을 돌보거나 책을 읽거나, 형편이 넉넉지 않은 아이들의 공부를 도와주며 시간 보내는 것을 좋아했다. 성적표에 적힌 숫자에 아무 감흥이 없는지 낙제를 밥 먹듯이 하면서도 유기농으로 농사를 짓는 농부가 되거나 제3세계에 가서 교사가 되고 싶다고 당당하게 말하곤 했다.

디컨이 이렇게 몽상가에다 모든 면에서 관습에 역행한다는 사실이 아버지 매슈에겐 더없이 끔찍한 악몽처럼 느껴지곤 했다. 매슈는 아버지로서 디컨을 받아들이기가 쉽지 않았지만, 그보다 더 힘들었던 건 두 아들이 너무 다르다는 사실이었다. 그는 데이비드와 함께 있으면 자랑스럽다고 느끼는 반면, 디컨이 곁에 있으면 수치스럽고 원망스럽기까지 했다.

매슈는 자신의 에고가 느끼는 대로 두 아들을 분류하느라 자신의 영적 성장을 도울 기회가 많았음에도 전혀 발견하지 못했다. 반면에 엘리자베스는 그 교훈을 완벽하게 알아차렸다. 엘리자베스는 첫째 아들 데이비드가 그녀의 에고를 견고하게 만들고, 둘째 아들 디컨은 그 에고를 무너뜨린다는 사실을 알고 있었다. 엘리자베스가 내게 이렇게 털어놨다.

"자식이 데이비드 하나였더라면 내가 얼마나 지독하게 이기적인 부모가 되었을까요? 디컨 덕분에 관습에 어긋나거나 남다른 것들도 받아들여야 한다는 사실을 깨닫게 되었으니 정말 고마운 일이죠."

아이들은 부모의 신뢰를 얻으려고 애쓸 필요가 없다

삶이 가르쳐주는 지혜를 진실로 믿는 사람은 거의 없기에 많은 부모가 아이들에게 삶에 대한 불신을 고스란히 쏟아내곤 한다. 그 결과 우리 사회는 '신뢰는 얻기 위해 애써야 하는 것'이라고 믿게 되었다.

내 생각은 다르다. 아이들은 부모로부터 신뢰를 얻으려고 애쓸 필요가 없을 뿐만 아니라, 부모의 절대적 신뢰를 받는다고 느낄 수 있어야 한다. 부모로서 우리는 아이들을 근본적으로 신뢰할 수 있는 존재로 바라봐야 한다. 아이는 존재 자체만으로 이미 신뢰받을 권리를 갖고 있다. 아이에게 부모의 신뢰를 얻으라고 요구하는 것은 부모가 두려움과 에고에 휘둘려 불안하고 지배욕을 행사하고 싶기 때문이다.

부모가 아이들을 온전히 신뢰할 수 있으려면 기본적으로 자기 인생을 존중하고 신뢰할 수 있어야 한다. 부모가 각자의 인생을 신뢰하는 만큼만 아이들은 부모의 신뢰를 받는다고 느낀다. 부모가 진심으로 인생이 모든 면에서 지혜롭고, 인생에서 벌어지는 일들도 모두 선한 것이라고 생각하면 아이들을 바라볼 때도 마찬가지다. 모든 일들을 순수한 의도에서 비롯된 것으로 바라보면 된다. 사실 부모가 아이들을 신뢰하지 못할 이유는 전혀 없다.

반면에 부모가 인생의 고난을 정신적으로 풍요로워질 수 있는 황금 같은 기회로 바꿀 수 있다고 믿지 못하고 불안해하면, 아이에게 아무리 다 잘될 거라고 말해도 무의식중에 정반대 메시지를 전달하게 된다. 부모는 아주 미묘한 방식으로 아이에게 믿음이나 불신을 전달한다. 아이에게 던지는 질문이나 잔소리, 아이가 원치 않는데도 쏟아내는 충고에는 믿음이나 불신이 담겨 있다.

예컨대 아이가 이런저런 문제를 겪고 있을 거라 짐작하면서 아이에게 반복해서 괜찮으냐고 물으면, 우리도 의식하지 못하는 사이에 우리의 불안과 불신을 아이에게 전달하게 된다. 우리가 계속해서 아이를 체크하고 주변을 맴돌며 아이의 세계에서 벌어지는 모든 것을 알려고 함으로써 불안감을 전달하면, 아이는 기본적으로 자신감이 약해진다. 부모가 불안해하며 체크하는 일이 적을수록, 아이 스스로 온전히 잘 해낼 수 있으며 도움이 필요하면 알아서 요청할 테니 일일이 체크하지 않겠다는 부모의 신뢰를 더 크게 전달하게 된다.

아이가 스스로 계획해볼 기회를 주지 않고 부모가 대신 결정하면, 아이는 부모는 힘이 세고 자신은 무력하다는 뜻으로 받아들여 점점 스스로를 불신하게 된다. 반대로 부모가 아이의 생각을 묻고 존중해주면, 그 의견이 매번 반영되지 않더라도 부모가 아이와 상의하는 것을 진지하게 받아들인다는 뜻을 전달할 수 있다. 부모가 아이들의 의견과 선택을 진심으로 존중하는지 아이는 느낌으로 안다. 따라서 아이가 비록 몸집은 작지만, 우리가 늘 존중하고 염두에 둬야 할 의견을 가진 존재라는 사실을 명심하자.

아이는 자기 존재가 부모에게 의미 있고 소중하다는 것을 눈으로 보고 느낄 때 비로소 자기 내면의 소리를 신뢰하게 된다. 부모가 아이로 하여금 자기 생각을 말하도록 격려하고 귀기울여줄 때마다 신뢰는 깊어진다.

"네 생각을 이렇게 잘 정리해서 표현하다니 대단하구나." "우리는 네 행동이 옳다고 믿어."

이렇게 부모가 말해주면 아이는 자신감이 생긴다. 혹시 아이가 지혜롭지 못한 선택을 하더라도 불신감을 드러내는 대신 사실만 담담하게 얘기하자.

"지금은 네가 내린 결정에 대한 교훈을 얻고 있구나!"

이때 불신이 끼어들면 안 된다.

내가 딸에게 늘 강조하는 말이 있다.

"어떤 상황이 닥쳐도 너는 괜찮을 거야. 너는 본래 그런 사람이니까."

나는 무엇보다 삶이 우리를 정신적으로 보호해줄 거라는 믿음을 아이에게 전하고 싶다. 만약 인생이 우리를 깨어있도록 돕는 인큐베이터라고 생각할 수 있다면 아이를 신뢰하지 못할 이유가 없지 않겠는가.

아이는 혼자서도 잘할 수 있다는 것을 부모가 믿고 존중해준다고 느낄 때 엄청나게 큰 힘을 얻는다. 자신이 부모의 신뢰를 받을 만한 가치가 있는 존재라는 걸 알게 되면, 그것은 아이들에게 무엇과도 바꿀 수 없는 소중한 의미로 다가올 것이다. 그러다 보면 자연스럽게 부모의 신뢰에 부응하게 된다.

인생은 중립적, 해석은 선택적

인생 자체는 좋지도 나쁘지도 않고 중립적이다. 하지만 우리가 인생 경험을 어떻게 해석하느냐는 각자 선택하기 나름이며, 그 해석이 경험의 성격에 큰 영향을 미친다.

우리는 알아차림이 있기 전까지는 우리에게 벌어지는 일들을 기존 습관에 따라 거의 반사적으로 해석한다. 세상에 이런저런 의미를 부여하는 것도 세상이 정말로 그래서가 아니라 우리가 그렇게 느끼기 때문이다. 예컨대 고통을 느끼면 그 현실을 '나쁘다'라고 규정한다. 그렇게 함으로써 고통에 대해 어떤 감정을 가질지, 이를테면 슬퍼할지, 분노할지, 상실감에 휩싸일지, 아니면 사랑을 못 받고 있다고 느낄지를 선택하는 것이다. 결국 우리의 선택은 우리가 어렸을 때 받은 오랜 훈련의 결과다.

인생이 우리 앞에 펼쳐지는 모습 그대로 우리를 획기적으로 변화시킬 교훈을 간직하고 있다고 믿을 때, 우리는 더 이상 어떤 경험도 회피하지 않게 된다. 대신에 왠지 모르게 정신적으로 더 발전하고 싶다는 타고난 갈망이 그 교훈을 끌어당긴다고 느끼며 여러 가지 경험을 흔쾌히 받아들인다.

사람들은 자기가 부정적으로 여기는 일들에 대해 스스로 불러들인 결과일 수 있다는 말을 들으면 대개 분통을 터트린다.

"그럼 내 몸에 암이 생긴 것이나 아이가 사고를 당한 것이 다 나 때문이라는 건가요? 지진이나 경기 침체가 어떻게 내 책임이죠? 우발적으로 벌어지는 일들이 어떻게 나 때문일 수 있죠?"

이렇게 많은 사람들이 오해한다.

어느 순간 나는 세상엔 두 종류의 사건, 즉 개인적인 것과 개인적이지 않은 것이 있다는 사실을 깨달은 뒤로 이런 오해가 말끔히 풀렸다. 개인적인 사건은 결혼과 양육, 일, 우정 같은 것들이다. 이것들은 우리가 또 다른 누군가와의 관계를 통해 우리의 현실을 함께 만들어간다는 사실이 꽤 분명히 드러나는 경우다. 여기에는 식습관, 좋아하는 운동, 태도, 의욕 수준 같은 요소도 포함된다. 우리는 세상 일이 우리와 상관없이 그냥 일어난다고 착각하며 살고 싶을지 몰라도, 그 역학관계 속에 함께 있다는 사실만으로도 우리는 우리의 현실을 만들어내는 데 일조한다.

개인적이지 않은 사건은 이와는 조금 다르다. 이 경우에는 어떤 사건이 정말로 우리와 상관없이 그냥 벌어지는 것처럼 느껴진다. 예를 들면 경제 상황, 상사의 언짢은 기분, 이웃집 개 짓는 소리, 내 과실이 전혀 없는 교통사고, 홍수나 태풍 등을 생각해볼 수 있다. 이런 사건들은 우발적이고 예측 불가능한 것처럼 보일 때가 많다. 우리가 알아차리기는커녕 일말의 예고도 없이 갑작스럽게 덮쳐오는 것 같다.

이때 인생이 제멋대로 돌아갈 수 있다는 사실을 받아들이지 못한 채, 우리가 어떻게든 저항하면 그 일들이 마법처럼 우리를 피해갈 것이라고 믿는다면, 우리는 결국 절망과 좌절의 수렁에 빠져들고 만다. 예측할 수 없는 일들이 벌어질 때, 그 상황을 해결할 열쇠는 우리의 대응방식이다. 우리가 받아들이는 선택을 해야 할 순간이 바로 이때다.

인생이 참을 수 없을 정도로 불확실하고 너무나 예측하기 힘들다고 느껴질 때가 있다. 그때는 상황이 너무나 원망스럽고, 급기야 체념하는 태도를 보이기도 한다. 그러나 인생에 알 수 없는 요소가 있다는 것이 우리가 체념해야 할 이유는 아니다. 인생을 통제할 수 없다고 간주하고 운명론을 받아들이는 태도는 전혀 도움이 안 된다.

변덕스러운 인생, 언제 최악의 상황이 닥칠지 모른다며 피해망상에 젖어있을 이유도 없다. 오히려 무엇을 접하든 전적으로 수용하고 매 순간의 가치를 올바르게 이해해야 한다. 삶을 받아들인다는 건 패배감에 젖어 주저앉는다는 뜻이 아니라 '있는 그대로'가 전부인 삶의 이치를 적극적으로 수용한다는 뜻이다. 삶을 있는 그대로 받아들이려면 우리 앞에 펼쳐진 모든 것에 관심을 기울이면서 어떻게 대응할지를 선택해야 한다. 그제야 비로소 우리는 알아차림을 경험하게 되고, 우리가 처한 상황에 영향을 미치게 된다.

깨어있는 삶을 산다는 것은 변화무쌍한 환경에서도 우리의 정신 건강을 완벽하게 통제하고 있다고 믿으며 균형 잡힌 삶을 산다는 의미다. 우리의 중심을 무너뜨릴지 모르는 일들이 벌어진다는 걸 늘 명심하며 외줄 위에서 춤을 추는 것이다. 깨어있는 삶이란 이렇듯 통제와 수용의 경계를 끊임없이 넘나든다는 뜻이다. 불쾌한 일들이 일어나는 것을 알지만, 민감하게 반응할 필요 없다고 여기는 것이다. 우리는 모두 예측할 수 없고, 때로 잔인해 보이기까지 하는 삶의 이치를 받아들여야 하지만, 희생자로 살지 말지는 어디까지나 우리의 선택이다.

우리는 어떤 일들이 '왜' 우리에게 일어나는지 알고 싶어한다. 그 이유를 알면 조금 더 안심할 수 있을 것 같기 때문이다. 그러나 우리는 그 이유를 알지 못한다는 쓸쓸한 현실을 받아들여야 한다. 오랜 카르마의 영향이라거나 우연일 뿐이라고 여길 수도 있겠지만, 사실 인생에서 벌어지는 일들에 대해 우리는 그 이유를 다 알지 못한다. 심지어 이유가 있는지조차 모르는 경우가 대부분이다.

비록 어떤 일들이 왜 벌어지는지는 알지 못한다고 해도, 우리가 해결할 수 있는 아주 개인적이고, 궁극적으로 우리와 더 관련이 깊은 면들이 있다. 예컨대 이렇게 자문해볼 수 있다.

'지금 이 상황에서 어떻게 하면 내가 더 성장할 수 있을까? 내가 무엇을 거부하고 있는 걸까? 내가 발전하려면 무엇을 받아들여야 할까? 이런 혼란은 나 자신과 다른 사람들을 위해 어떤 목적을 수행하는 것일까?'

이렇게 자문하다 보면 어떤 '나쁜' 사건도 성장을 도모하는 유익한 경험으로 바뀌어, 우리가 그전에 아주 나쁘게만 보던 일에서도 정서적으로 풍요로워지는 보물을 얻게 된다. 이런 질문을 던지는 것만으로도 우리는 비난하던 수동적 입장에서 현실을 만들어가는 주도적인 입장으로 바뀔 수 있다. 뿐만 아니라 삶이 우리를 부당하게 괴롭힌다는 피해의식에서 벗어날 힘이 생긴다.

어떤 질문을 선택하느냐에 따라 희생자가 될 수도 있고, 역경을 이겨낸 생존자가 될 수도 있다. 예를 들어 희생자는 이렇게 푸념한다.

"삶은 왜 내게 이런 시련을 줄까?"

반면에 역경을 이겨내는 사람은 이렇게 묻는다.

"어떻게 하면 이 시련을 통해 더 발전할 수 있을까?"

이 말은 인생에서 일어나는 일들 자체가 나를 어떤 사람인지 규정하도록 방관하지 않겠다는 뜻이기도 하다. 우리는 각자의 삶에 적극적이고 창의적으로 대응하는지, 방어적이고 부정적으로 대응하는지에 따라 우리의 운명이 달라질 수 있음을 알아야 한다.

과거의 그림자에서 벗어나는 연습

생각과 감정을 지켜보는 데 유용한 방법이 있다. 바로 일기 쓰기다. 일기를 쓰면 우리의 내면상태와 생각 사이에 약간의 거리를 둘 수 있기 때문에 마음속에서 어떤 일이 벌어지고 있는지, 우리가 얼마나 사건들을 자의적으로 해석하는지 알아차리는 데 도움이 된다.

일기 쓰기가 정말로 효과를 발휘하기 위해서는 '기계적인 글쓰기' 방식이 유리하다. 기계적인 글쓰기란 종이에 어떤 내용을 적을지 생각하지 않고 단순히 의식의 흐름대로 기록해보는 것이다. 매일 일정한 시간을 따로 투자해서 자유롭게 떠오르는 대로 쓰면 된다.

이런 글쓰기는 우리를 사로잡고 있는 에고의 힘을 약하게 만든다. 일기장에 적힌 생각을 보면서 우리는 그것과 우리 자신을 분리시킬 수 있기 때문이다. "이건 생각일 뿐이야" 하고 깨닫는 것이다. 그저 생각에 불과하기에 더 이상 그것에 압도되는 느낌을 받을 필요가 없다. 매일 꼬박꼬박 일기를 쓰는 훈련을 통해 생각과 그 생각에 동반되는 감정을 그저 존재하게 놔둘 뿐 더 키우지 않는 법을 배울 수 있다. 그렇게 함으로써 생각과 감정에 휩쓸리지 않고 그 아래, 우리의 진정한 모습이 존재하는 고요 속으로 들어갈 수 있게 된다.

알아차림은 매일 일정한 시간을 정해놓고 홀로 조용히 앉아 눈을 감고 호흡에 집중하는 것으로도 강화될 수 있다. 이때 들숨과 날숨, 즉 숨이 콧구멍이나 가슴으로 들어가고 나오는 것을 의식하기만 하면 된다. 이렇게 호흡을 의식하면 온전히 지금 여기에 집중할 수 있다. 또한 우리의 생각과 감정도 호흡처럼 잠시 머물고 사라지는 것을 보며 그것들이 단지 생각과 감정에 불과할 뿐이라는 사실을 받아들이게 된다. 생각과 감정은 본래 덧없는 것이니 우리는 거기에 매달릴 필요가 없으며, 우리의 진짜 모습도 아니기 때문에 그냥 내려놓아도 된다는 것을 배우게 된다.

우리의 생각과 감정에 약간의 거리를 두는 이런 단순한 훈련을 통해 그것들을 행동으로 표출하려는 충동 없이 담담하게 경험할 수 있게 된다. 생각과 감정이 일어날 때, 외부 현실에 떠넘길 필요 없이 반응하지 않고 가만히 지켜보게 된다. 이렇게 우리는 과거에 사로잡혀 복잡하게 얽힌 감정으로부터 우리 자신은 물론 다른 사람들까지 보호할 수 있다.

알아차림이 우리 아이들에게는 어떤 영향을 미칠까? 예를 들어 당신에게 다음과 같은 생각이 든다고 가정해보자.

'우리 애는 내 말을 귀담아 듣지 않아.' '나는 부모로서 존경받지 못하고 있어.'

이때 "우리 애는 무례하다"거나 "나는 부모로서 가망이 없다"라고 해석하는 대신 그 생각과 감정을 가만히 지켜보자. 그러면서 '나는 왜 발끈하는 걸까?' 하고 자문해보자. 아마도 아이와 전혀 무관한 당신 삶의 어느 부분에서 무력감을 느끼고 있으며, 아이는 단지 그 느낌을 살려낸 것뿐임을 깨닫게 될 것이다. 어쩌면 아이가 당신이 어렸을 때 느꼈던 절망감과 무력감을 자극했을지도 모른다. 이런 느낌을 알아차리면 아이에게 드는 생각과 감정을 곧장 행동으로 표출하는 대신 좀 더 적절하게 대응하게 된다. 아이의 행동을 교정할 필요가 있을 때조차 맹목적이거나 자의적으로 대응하지 않게 된다.

우리는 모든 생각이나 감정에 일일이 반응하지 않는 법을 배움으로써 아이들에게 자기 생각과 감정에 모두 반응할 필요가 없으며, 다만 스스로에 대해 더 알아가는 기회로 활용하면 된다는 것을 몸소 보여줄 수 있다. 아이들이 자기 생각과 감정을 가만히 지켜볼 때 발휘되는 힘을 발견할 수 있게 되면 내면의 공간이 활짝 열리고 자신의 진정한 모습과도 연결된다.

생각과 감정이 일어나고 가라앉는 모습을 지켜보는 것이 익숙해지면 주변 세상도 그렇게 가만히 지켜볼 수 있게 된다. 그러기 위해서는 현실을 있는 그대로 보는 법을 배워야 한다. 그래야 중립적인 상태로 반응할 수 있다. 어쨌거나 현실은 중립적이며, 어느 방향으로 해석할지는 오로지 우리의 선택에 달려 있다.

이제 호흡에 집중하면서 스스로 이렇게 물어보자.

"나는 현실의 어떤 면을 있는 그대로 받아들이고 싶지 않은 것일까?"

우리가 행동에 나서기 전에 이렇게 내면상태를 점검하면 깨어있는 상태로 대응할 힘이 생긴다. '나'를 개입시키려는 강력한 충동이 사라지게 되니 있는 그대로의 현실이 눈앞에 펼쳐진다. 그런 상태에서는 자유롭게 경험하기만 하면 된다.

삶을 있는 그대로 받아들이지 못하면 억압과 분노처럼 남에게 해가 되는 행동을 하게 된다. 아니면 과식이나 과로, 과음 혹은 운동 중독이나 약물 의

존, 불법 약물 사용처럼 자신을 해치는 행동을 하게 된다. 세상이 자기가 원하는 모습으로 돌아가기만을 기다리면서 말이다. 반면에 삶을 있는 그대로 받아들이는 법을 배우면 가장 평범한 순간조차 아이에게 고집 센 에고의 영향력으로부터 벗어나는 법을 보여주는 소중한 기회가 된다. 예를 들어 요리를 하다가 실수로 달걀을 깨뜨렸을 때 이렇게 말해보자.

"아이고, 달걀이 깨졌네. 엄마가 조심성이 없었구나!"

꽉 막힌 도로 위에 있을 때도 불평을 늘어놓는 대신에 이렇게 말해보자.

"가끔 우리가 어떻게 할 수 없는 일들도 있잖아. 그러니 게임을 하거나 노래를 하거나 아니면 가만히 쉬면서 우리 이 시간을 즐겨보자."

부모가 이렇게 반응하는 모습을 보면서 자란 아이들은 살면서 어려움이 닥쳐도 위기감을 느끼지 않는다. 불안해하거나 감정적으로 반응하지 않고도 그 시기를 잘 견딜 수 있을 뿐만 아니라, 심지어 즐겁게 보낼 수도 있다는 것을 배우게 된다.

그러나 앞에서도 언급했지만 "나는 무척 행복해"라는, 실제와 다른 태도로 삶에 접근하라는 얘기는 아니다. 어떤 상황에서든 있는 그대로 받아들이는 태도를 말하는 것이다. 그러면 그 상황을 모두에게 이익이 되는 방향으로 잘 활용하는 법을 알게 된다. 어쨌든 살다보면 누구나 종종 부당한 상황과 마주할 때가 있지 않은가.

세 살 된 딸과 병원에 갔을 때 일이다. 예약된 진료시간인 오전 7시 30분에 맞춰 병원에 도착했는데, 어찌된 일인지 두 시간 반이나 지나

서야 의사를 만날 수 있었다. 두 시간 반은 세 살짜리 아이에게 너무
나 긴 시간이라 나는 의사에게 솔직하게 불만을 얘기했다. 의사는 사
과하면서 다시는 이런 일이 없도록 주의하겠다고 약속했다. 그날 내가
느낀 대로 솔직하게 말하는 모습을 아이에게 보여준 것은 결과적으로
잘된 일이었다.

중립적인 마음상태에서 반응해야 한다고 해서 그 반응도 꼭 중립적이어
야 한다는 뜻은 아니다. 그보다는 과거에 길들여진 방식을 개입시키지 않되
있는 그대로의 상황에 맞춰 반응하면 된다. 그렇게 지금 여기에서 든 감정을
그 자리에서 해결하면 문제가 되는 것도 내려놓기가 쉽다.

그렇다면 감정을 솔직하게 드러내는 것이 적절할 때와 아닐 때를 어떻게
구분할까? 그것은 우리가 어떤 상태이냐에 달려 있다. 무의식적으로 에고
에 충실하게, 과거에 길들여진 방식을 현실에 강요하고 있는지, 아니면 눈
앞에 펼쳐진 상황에 맞게 온전히 현재에 충실한 반응을 보이고 있는지가
중요하다.

내가 의사에게 한 말은 내가 의식하지 못하는 과거와 상관이 없었다. 단지
적절성과 공정성에 어긋난 상황에 대해 얘기한 것이었다. 그날 나는 내가 지
켜야 할 한계를 지켰다. 내 과거 경험에 연연하며 무작정 감정을 폭발시키지
않은 덕분에 부드럽지만 단호하게 얘기할 수 있었다. 개인적으로 상처받지도
않았고, 상대방에게 상처주고 싶은 충동을 느끼지도 않았다. 내 감정을 솔
직하게 표현한 뒤에는 그 문제를 놔버릴 수 있었다. 혹시라도 다른 누군가의
마음을 바꾸고 싶은 충동을 느끼거나, 반대로 다른 누군가에게 발끈하여 격
분한다면 그것은 깨어있지 못하고 에고에 사로잡힌 것이다.

생각과 감정으로부터 나를 분리해서 결과적으로 외부환경과 거리를 두라는 말이 당혹스러울 수도 있다.

'다른 사람들에게 애정을 갖지 말란 뜻인가?' '아무것도 신경 쓰지 말아야 하나?' '이러다 냉정하고 무심한 사람이 되는 건 아닐까?'

이런 의문이 들지도 모른다. 감정의 소용돌이에서 벗어난다는 게 처음엔 혼란스러울 수 있다. 이런 낯선 마음 상태가 편하게 느껴지고 격한 감정이 사라진 생활에 익숙해지려면 인생이 텅 빈 것처럼 느껴지는 시기를 지나야 한다. 그때는 마치 현실세계와 단절된 것 같다고 느낄 수 있다. 하지만 이내 현실세계와 조금도 끊어지지 않았으며, 오히려 전체적으로 더 긴밀하게 연결되어 있음을 깨닫게 된다.

우리가 격한 감정에 덜 빠져들면 그 모습을 보는 아이들도 닮아간다. 생각과 감정은 그냥 생각과 감정일 뿐임을 알게 된다.

'좋은' 경험과 '나쁜' 경험

우리가 경험을 어떻게 규정하느냐에 따라 전혀 다른 세상에 살게 된다는 점을 보여주는 사례가 있다.

자폐증에 심한 공황장애와 피해망상까지 더해져 고통받는 열여섯 살 남자아이가 있었다. 공황발작이 일어날까봐 몹시 불안했던 아이는 누군가를 신뢰하는 게 대단히 어려웠다. 그래서 낯선 사람을 만나면 과격한 행동을 보이거나 심하게 움츠러들었다. 그러다 보니 또래와 어울리는 것은 물론이고, 집밖으로 나가는 것조차 힘들어했다. 공황장애 발작이 언제 어디서 일어날지 모르기 때문에 그를 데리고 외출한다는 건 엄청난 수고를 각오해야 하는 일이었다. 그렇다고 집에 혼자 둘 수도 없었다. 상태가 좋을 때는 유쾌하고 느긋하고 안정된 모습을 보이지만, 안타깝게도 그런 날은 아주 드물었다.

이 아이의 부모는 내가 만나본 어떤 부모보다도 헌신적이었다. 그들은 장애가 있는 아들을 곁에서 돌보기 위해 자신들의 생활방식을 완전히 바꾸었다. 하루 스물네 시간 아들과 함께 지내면서도 나와 상담한 지난 2년 동안 단 한 번도 인내심을 잃거나 좌절하는 모습을 보이지 않았다. 어느 날 내가 그 아버지에게 물었다.

"어떻게 그렇게 참을성이 강하고 사랑이 넘치고 희생적이세요? 이건 너무 불공평하지 않느냐고 세상에 화내고 소리 지르고 싶지 않나요?"

그는 놀란 표정으로 나를 바라보며 되물었다.

"뭐가 불공평하다는 거죠? 내 아이의 모습이요? 그게 내 아들의 본래 모습인걸요. 아이가 힘들게 하면 내가 더 인내심을 발휘하고, 아이가 겁을 내면 내가 더 다정해야 한다는 뜻이죠. 아이가 불안해하면 내가 더 안심시켜줘야 하고요. 나는 아이가 필요로 하는 걸 해주는 것뿐이에요. 그게 부모로서 내가 여기 존재하는 목적이니까요."

이 아버지는 자기 운명을 기꺼이 받아들이기로 했다. 어떤 경우에도 희생자처럼 굴지 않았고, 이 도전에 맞서 단지 살아남기 위해서가 아니라 이왕이면 성장하는 쪽을 선택했다. 자기가 맡은 책임과 역할을 충분히 이해한 그는 자신이 아들을 어떻게 대하느냐에 따라 그들이 함께하는 현실이 달라진다는 것을 알았다. 어떤 역경에도 굴하지 않고 온힘을 다해 살아가는 그는 인생을 하나의 모험으로 여겼다.

인생이라는 모험에서 승리하는 이들은 삶이 왜 이런 식으로 펼쳐지는지에 초점을 맞추는 대신, 성장하고자 하는 자신의 욕구에 초점을 맞춘다. 현실을 있는 그대로 받아들이면서 인생은 바다와 같아서 파도가 잠잠할 때도 있고, 요동칠 때도 있음을 알고, 그 흐름에 몸을 맡긴다.

"삶은 이러해야 한다"는 목표를 내려놓고, 정서적으로 경직되어 있기보다 유연하게 주변의 에너지를 판단하며, 주어진 상황에 대처한다. 현실을 논리적으로 따지기 전에, 누구도 그 이유를 알지 못한다는 사실을 지혜롭게 인정하며 직관에 따른다. 자신의 의지대로 현실을 바꾸려고 하거나 억울한 희생자처럼 굴기보다는, 무슨 일이든 배우려는 학생의 자세로 접근한다.

이들은 현실이 우리의 바람과 다르게 흘러갈 때 종종 용기와 희망이라는 보석이 빛을 발한다는 것을 안다. 또한 실패를 인생의 가장 훌륭한 스승으로 여기는 철학 안에서 각자의 경험을 바라본다. 이렇듯 모든 것을 성장의 기회로 보면, '좋은' 경험과 '나쁜' 경험은 자기 발전이라는 동전의 양면이 된다.

무엇을 경험할 때마다 거기서 더 높은 차원의 의미를 찾아낼 수 있다고 생각하면 삶의 모든 면이 지혜로운 스승으로 보인다. 인생에서 겪은 최악의 경험조차 우리의 가장 숭고한 모습을 발견할 기회로 느껴져, 우리가 가장 나약해지는 순간에 가장 강력한 변화를 이끌어낸다.

삶을 지혜로운 안내자로 바라보면 인생에서 펼쳐지는 모든 상황이 아이들에게 베풀기와 받아들이기, 겸손과 인내, 용기와 사랑을 가르칠 기회로 넘치게 된다. 우리는 먼지에 가려진 이 기회들을 찾아내기만 하면 된다. 아이가 어떤 경험을 하든 거기에 담긴 정서적 교훈을 발견하도록 가르치면, 아이들은 인생을 열정적으로 받아들이는 법을 배우게 된다. 그때부터는 스스로를 희생자로 여기는 대신 자신감을 갖고 행동하게 된다.

우리가 거의 예상하지 못하고 원하지도 않았던 상황이나 관계에 맞닥뜨리면, 그건 의미와 목적을 새롭게 만들어낼 우리의 능력을 발휘할 기회라고 할 수 있다. 이때는 그 상황이 우리를 이롭게 할 것이라는 무조건적인 믿음이 필요하다. 어떤 상황이든 자기 자신과 주변세계에 대해 새롭게 알아갈 기회가 숨어 있게 마련이다. 틀림없이 더 참을성 있고, 더 겸손해지며, 더 배려심 있는 사람이 될 기회가 있다. 그러니 아이들과 함께 다음과 같은 질문에 답을 해보자.

- 이 경험이 어떻게 네 마음을 열었을까?
- 어떻게 하면 네가 이 경험을 받아들일 수 있을까?
- 혹시 거부감이 들거나 두려움이 느껴지지는 않니?
- 이 경험에서 배울 만한 점은 무엇이니?

부모가 경험을 대하는 모습, 삶에 깊은 의미와 성장할 기회가 가득하다고 여기는 모습을 보고 자란 아이들은 어려움이 닥칠 때 그와 똑같이 대처하게 된다. 모든 경험을 우호적으로 받아들일 뿐만 아니라, 그 경험이 자신의 본모습에 더 가까워지도록 이끌어준다고 믿는다.

부모로서 우리가 이런 철학을 행동으로 옮기면 아이들에게 인생은 두려워하거나 저항해야 할 대상이 아니라, 그 형태와 빛깔 그리고 면면에 무한한 지혜가 깃들어 있다는 확신을 심어주게 된다. 민감하게 반응하거나 맞서 싸울 필요 없이 상황을 받아들이는 법도 가르칠 수 있게 된다. 이렇게 해서 아이들은 인생을 정복해야 할 적이 아니라, 함께 성장해나갈 동반자로 바라보게 됨으로써 인생을 평화롭게 만드는 데 동참하는 법을 배우게 된다.

인생은 우리의 스승이자 안내자 그리고 영혼의 동반자가 되어주려고 여기 존재한다. 우리는 우리의 무의식이 드러나는 것을 알아차림으로써 의식으로 받아들이려고 여기 존재한다. 그러다 보니 우리의 과거가 현재에 다시 나타나기도 한다. 만약 우리가 과거의 그림자로부터 벗어날 수 있다면 우리의 미래도 자유로워질 것이다. 우리 앞에 펼쳐지는 모든 경험은 우리 자신에 대해 더 많은 것을 알려준다. 따라서 현실이 당신이 기대한 대로 펼쳐지지 않을 때는 민감하게 반응하는 대신 스스로에게 이렇게 말해보자.

"받아들이자, 내려놓자, 한발짝 떨어져서 가만히 살펴보자."

생각과 감정은 내면의 상태를 고스란히 반영한다. 그러니 섣불리 반응하기보다 지켜보는 것이 필요하다.

우리는 매 순간 우리의 내면과 연결고리를 만들 수 있다. 홀로 가만히 앉아 있기를 두려워하지 말고 내면의 고요함을 느껴보자. 그러면 무언가를 해석하고 그 해석에 반응하기 전에 멈출 수 있다. 때로 현실은 거칠고 혹독한 방식으로 교훈을 주기도 하지만, 그런 시간조차 우리가 성장하기 위해 무엇이 더 필요한지를 가르쳐주기 위한 것임을 이해할 수 있게 되면 차분한 마음으로 안심하며 받아들이게 된다. 현실의 어떤 면을 좋아하거나 싫어하는지 가려내는 대신 현실의 모든 면이, 심지어 우리를 힘들게 하는 것들까지도 지혜로운 안내자가 되어준다는 사실에 감사하게 된다.

만약 우리가 다른 사람에게서 우리와 같은 모습을 발견할 수 있게 된다면 우리 모두가 서로 연결되어 있으며, 그 연결이 더 확대되기를 바란다는 것을 깨닫게 된다. 우리가 다른 사람들과 조금도 다르지 않으며, 그들을 위하는 것이 결국 우리의 내적 존재를 위하는 길임을 알기에 누구에게나 겸손해진다. 사실 남에게 베푸는 가장 좋은 방법은 자기 내면상태를 알아차리고 받아들이는 것이다.

부모가 아이에게 가르칠 수 있는 가장 값진 교훈은 깨어있는 자신의 모습을 펼쳐 보이며 인생이라는 장場을 보여주는 것이다. 인생이 우리 앞에 제시하는 상황을 지혜롭게 끌어안을 때 성공의 열쇠를 얻게 된다는 사실을 부모가 행동으로 보여준다면, 그것이야말로 아이에게 주는 멋진 선물이다.

부모에게 이런 관점을 배운 아이들은 언제까지나 삶을 우호적으로 대하게 된다. 아이들은 인생의 교훈이 가혹하게 느껴질 때조차 그들에게 도움이 될 거라고 생각한다. 아이들이 모든 경험을 스스로에 대한 알아차림과 성장을 도모하는 기회로 받아들이면, 인생을 친구이자 본모습을 찾아가기 위한 친절한 동반자로 여기는 법도 함께 배우게 된다.

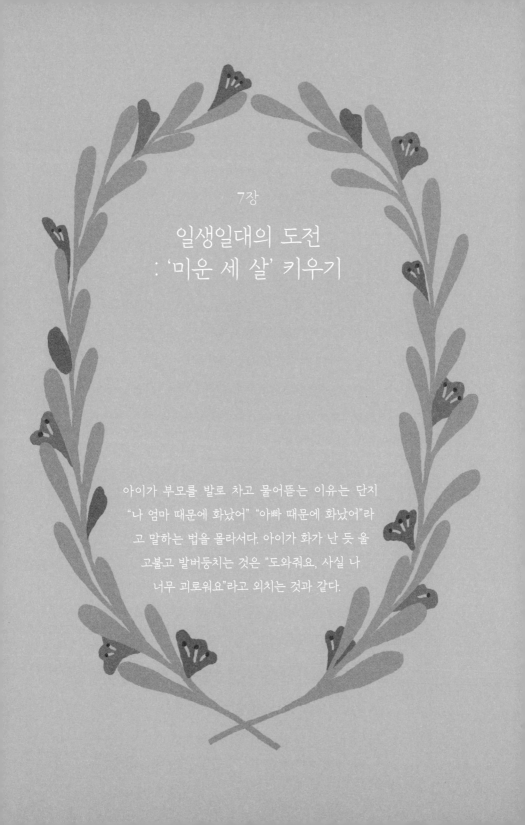

7장

일생일대의 도전
: '미운 세 살' 키우기

아이가 부모를 발로 차고 물어뜯는 이유는 단지
"나 엄마 때문에 화났어" "아빠 때문에 화났어"라
고 말하는 법을 몰라서다. 아이가 화가 난 듯 울
고불고 발버둥치는 것은 "도와줘요, 사실 나
너무 괴로워요"라고 외치는 것과 같다.

부모와 아이는 함께 춤을 추면서 복합적인 방식으로 영향을 주고받는다. 서로의 모습을 다듬고 서로의 마음에 흔적을 남긴다. 바로 그런 이유로 아이들이 각각의 발달단계를 통과할 때마다 부모와 아이 모두 성장할 기회가 무궁무진하다. 특히 부모에게는 스스로에 대해 더 깨어있을 수 있는 관문이 열리는 셈이다.

∨
∨

　일반적으로 소아과에 가도 부모와 아이 사이의 내적 교감에 관한 이야기를 듣지 못한다. 부모는 자신의 무의식을 알아차리기 위해 해야 할 일이나 부모의 무의식이 아이의 발달에 얼마나 큰 영향을 미치는지보다, 어떻게 하면 아이가 읽고 쓰는 법을 빨리 배울 수 있는지, 어느 학교에 다니는 게 좋은지에 더 많은 관심을 기울인다. 부모가 아이에게 기대하는 신체적·지적 발달 지점이 있듯 양육의 여정을 시작한 부모에게도 정신적으로 도달해야 할 중요한 지점이 있다는 사실은 더더욱 조명받지 못한다.

아이의 각 발달단계가 정서적으로나 정신적으로 갖는 의미는 영양상태나 수면 습관, 그밖에 다른 여러 행동에 관한 '실질적' 관심사에 가려진다. 이 때문에 정서적으로나 정신적으로 어느 발달 지점에 있는지 확인하기 위해서는 각 발달단계를 바라볼 때 신체적·인지적 측면을 뛰어넘어, 문제의 본질인 부모와 아이의 정신적 관계를 들여다보는 훈련이 필요하다.

부모가 된다는 건 우리가 지금껏 자기 자신이라 믿어온 정체성을 영영 포기하는 복잡한 과정이다. 자식이라는 새로운 영혼을 받아들이는 데 필요한 내면의 공간을 만들려면 기둥처럼 버티고 있던 우리의 기존 생활방식을 무너뜨려야 한다. 부모가 되기 전의 우리 모습은 예전만큼 힘이 없고, 그렇게 유지될 수도 없다. 아이들이 일단 삶에 들어오면 그 영향력은 지울 수가 없으며, 우리는 거기에 맞춰 자신을 재정비해야 한다.

우리가 아이의 발달단계를 바라볼 때 외부 기준이나 다른 아이들과 비교하는 렌즈를 통해 보는 대신 부모와 아이 모두의 정신적·정서적 성장의 기회로 볼 수 있다면, 부모와 아이는 정신적 동반자로서 서로가 어떤 모습을 보이든 거기서 연대감을 발견하며 이 여정을 함께할 수 있다.

나는 부모의 여정이 주는 정신적 교훈을 두 부분으로 나눠 살펴보고자 한다. 7장에서는 먼저 아이가 태어나서부터 학교에 들어가기 전까지 시기를 다루고, 8장에서는 아이의 학교생활에 대해 다루려고 한다.

갓난아이를 키운다는 것

갓난아이를 안고 집에 도착하는 순간부터 우리의 생활방식은 완전히 달라진다. 우리의 생체리듬을 무시한 채 아기가 원하는 때에 먹여야 한다는 사실 자체가 엄청난 변화다. 자기 권리를 중시하던 한 개인에서 아기를 키우는 존재로 바뀌면서 우리를 둘러싼 영역은 상상을 초월할 정도로 확장된다. 다른 누군가를 사랑하고 돌보기 위해 온 힘을 기울인다는 건 대단히 감동적이면서도 꽤나 충격적인 일이다.

영아기에 정신적으로 중요한 문제는 일체감과 연대감이다. 이 시기에 유대감이 가장 깊게 형성되기 때문이다. 아이와 부모는 리드미컬하게 몸과 마음을 서로에게 맞추며 영향을 주고받는다. 아이의 호흡과 울음, 시선이 부모가 기존에 갖고 있던 고유의 생물학적이고 심리학적인 특징과 어우러지며 새로운 원형이 만들어진다. 환상과 두려움, 억압과 용기를 포함해 부모의 심적 성향이 아기의 세포 하나하나에까지 전달된다. 그 모든 것이 쌓여 피를 더 진하게 하고, 피부를 더 부드럽게 만들며, 근육을 더 단단하게 한다.

부모가 웃을 때 함박웃음을 터뜨리는지, 아니면 망설이듯 미소만 짓는지, 빗방울이 얼굴에 떨어지면 기분 좋게 느끼는지, 아니면 닦아내기 바쁜지, 겁이 나면 담담하게 받아들이는지, 아니면 부끄러워 숨는지, 도전을 즐기는지, 아니면 회의감에 쉽게 굴복하는지, 아기가 울면 어쩔 줄 몰라 당황하는지, 아니면 침착하게 달래는지 등등 아기는 우리의 모든 모습을 알아차리고 흡수한다. 이렇게 해서 자기 인식에 필요한 틀과 주춧돌을 하나둘 쌓기 시작하며, 이때 자신을 돌봐주고 키워주는 사람으로 부모를 처음 인식한다.

영아기에 중요한 건 심리적 안정과 신체적 편안함이다. 아이는 이 시기에 정신적 교감에 필요한 첫 언어를 배우고, 처음으로 자신의 정신적 특징을 새기게 된다. 이때 부모나 초기 양육자가 아이의 신체적 욕구에 어떻게 반응하고 일체감을 형성하느냐에 따라 훗날 부모와 아이의 역학관계가 달라진다. 영아는 아직 자신의 신체적 한계를 알지 못하기 때문에 부모나 양육자의 몸과 계속 가까이 있어야만 안전하게 보호받고 있다고 느낀다. 이러한 경험을 통해 아기는 차츰 외부세계를 신뢰하는 법을 배우고 안정감을 키워나간다.

아기와 부모는 주고받는 행위를 통해 서로의 성장을 도우며 공생하는 법을 배운다. 얼핏 봐서는 부모가 아기를 돌보는 일방적인 관계 같지만, 바로 그 끊임없는 돌봄 과정에서 아기는 우리에게 정신적으로 아주 깊은 곳까지 내려가 볼 기회를 준다. 아기가 돌봐달라고 할 때마다 부모는 자기의 본질을 들여다보게 되고, 거기서 온힘을 다해 베풀고 보살피며 키워낼 능력이 스스로에게 있음을 발견한다. 덕분에 우리는 이기적 욕구에서 벗어나 다른 누군가를 위해 존재할 수 있다는 사실을 배우게 된다. 이런 점에서 아기는 부모의 마음속 깊이 자리잡은 인류애를 비추는 거울과도 같다.

영아기에 부모라는 존재는 마치 아이를 향해 이렇게 말하는 것 같다.

"어디서부터가 너이고 어디까지가 나인지 모르겠어. 낮과 밤이 찬란함과 고단함으로 뒤섞여 흐릿해지고, 나는 고무나 밀랍처럼 아주 말랑말랑해졌지. 네가 원하는 것이면 무엇이든 마다하지 않고 다 들어주니 마치 속없는 사람 같아. 네가 내 곁에 없을 때조차 나는 너를 생각하며 너와 함께한단다. 나는 단 한순간도 너와 떨어져 있지 않을 거야."

자기 발견을 위한 여정

부모가 된다는 것에 대해 어떤 상상을 하든 막상 아이를 키우다 보면 모든 환상이 매일같이 무너져내리는 것을 직접 겪게 된다. 아기 냄새로 가득한 장밋빛 순간들과 아기를 안을 때의 그 누구도 부정할 수 없는 기쁨 그리고 가족이 생겼다는 인식과 대를 잇게 됐다는 느낌까지.

아기는 하루 스물네 시간 내내 곁에서 보살피는 사람을 필요로 하기 때문에, 처음 부모가 되고 몇 년 동안은 행복한 만큼 피곤하고, 하루하루 볼거리가 많으면서도 틀에 박힌 평범한 일상이 이어진다. 아기의 요구에 그때그때 부응해줘야 한다는 것은 심리적으로나 정서적으로 무척 부담되는 일이라 에너지와 분별력이 소진될 우려가 있다. 도와줄 사람이 없다면 더욱 그렇다. 게다가 직장생활까지 겸한다면 가늠하기 힘들 정도로 지쳐서 심리적으로 극한 상태에 내몰릴 수 있다. 더는 내 시간이 없다는 것을 알게 되는 순간, 내 인생 또한 나만의 것이라 말할 수 없게 되었다는 깊은 깨달음에 이르게 된다. 이제 다른 누군가가 운전대를 잡고 있어서 그 누군가의 요구가 더 중요해진 상황이 된 것이다.

젖먹이 아기와 부모의 관계는 영혼이 하나가 되고 운명이 합쳐지는, 대단히 밀접하고 역동적인 춤과 같다. 우리가 마음을 열고 이렇게 생각하면, 아기는 그 작은 발로 아장아장 춤추듯 우리의 중심으로 곧장 파고든다. 우리가 느끼는 애정과 죄책감, 두려움, 혼란, 불안, 피로감의 강도는 예전과 비교할 수 없을 정도다. 지금껏 이렇게 또 다른 존재를 보살펴야 했던 적이 없었던 우리는 이제 쉴 새 없이 베풀어야 하는 궤도에 내던져진다. 덕분에 우리는 자신의 가장 숭고한 모습뿐만 아니라, 가장 밑바닥의 자신과도 만나게 된다. 사랑하고 베풀고 보살필 줄 아는 능력과 더불어 통제와 권력, 평가와 완벽을 추구하는 욕망까지, 그동안 존재하는지도 몰랐던 우리의 면면을 발견하게 된다.

아기는 순간에 충실할 뿐 어떤 계획이나 조종하려는 욕구가 없다. 따라서 우리가 아기를 대할 때는 어떤 반응이 '일어나야 한다'는 환상에 연연하면 안 된다. 아기에게는 매 순간이 완전히 새롭기 때문에 아무 계획이 없고, 따라서 예측도 불가능하다. 어느 날은 밤에 몇 시간씩 잠을 자지 못하고 칭얼대더니 다음날은 깊은 잠을 자고, 어느 날 아침에는 배앓이를 해서 짜증을 내다가도 다음날 아침에는 기분이 좋아서 까르르 웃는다. 특히 일정한 규칙이 자리잡기 전인 생후 6개월까지는 부모가 마음을 열고 계속되는 변화와 혼란을 받아들여야 한다. 아기는 정말로 보이는 모습 그대로다. 그런 아기에게 '다른 모습이었더라면' 하고 바라는 것은 가망 없는 바람이며 엄청난 에너지 낭비다. 아기는 무력해 보이지만 모든 일정과 요구를 손에 쥐고 있다. 부모는 단지 보살피기 위해 존재할 뿐이다.

부모가 아기를 보살피는 건 부모 자신을 위한 봉사이기도 하다. 우리는 매일 아기를 보살피며 우리에게 한없이 넓은 마음이 있음을 발견하고, 무한한 연민과 무조건적인 사랑을 베풀 수 있는 능력도 확인하게 되기 때문이다. 그러나 현재에 충실하게 사는 법은커녕 다른 사람의 욕구에 그토록 열렬히 부응하는 것 또한 익숙지 않기 때문에 아기에게 온전히 집중한다는 것이 우리에게는 어려운 도전이다.

우리는 끊임없이 자기 욕구에 집중하는 데 익숙해서 아기에게 온전히 집중하기가 겁나고 벅찰 수 있다. 그럼에도 불구하고 이 도전을 계속하기 위해 용기를 끌어모은다면, 베푸는 행위로 인해 에고에 대한 집착이 느슨해져 무아의 경지를 경험할 수 있게 된다. 그렇게 우리 아이들이 편협한 에고의 욕구에서 벗어나도록 우리를 이끌어준 덕분에 우리는 이타적일 수 있는 우리의 잠재력과 더 가까워진다.

부모가 자신의 이타적 역량을 받아들이는 것은 아이가 영아기일 때 특히 중요하다. 왜냐하면 이 시기의 아이는 부모의 눈에 비친 모습으로만 자기의 내적 경험이 타당한지를 확인할 수 있기 때문이다. 예를 들어 아이가 투정을 부릴 때 부모가 걱정하는 모습을 보이는 대신 웃음을 터뜨리거나 화를 낸다면, 아이는 심각한 인지부조화를 경험하고 혼란스러워한다. 이때 부모가 안심시키는 목소리로 공감을 표현하며 꼭 안아준다면, 아이는 자기감정을 인정받았다고 느끼고 안정감을 찾게 된다. 이런 식으로 아이는 중심 잡는 법을 배운다.

때로 부모의 정신이 딴 데 팔려서 아이를 진심으로 대하지 못할 수도 있다. 자기 문제를 걱정하느라 아이를 건성으로 대할 때도 있을 것이다. 예컨대 어떤 일로 마음이 속상할 때는 아이에게 긍정적으로 반응하기가 어렵다. 그럴 때는 속으로 이런 생각이 들지도 모른다.

'내 마음속에 태풍이 몰아치는데 어떻게 널 진정시키겠니?' '속으로 울고 있는 내가 어떻게 미소로 답하겠니?' '이렇게 떨고 있는 내가 어떻게 너의 두려움을 달래주겠니?' '내 자신이 이렇게 헤매고 있는데 어떻게 네 자신을 찾으라고 하겠니?'

우리에게도 종종 이런 때가 닥치게 마련이다. 아이를 키우다 보면 머리가 지끈거리거나 가슴이 아프고, 마음에 상처를 받았어도 그런 것들은 다 뒤로 하고 아이의 요구에 집중해야 할 때가 자주 있다. 그럴 때 고통에서 벗어나는 길은 그 고통을 통과하는 것이다. 고통을 외면하거나 억누르는 대신 최선을 다해 '그것과 함께' 있는 것이다.

깨어있는 부모가 된다는 건 항상 '올바르게 행동하는 것'이 아니라 함께 발전해나가는 것이다. 아이들은 무척 관대하다. 그래서 때로 부모가 잘못을 해도 돌이킬 수 없을 정도로 상처받지 않는다. 오히려 우리가 한계를 인정하는 모습을 보이면 아이도 그 모습을 보면서 자신의 한계를 받아들이는 법을 배운다.

우리가 일관된 태도로 아이들을 보살피면서 정신적 동반자이자 친구로서 아이들의 존엄성을 인정해주다 보면 저절로 겸손해지고 감사한 마음이 생긴다. 부모로서 이미 많은 것을 받았기에 돌려주고 싶어진다. 그렇게 함으로써 연대감이 지속되고 정신적으로 새로워지는 선순환이 이루어진다.

당신의 리듬을 회복할 소중한 기회

아기를 키우다 보면 아기가 목마를 때, 배고플 때, 울 때는 물론이고, 옷을 갈아입어야 할 때, 놀고 싶을 때 그리고 자고 싶을 때도 우리가 그 자리에 있어줘야 한다. 이것은 쉽지 않은 일이다. 생활과 관계를 맺는 방식에 있어서 전통적인 방식을 고수하는 사람들에겐 특히 그렇다. 이런 사람들은 말과 논리, 성취를 중시하는데, 영아기의 아이들은 전혀 그렇지 않기 때문이다.

이 시기의 아이들은 말과 논리 영역에서 움직이지 않는다. 수면상태도 아니고 각성상태도 아닌, 그 중간의 애매한 상태로 있기 때문에 전통적인 방식으로는 소통이 안 된다. 그래서 부모 역할이 더 힘든 것이다. 이 어려운 임무에 잘 대응하려면 기존에 알고 있던 관계 맺기 방식을 다 접어두고 아이의 순수한 에너지로 들어가야 한다.

아기는 우리가 잊고 살았던 삶의 리듬을 발견하게 해준다. 아기와 일체감을 경험하려면 지금의 영아기 단계를 우리 삶의 속도를 늦추는 시기로 봐야 한다. 우리는 아기에게 젖을 물리거나 흔들어 재울 때, 혹은 기저귀를 갈아줄 때 마음을 진정시키고 차분한 상태를 유지해야 한다.

아이들의 발달단계 중에서 생산성이 전혀 없어 보이는 이 시기에는 부모가 지금껏 누려오거나 지향하던 위치에 대한 모든 집착을 내려놓아야 한다. 대신에 '지금, 바로 여기'가 유일하게 의미 있는 순간임을 깨달아야 한다. 아기가 "나 여기 있어요. 나랑 여기 있어줘요." 이렇게 요구하기 때문이다.

아기의 요구를 충족시켜주려면 부모는 자신의 다른 모든 욕구를 뒤로 밀어놓아야 한다. 이렇게 달라진 우리의 상황을 전적으로 받아들일 수 있어야만 지금 있는 자리의 아름다움을 발견할 수 있다. 이렇게 대응하다 보면 취미나 친구, 생활방식 또는 경력까지도 이보다 더 중요하진 않다는 것을 알게 된다.

아기의 더딘 속도와 미세한 발달에 맞추려면 부모는 힘들더라도 삶의 속도와 강도는 물론이고 모든 생활방식의 방향까지도 바꾸어야 한다. 그러면 우리는 곧 아기의 삶에서는 '성공'의 기준이 지금까지와는 전혀 다르다는 것을 깨닫게 된다. 한 번의 미소, 한쪽 다리 흔들기, 딸랑이 잡기가 아주 대단한 성공이고 획기적인 사건이다.

어떤 부모에게는 성공의 기준을 바꾸어 작고 평범한 것들을 음미하기가 정말로 벅찰 수 있다. 하지만 아기가 부모에게 주는 진정한 가르침은 이렇게 특별하고 놀랍고 극적이며 요란스러운 것들에 대한 자아의 집착을 내려놓는 과정에서 찾아온다. 아기가 부모를 감수성이 예민한 상태로 이끌어 아이들의 나직한 트림 소리와 한숨, 부드럽고 유연한 몸과 작은 손톱, 커다란 눈망울에 집중하게 하는 덕분에 우리는 평범한 순간을 특별함이 가득한 순간으로 즐기는 법을 배운다.

아이의 발달단계 중 영아기는 부모에게 매 순간 충실히 임하도록 하는 힘을 기르기에 최적기라 할 수 있다. 아기는 에고에 사로잡힌 부모를 영혼의 더 깊은 곳으로 이끄는 능력이 탁월하다. 그 덕분에 우리는 잠깐씩이라도 아이와 함께 있다 보면 얼핏 무의미해 보이는 순간들을 정신적 충만함으로 풍요롭게 채울 수 있다. 이때가 바로 부모의 정신적 울림을 바꿀 절호의 기회다.

아기는 자기를 둘러싼 세상을 단순하지만 깨어있는 상태로 대함으로써 부모에게도 현재에 충실하기를 요구한다. 아기는 부모에게 안아달라고, 자기와 똑같은 표정을 지어달라고, 그냥 포근히 안겨 있고 싶으니 꼭 안아달라고 요구한다. 아기가 말을 알아듣는다면 우리는 이렇게 말했을지 모른다.

"아가야, 너는 내게 온전히 너만 집중해서 바라보라고 하는구나! 피로나 걱정, 근심 다 내려놓고 몸과 마음과 영혼을 다해 여기 있으라고 요구하는구나! 그런데 이것들이 이토록 힘들 줄은 몰랐단다."

우리가 아기를 낳고 처음 몇 년 동안 얻을 수 있는 정신적 교훈을 받아들이지 못한다면, 우리 안의 새로운 면모를 발견할 기회를 놓치게 된다. 그러다 보면 기존 방식에 매달린 채 우리의 일부분만 이 모험에 가담하게 된다. 아이의 발달단계 중에서 정신적으로 대단히 중요한 이 시기가 지닌 진정한 가치에 가 닿으려면 우리는 심호흡을 한 번 하고 영아기라는 바다로 뛰어들어야 한다. 우리가 깊이 빠져드는 만큼 우리가 경험하는 내면의 변화도 깊어진다.

영아기의 정신적 중요성을 겸허하게 받아들이고 그 신성한 공간으로 들어갈 수 있다면, 우리는 보석 같은 결실을 얻을 것이다. 아기만 자라는 것이 아니라 부모도 성장한다. 그러다 보면 이전과는 다른 존재 방식으로 아기를 대하고 자기 자신과 소통할 수 있게 되면서 부모는 자신의 삶 전체와 깊이 교감하게 된다. 과거에 얽매이지 않고, 미래에도 연연해하지 않으며, 오로지 현재를 산다는 것이 정말로 어떤 의미인지 알게 된다.

걷기 시작하면 온 세상이 제 것

영아기는 개성과 일체감, 분리와 통합이 어우러진 춤과 같아서 이때 아이들이 가장 먼저 배우는 것은 부모의 안전한 보호막에 에워싸여 있는 즐거움이다. 그러다 만 두 살로 접어들면 점점 자신의 개성을 찾고자 하고 부모에게서 분리되고 싶어한다. 그러다 학교에 들어가면 전체의 일부가 되고, 함께하는 다수 중 한 명이 되는 법을 천천히 배워나간다.

아이가 자기 개성을 표현하려는 욕구를 드러내기 시작한다는 건 부모가 곧 힘들어질 거라는 신호이다. 두 돌 무렵의 아이들은 정말 막무가내로 부모의 인내심을 시험할 수 있다. 이리 가라면 저리 가고, 일어서라면 앉고, 안 된다고 하면 소리를 지르거나 울고불고 하는 통에 부모는 그 상황에서 벗어날 수만 있다면 무슨 일이라도 하겠다는 엉뚱한 생각까지 할 정도다.

이 시기 아이들은 예측 불가능하고 충동적이며 제멋대로 하려 들면서도, 관심을 받고 싶어하는 때라 변덕스럽고 쉽게 토라진다. 착 달라붙다가도 반항하고, 난폭하고 소란스럽게 굴기도 한다. 우리는 그런 아이를 이런저런 활동에 참여시키고, 친구들과 어울려 놀 수 있게 해주며, 아이의 생일파티를 준비하느라 긴 시간을 쏟지만, 아이는 전혀 고마워할 줄 모르고 그저 더 바라기만 한다. 자기 욕심을 채우는 데만 급급하고, 뭔가 바라는 게 있을 때만 애정을 표현한다. 그러고 나면 곧 언제 그랬냐는 듯 우리를 없는 사람 취급한다.

유아기에는 아이가 온 세상이 제 것처럼 행동한다. 난데없이 성질을 부리거나 이제 막 싹트기 시작한 독립심에 우왕좌왕하는 귀여운 모습까지 그 어떤 것에도 우리는 전혀 준비가 되어 있지 않다. 그러니 아무 생각 없이 즉흥적으로 반응하고 금세 잊어버리거나, 점심을 먹이고 놀아주고 저녁을 먹일 때까지 내내 마음이 쓰이기도 한다. 방금 전까지 천사 같던 아이가 갑자기 미친 듯이 고함을 지르기도 하고, 온순한 아이가 돌연 손가락을 물어뜯는 공격적인 행동을 할 수도 있다.

유아기는 아이들이 정서적으로 불안할 뿐만 아니라 감정을 달래기도 대단히 힘든 시기다. 아이들이 느끼는 공포는 대개 상상에서 비롯되지만, 아이들은 그 공포를 사실로 받아들인다. 또한 자기가 원하는 것을 놀라우리만치 잘 기억하고 그 욕구가 충족될 때까지 고집을 부린다. 그런가 하면 자기가 관심 없는 것에 대해서는 완전히 무시해버린다.

이렇듯 유아기 아이들의 생활은 모든 것이 지나치다. 지나치게 불만이 많고 지나치게 흥분한다. 정서적으로나 신체적으로 대혼란의 시기다. 어수선하고 막연하고 무질서하며 끊임없이 바뀌는 터라 한치 앞도 예상할 수가 없으니 말끔하게 정리된 해답이 있을 리 없다. 유아기의 먼지와 모래, 더러움 등을 한 번에 쓸어낼 수 있는 거대한 빗자루는 세상에 없다.

유아기는 부모와 아이 모두에게 감당하기 힘들다고 느껴질 때가 많은 시기임에 분명하다. 하지만 가만히 지켜보면 아주 멋진 면이 있다. 이즈음에 아이들은 창의성과 호기심, 독립심을 탐구하면서 자기가 어떤 사람인지 느끼는 자아 존중감을 꽃 피우기 시작한다. 누구도 당해낼 수 없는 놀라운 상상력과 무한한 잠재력을 발휘한다. 하늘 높이 날고, 모든 바다를 항해하고, 온 세상을 탐험할 생각에 새벽까지 잠 못 들곤 한다.

아이가 자기 나름의 욕구를 지닌 독립적인 존재로 스스로를 인식하기 시작하면, 부모와 아이 모두 흥미로운 사실을 알게 된다. 바로 아이가 부모의 안전한 품에서 벗어날 수 있으려면 부모가 꼭 움켜쥐고 있는 아이를 풀어줄 수 있어야 한다는 사실이다. 부모가 아이를 놓아주는 것과 여전히 곁에서 지켜봐주는 것 사이에서 섬세한 줄타기를 성공적으로 해낼 때 비로소 아이는 부모와 분리되어 있으면서도 여전히 연결되어 있음을 쉽게 알 수 있다.

생후 초기의 공생관계가 끝나고 부모와 아이가 각자 독립적인 개인으로서 어우러질 수 있는 여지가 생기면, 아이의 고유한 정체성이 활짝 피어나기 시작한다. 이렇게 아이의 정체성이 꽃피는 동안 이런 생각이 들지도 모른다.

'슬슬 너만의 기질이 나타나기 시작하는구나! 그 모습이 나로서는 떨리기도 하고 당혹스럽기도 하고 놀랍기도 해. 너는 이제 정말 너만의 개성을 지닌 사람이구나! 너를 내가 만들었다는 지난날의 망상이 사라지고 있어.'

영아기와 마찬가지로 유아기도 부모에게 정신적으로 성장할 기회를 준다. 이 시기에 부모가 첫 번째로 해야 할 일은 우리가 아이에게 바라는 모습이 아니라, 아이가 자라나는 모습을 있는 그대로 인정하는 것이다. 이를 위해서는 세상에 하나뿐인 내 아이만의 독특한 기질을 제대로 파악하는 것이 중요하다.

유아기 아이들은 다루기 어려운 게 사실이다. 아이는 이때 처음으로 자신을 둘러싼 세상에 권한을 행사할 수 있게 된다. 뭐든 스스로 발견하려는 욕구가 있어서 외부의 수많은 장애물을 직접 부딪쳐보고 싶어할 것이다. 그런 아이들을 가로막는 가장 큰 장애물은 아마도 비현실적인 기대를 품고 간섭하는 부모일 것이다.

유아기에 아이가 독립심을 키워가는 과정에서 스스로 할 수 있는 일을 부모가 막는 경우가 많다. 좀처럼 우리는 아이가 자신의 발달을 주도하도록 내버려두지 못한다. 대신에 계속 아이를 채근하거나 말리거나 둘 중 하나를 반복한다. 아이가 원하지 않는데도 누군가에게 뽀뽀를 하라고 시키고 꼭두각시처럼 움직이게 함으로써 자신이 얼마나 현명한 부모인지를 세상에 과시한다. 그런가 하면 아직 준비가 안 되어 있는 아이에게 책임감 있게 행동하길 바라기도 한다. 부모가 이렇게 자기가 원하는 결과를 얻으려고 아이 주위를 맴돌면서 채근하고 꼬드기는 것은 아이에게서 자발성을 빼앗는 행동이다.

오늘날처럼 복잡한 세상에서 유아로 산다는 것이 어떨지 상상해보자. 모든 것이 빠르게 돌아가고 복잡하게 얽혀 있다. 유아기는 활짝 열려 있는 빈 상자와 같아서 상상력이 마구 피어나고 모든 것이 놀이가 된다는 사실을 부모는 너무 쉽게 잊어버린다. 아이들에게 걷기, 말하기, 혼자서 변기 사용하기 등을 가르치기 바빠서 순간에 머무는 기쁨을 놓친다.

유아기 아이를 키우는 부모는 마음 놓고 한숨을 쉬거나 휴식을 취할 틈이 없다. 아이는 부모에게서 떨어지지 않으려고 우는 소리를 하다가도 금세 토라져 반항한다. 자기 욕구의 세계로 부모를 끌어당기다가도 그 욕구가 채워지면 언제 그랬냐는 듯 우리를 밀어낸다. 이런 행동을 통해 아이는 부모에게 어떤 이상적인 모습이나 기대에 집착해서는 안 된다고 가르친다.

유아기의 가장 두드러진 특징은 끊임없는 변화라는 점에서 유아기 아이를 둔 부모에게 가장 중요한 정신적 도전 중 하나는 알지 못하는 상태, 즉 온전히 새로운 것들을 발견해나가며 살아가는 것이다. 이를 위해서는 예전 모습과 아직 발전해나가는 현재 모습에 두 발을 걸친 듯한 상황을 편하게 받아들일 수 있어야 한다. 현명한 부모는 미지의 세계에서 사는 법을 배운다. 유아기 아이와의 삶 자체가 갑작스럽고 불확실하며 상상해본 적 없는 상황으로 계속해서 초대하는 셈이기 때문이다.

아이들은 매 순간 기발한 방식으로 반응하면서 부모에게 용기를 내어 새로운 세상을 받아들이라고, 우리 자신을 위해 좀 더 진솔한 모습으로 살아가라고 요구한다. 우리는 세상을 향한 아이들의 지칠 줄 모르는 호기심을 지켜보면서, 우리도 다 내려놓고 순간에 몰두하며 호기심과 경외감을 품고 멋지게 살 수 있다는 사실을 다시 깨닫는다.

절제의 씨앗을 뿌리는 시기

유아기는 아이가 무한한 모험을 하도록 허용하면서도 동시에 자신의 한계를 파악할 수 있도록 도와주어야 하는 시기이다. 영아기와 아동기의 중간인 유아기에는 논리나 이성을 알지 못한다. 모든 것이 본능적인 차원에서 일어나기 때문에 닥치는 대로 충동적으로 행동하는 경우가 많다. 이렇게 마구 에너지를 방출하는 아이에게 한계라는 개념을 가르치기란 쉽지 않은 일이다. 그럼에도 유아기는 우리가 처음으로 절제의 씨앗을 뿌려야 하는 시기이다. 아이가 이 시기에 이르면 우리는 이런 생각을 한다.

'너는 끊임없이 나를 시험하는구나! 얼마나 요구해야 내가 굴복할지, 얼마나 크게 소리를 질러야 내가 그만하라고 할지, 얼마나 떠들어야 내가 입을 다물라고 할지 확인하려고 말이지. 너는 지금 널 둘러싼 세상의 경계를 알아가고 있는 게지. 때로 나는 네게 한계를 알려주는 게 망설여질 때도 있어. 너는 슈퍼히어로가 되고 싶고, 그럴 수 있다고 굳게 믿고 있잖니. 나도 네 상상력이 훨훨 날아오르게 하고 싶단다. 하지만 널 말리고, 너의 확신에도 불구하고 창밖으로 날아가는 건 불가능하다는 사실을 알려줄 수밖에 없구나!'

유아기 아이에게 처음으로 한계와 절제, 타협에 대해 알려주는 것은 사춘기 자녀와의 기 싸움만큼이나 힘겨울 수 있다. 아이가 처한 상황이 위험해져 갈 때 어떻게 하는 것이 아이의 호기심에 한계를 두는 최고의 방법일까? 어디쯤에서 선을 그어야 할까? 대체 어느 정도면 넘치지도 부족하지도 않은 것일까?

아이가 유아기에 접어들면 영아 때와는 요구하는 게 크게 달라지는 것을 부모는 금세 알아차릴 수 있다. 부모가 "안 돼"라고 말할 때, 아이가 그 말을 이해하면 이제 허용되는 행동과 그렇지 않은 행동의 개념이 생긴다. 다만 이때 "안 돼"라는 말이 제대로 전달되고, 얼마나 일관성 있게 적용되느냐에 따라 향후 만들어질 행동에 대한 부모와 아이 사이의 역학구도가 달라진다.

영아기와 달리 유아기 때는 부모의 역할이 단지 보살피고 곁에 있어주는 것이 아니다. 부모는 단호하고 일관된 모습을 보여주고, 가끔 필요할 때는 악역도 해야 한다. 아이가 유아기일 때 부모가 절제의 씨앗을 뿌리지 못하고 아이가 아동기가 되고난 다음에야 하려고 하면 훨씬 힘들다.

나중에 더 깊이 다루겠지만, 절제를 하려면 알아차림이라는 탄탄한 근육이 필요하다. 절제를 위한 훈련도 전부 궁극적으로는 매 순간 알아차리는 것과 관련이 있다. 부모가 이를 염두에 둘수록 아이의 영혼을 파괴하지 않고 절제하도록 가르칠 수 있으며, 부모의 권위를 행사할 때도 깨어있는 상태로 아이와 교감하며 성장을 도모할 수 있다.

예컨대 아이가 떼를 쓰기 시작하면 멀찌감치 떨어져 있거나 (그렇게 해도 안전에 문제가 없는 장소라면) 차분하게 옆에 서서 지켜보는 방법이 있다. 어떤 상황에 어떤 방법이 가장 효과적일지는 아이의 반응에 따라 판단해서 결정해야 한다. 아이의 반응은 발달단계와 성향에 따라 다르겠지만, 부모가 어떤 조치를 취하든 아이에게 넘어서는 안 될 한계가 있음을 일깨워줄 수 있어야 한다. 어떤 방법을 택해야 할지는 부모의 날카로운 알아차림이 안내해줄 것이다.

그런데 여기서 말하는 절제란 정확히 어떤 의미일까? 아이가 깨물면 안 될 것을 깨물거나 떼를 쓸 때, 부모는 절제에 초점을 맞추고 이렇게 말해야 한다.

"아니야, 이러면 안 돼."

아마도 끊임없이 "안 돼"라고 말하는 자신을 발견하겠지만, 그렇게 말하는 것이 쓸데없는 짓이라는 생각은 결코 하지 말자. 점잖게 말하는 것도 중요하지만, 한계를 정할 때는 일관되고 단호한 모습을 보여야 한다. 우리는 유아기 아이가 여전히 꿈을 꾸는 것 같은 상태에 있다는 사실을 명심하며, 아이에게 충격을 줘서 꿈을 깨게 하지는 않더라도 아이가 살면서 넘지 말아야 할 선을 긋기 시작해야 한다.

아이가 부모를 발로 차고 물어뜯는 이유는 단지 "나 엄마 때문에 화났어" "아빠 때문에 화났어"라고 말하는 법을 몰라서다. 아이가 화가 난 듯 울고불고 발버둥치는 것은 "도와줘요, 사실 나 너무 괴로워요"라고 외치는 것과 같다.

만약에 부모가 감정 표현을 겁내고 불안해한다면 아이가 자기 내면상태에 잘 대응하도록 도와주기가 어렵다. 이 말은 아이가 원하는 것을 거절당했을 때 몸에서 일어나는 감정에 대처하는 법을 가르쳐줄 수 없다는 뜻이다. 다행인 점은 이 시기에 아이의 어휘 수가 기하급수적으로 늘어나기 때문에 언어를 매개로 역할놀이와 스토리텔링을 결합한다면 아이를 상상의 세계로 초대해 현실세계를 이해시킬 수 있다. 부모가 이렇게 대응한다면, 아이는 견디기 힘든 감정들도 이겨내고 다시 차분한 상태로 돌아갈 수 있다는 것을 배우게 된다.

유아기의 아이는 자기가 산을 오르고 달에도 갈 수 있다고 믿고 싶어하지만, 그와 동시에 엄청난 삶 앞에서 무력감을 느끼는 것도 사실이다. 아이의 이런 감정을 누그러뜨리려면 유아기에 규칙적인 일상이 더 자리를 잡고 경계도 더 확실하게 구축해야 한다. 그러다 보면 아이는 자연스레 걷고 말하고 제 손으로 먹고 대소변을 가리고 자기 침대에서 씩씩하게 자는 것을 배운다. 그리고 때가 되어 어린이집이나 유치원에 다니게 되면 부모인 우리와 점차 분리될 것이다.

아이는 태어나서 1년 정도는 부모와의 일체감을 즐기고, 유아기에는 자신의 개성을 탐구하면서 자기를 둘러싼 좀 더 넓은 세계와 분리되면서도 여전히 교감하는 법을 배우기 시작한다. 그러다 아이가 학교에 들어가면 부모는 아이와 함께 정신적으로 성장할 새로운 기회를 얻게 된다.

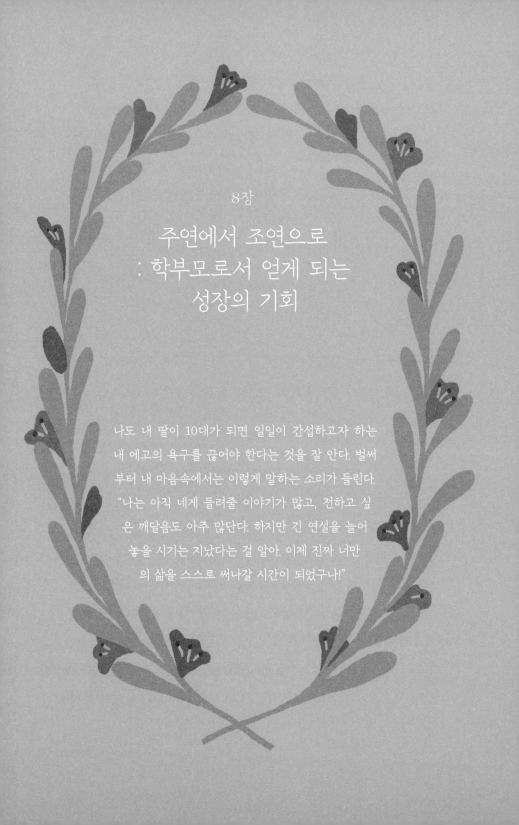

8장

주연에서 조연으로
: 학부모로서 얻게 되는
성장의 기회

나도 내 딸이 10대가 되면 일일이 간섭하고자 하는
내 에고의 욕구를 끊어야 한다는 것을 잘 안다. 벌써
부터 내 마음속에서는 이렇게 말하는 소리가 들린다.
"나는 아직 네게 들려줄 이야기가 많고, 전하고 싶
은 깨달음도 아주 많단다. 하지만 긴 연설을 늘어
놓을 시기는 지났다는 걸 알아. 이제 진짜 너만
의 삶을 스스로 써나갈 시간이 되었구나!"

초등학교에 입학하며 처음 몇 년간은 매일 방대한 양의 지식을 배우느라 아이들이 버거워하기도 하지만, 한편으로는 해방감을 느끼기도 한다.

　이 시기 아이들은 마치 퇴행기를 거치듯 부모에게 매달리다가도 어느 순간 태도를 바꿔 부모를 거부하고 친구들하고만 어울리려 한다. 이랬다저랬다 하는 것 같지만, 아이가 독립적이고 자유로워진 면이 있는 만큼 부모에게 원하는 것이 많고 의존적인 면도 아직 남아서 그렇다. 천사같이 고분고분하기도 하지만, 반항적이고 도전적인 모습도 보인다. 또 극도로 신경질적이고 변덕스러운 면이 있지만, 놀랄 만큼 성숙한 면모를 보이기도 한다.

　내 딸이 이 시기에 접어들었을 때, 나는 문득 이런 생각이 들었다.

　'너에게 갑자기 친구들이 생겼구나! 예전만큼 엄마는 중요하지 않겠지. 그래서 마음이 놓이면서도 섭섭하기도 하구나! 이제 우리가 얼마나 단단하게 연결되어 있는지 알게 되겠지.'

　사회화가 일어나는 이 시기에 아이들은 부모의 도움 없이도 친구들과 잘 어울리고, 학교 규칙을 지키며, 정해진 교과과정에 참여하고, 자기감정을 조절하는 법을 배운다. 또한 친구들이나 선생님들과의 관계를 통해 자신이 어떤 사람인지 알아가기 시작한다. 자신의 정체성을 확인하는 데 가족이 아닌 외부 사람들과 스스로의 판단에 의존하는 것이다.

이 시기 아이들은 실험정신이 강한 만큼 두려움도 자주 느끼고, 의욕이 넘치는 만큼 혼란스러워하는 면도 있다. 이때는 무엇이 옳고 그른지 알고 싶어 하지만, 관계에 대한 갈증이 훨씬 심하다. 어쩌면 부모로서는 이 시기가 성가실 수 있다. 아이의 학교와 친구들, 선생님 등 우리의 취향과 매우 다를 수 있는 아이의 인생 요소들과 엮일 수밖에 없기 때문이다.

하지만 우리가 깨어있다면, 이 시기 또한 아이의 행동에 깊은 영향을 미칠 수 있는 기회다. 이때 우리는 아이들에게 바라는 미덕, 예를 들면 관대함, 연민, 공감, 알아차림, 집중력 등을 갖추도록 북돋워줄 수 있다.

이 시기는 아이들이 나중에 경험할 어른의 역할을 처음으로 시험해보는 때이기도 하다. 따라서 현명한 부모라면 아이의 현재 모습에 대해 탄탄한 시각을 제공하는 지원자 임무를 충실히 수행할 것이다. 인생이라는 드라마 안에서 아이를 대할 때, 아이의 인격이 원만해지도록 부모가 윤곽을 그리는 것이 중요하다. 이때 제대로 가르치지 못하고 나중에 아이를 탓하면 안 된다. 아이가 요구하는 대로 우리가 지원해주면 아이는 자기 개성은 물론이고, 경쟁력과 가치 그리고 한계까지도 스스로 깨닫는다.

아이들이 처음으로 자기 날개를 펼쳐보는 시기도 바로 이때다. 따라서 우리는 우리의 욕구나 편견에 아이들을 옭아매지 않도록 각별히 주의해야 한다. 물론 어쩌면 우리가 아이들이 날아갈 방향이나 속도에 영향을 줄 수는 있을 것이다. 그러나 변치 않는 중요한 사실은 아이들이 날아오를 준비가 되었다는 점이다.

중학생 아이를 위한 부모의 도전
: 그냥 옆에서 지켜보기

아이가 중학생이 되면 지켜보는 부모가 괴로울 정도로 엄청난 변화를 겪는다. 아이의 고통과 혼란, 흥분과 열정이 그대로 보인다. 부모는 아이가 앞으로 겪게 될 일들로부터 방패막이가 되어주려고 하지만, 아이는 모든 것을 직접 경험해보고 싶어서 과감히 달려든다.

이 시기는 아이들이 자기 정체성을 송두리째 점검하는 과도기이기도 하다. 아이들이 정체성에 혼란을 겪으니 부모도 똑같이 불안해진다. 부모는 아이들이 날로 성숙해지는 몸과 이제 막 싹트기 시작한 지성 사이에서 씨름하다 갑자기 생각지도 못한 쪽으로 방향을 틀어 발달해가는 모습을 지켜봐야 한다. 정신 발달이 신체 발달을 따라가지 못하니 몸은 성숙하지만 정신적으로는 그에 대한 준비가 안 되어 있다. 왕성한 호르몬 분비로 활기가 넘치지만, 한편으론 불안감에 마음이 복잡해서 붕 떠 있는 것처럼 느껴진다. 전에는 세상이 흑과 백으로 아주 선명하게 보였는데, 이제는 자기 인생을 어떤 색깔로 칠해야 할지 몰라서 답답하다.

이제 아이들은 예전만큼 부모에게 의지하지 않는다. 아이들은 성장하는 중이고 그럴 공간을 요구한다. 따라서 우리는 주도권을 내려놓고 뒤로 물러나는 대신 연대감을 유지하는 데 집중해야 한다. 지나치게 권위적인 부모가 아니라 언제나 곁에 있어 주는 동반자가 되어야 한다. 아이들은 부모가 손을 꼭 잡아주되 앞장서기를 바라지는 않는다. 울고 있을 때 부모가 곁에 있어주기를 원하지만, 왜 우는지 설명하기는 어렵다.

우리는 아이가 매달리면 받아주되 사생활은 존중해야 하고, 자기 자신은 물론 부모에게 반감을 드러낼 때도 받아줘야 한다. 아이가 이치에 맞지 않는 행동을 하더라도 이해해야 한다.

아이는 혼란스러운 감정이 출렁이는 위험한 바다에서 부모가 함께 헤엄쳐주기를 원한다. 자기가 구명조끼를 계속 멀리 던져버릴 때조차도 우리가 함께해주기를 원한다. 아이는 우리를 미칠 지경으로 내몰면서도 우리가 차분함을 잃지 않기를 요구한다. 우리의 의견을 구할 때조차 우리가 조용히 들어주기만을, 생각이나 해석 따위는 접어두고 가만히 곁에 있어주기를 바란다. 자기가 자꾸 잊어버리고 산만하게 굴어도 다 호르몬 때문이라고 우리가 이해하고 용서해주기를 바란다. 사소한 반항은 건강한 발달의 일부라 여기고 눈감아주기를 바란다. 또한 자기를 더 이상 어린아이로 여기지 않고 이렇게 말해주기를 원한다.

"아무리 겁이 나도 넌 이제 혼자 걸어갈 준비가 됐단다."

이 시기는 아이들이 또래끼리 몰려다니고 풋풋한 사랑에 빠지기도 하는 때다. 그러다 보면 그들만의 사회정치 구조 안에서 배신과 거절, 상심의 아픔을 견뎌야 할 수도 있다. 아이들은 친구들과 잘 어울리고 싶어하기 때문에 친구 관계가 아이의 성격에 큰 영향을 미친다. 이때 우리가 할 일은 그저 곁에서 지켜보며 아이의 불안을 감싸주는 것이다. 아이가 겪고 있는 일들을 과소평가 하지 않으면서도 희망을 붙들고 있어야 한다.

아이는 감정의 파도를 헤쳐나갈 때 부모가 흔들림 없이 옆에 있어주기를 바란다. 우리는 아이의 인생을 바로잡으려고 애쓰지 않고 그맘때쯤의 혼란을 이해해주기만 하면 된다. 그러면 아이는 자기감정을 다스리고 제 나름의 대응 전략을 세우는 법도 배운다. 부모의 이런 태도는 아이에게 다음과 같이 말해주는 것과 같다.

"몸도 마음도 제멋대로라 닻을 잃은 배처럼 불안하겠지만, 내가 여기 네 곁에 있으면서 네 본모습을 비춰줄게."

만약 우리가 아이의 폭풍 같은 감정에 휘말리고 아이를 지켜보며 불안에 휩쓸린다면, 아이가 이 어려운 시기를 잘 헤쳐나가도록 도울 수 없다. 아이가 정체성 혼란을 겪을 때마다 우리 역시 불안하고 조바심이 나겠지만, 그럼에도 아이는 지금은 그럴 수밖에 없는 시기임을 부모가 이해하고 흔들리지 않기를 바란다. 부모에게는 시시해 보일 수 있는 문제들, 이를테면 외모와 친한 친구가 몇 명인지 혹은 사이가 나쁜 친구는 몇 명인지, 선생님에게 칭찬을 받았는지, 자신이 얼마나 똑똑한지, 친구 생일파티에 초대받았는지, 졸업 무도회에 함께 갈 파트너 신청을 받았는지 등이 아이에게는 무척 민감한 문제다. 혹시라도 우리가 그런 것들은 전부 대수롭지 않으니 신경 쓰지 말라고 말한다면 아이와 멀어지게 된다. 왜냐하면 아이는 이 피상적인 것들이 바로 자신이라고 믿기 때문이다. 따라서 이 시기엔 아이의 상태가 지극히 정상적이라는 걸 확인시켜주고, 그들의 빛나는 용기를 대견하게 바라봐주는 것이 부모의 정신적 의무다.

이 시기 아이들만의 또 다른 사회정치적 측면이 바로 패거리 문화다. 아이들은 어떤 무리에 끼고 싶다는 욕구에 자기 영혼을 팔려고 할지도 모른다. 또래에게 인정받고 싶은 바람이 너무 간절해서 신념을 포기하고 다른 아이들이 중요하다고 하는 것들을 따라하기도 한다. 아이가 학교에서 유명해지고 싶어서 '잘나가는 무리'의 일원이 되려고 안간힘을 쓸 때, 자기가 진정 원하는 모습과 다른 옷을 입고 음악을 듣고 행동을 하더라도 우리는 말없이 지켜봐야 한다.

아이는 우리에게 최신 유행하는 물건이나 옷을 사달라고 조르며 이렇게 말할 것이다.

"다른 애들은 다 있어. 나만 없으면 따돌림을 당할지도 몰라."

그러면 부모는 아이가 친구들과 잘 어울리기를 바라는 마음에 아이의 끝없는 요구를 들어주게 된다. 그러다 보면 아이에게 내가 무엇을 가졌는지, 인기 있는 친구들이 나를 어떻게 평가하는지와 같은 외적 요인이 한 사람의 자아 존중감을 유지하는 데 대단히 중요하다는 인식을 심어주게 된다. 하지만 부모가 아이의 요구를 다 들어주지 않고, 가진 물건이나 어떤 집단에 속한다는 사실보다 내면의 가치에 기대는 법을 가르칠 수 있다면 아이는 맹목적으로 무리를 따르지 않는 법을 배운다.

고등학생 아이를 위한 부모의 도전
: 절대적인 신뢰와 지지 보내기

아이가 중학교 시절을 지나면 그동안 어떻게 자랐는지 그 결과가 서서히 나타나기 시작한다. 한 번도 일어날 거라고 상상도 하지 못했던 일들을 겪고 나면 우리는 부모로서 굴욕감과 죄책감, 분노를 경험하고 방어적인 태도를 보인다. 아이를 위해 그토록 희생했건만 이토록 속수무책이라니! 이즈음 아이에게 약을 먹이거나 심리 치료를 받게 하려고 전문가를 찾는 부모가 많은 건 당연한 일일지도 모른다.

아이가 10대 중반에서 후반으로 넘어갈 때, 우리는 아이에게 품었던 기대를 조정해야 한다. 이제부터는 술에 취해 토하는 아이를 욕실에서 끌어내거나 병원에 데려가야 하는 등 여태 남들만 겪는 줄 알았던 문제에 대처해야 하기 때문이다.

이런 일들이 벌어지기 전까지 부모와 아이 사이가 어땠는지는 아이의 이런 기막힌 행동들과 무관해 보이지만, 실제로는 밀접한 관련이 있다. 그래서 부모들이 찾아와 "우리 아이가 왜 이렇게 다른 사람이 됐는지 모르겠다"라고 하소연하면 나는 이렇게 대답한다.

"아이는 예전과 똑같아요. 하루아침에 다른 사람으로 바뀐 게 아니에요."

이 단계의 아이들은 어느 때보다 자기 성격과 고집을 드러내고 자기 권리를 주장하기 시작한다. 그렇다고 아이들이 하루아침에 까칠한 10대로 변하는 것은 아니다. 그동안 그 씨앗이 쭉 뿌려지고 있었던 것이다. 이 시기 아이들은 자신의 충족되지 않은 욕구에 신경을 쓴다. 안타깝게도 이제까지 부모의 진정한 보살핌을 받지 못했다면, 아이들은 건전하지 못한 방식으로 그 욕구를 채우려고 한다.

만약에 당신이 엄격한 부모라면, 아이는 이제 도망치려 할 것이다. 반대로 너무 받아주기만 해서 절제하는 법을 가르치지 못했다면, 아이는 완전히 제멋대로 행동하려 할 것이다. 혹시 아이를 방치하거나 소홀히 대했다면 이때 아이는 당신과의 소통을 거부할 것이다.

다행인 것은 10대 아이들과 그 부모를 상담해본 결과, 아이들의 상처를 치유하기에 지금도 늦지 않았다는 점이다. 물론 10대는 경계심이 강해서 치유되기가 상대적으로 어렵긴 하다. 그럴수록 부모는 아이가 반항하는 이유가 오랫동안 동등한 인격체로 인정받지 못하고, 부모와 제대로 교감하지 못해서임을 이해하고 아이가 주는 고통을 견뎌야 한다. 그리고 이렇게 기꺼이 받아들여야 한다.

"네가 필요할 때 곁에 있어주지 못했구나! 이제라도 우리의 관계를 회복하려면 내가 어떻게 해야 하는지 알려주렴."

그런가 하면 이 시기는 부모가 아이에게 쏟아부은 애정의 결실을 거두는 때이기도 하다. 만약 당신이 지금까지 아이의 진정한 욕구에 귀 기울이고 아이의 본질적인 면을 북돋워주었다면, 이제 아이가 배운 대로 실행하는 모습을 지켜보는 기쁨을 누릴 것이다. 나는 이 책을 읽은 수많은 부모들이 10대에 접어든 아이를 바라보며 이렇게 말할 수 있었으면 좋겠다.

"너는 그 시절의 나보다 더 크고, 더 영리하고, 더 힘차게 성장하고 있구나! 네 본모습을 깊이 이해하고 있는 너는 아주 강한 사람이야. 이렇게 자라주다니, 정말 놀랍구나!"

이 시기에 부모는 아이를 무조건 믿어야 한다. 아, 정말이지 부모의 믿음을 시험하는 때다! 10대 아이들은 감정의 대혼란을 겪는다. 놀라운 속도로 계속 성장하면서 반# 어른의 세계를 탐색한다. 일자리를 얻고 혼자 외국으로 여행을 떠나거나 대학에 들어가기도 한다. 사랑에 빠지고 헤어지고 차이고 온갖 종류의 신체적·심리적 한계를 시험하는 것 또한 대혼란의 일부분이다. 그럴수록 그 어느 때보다 부모의 지지가 필요하다.

통제하고 싶은 유혹을 떨쳐내야 하는 이유

고등학생이 된 아이의 행동을 보면 우리는 이따금 부모로서 더 강하게 통제해야겠다는 유혹을 느낄 수도 있지만, 그래도 기다려야 한다. 지금이야말로 그동안 우리가 가르치고 주입한 모든 도덕과 가치를 아이들이 제대로 드러낼 기회이기 때문이다. 아이들은 스스로 날개를 펴고 최소한 동네 한 바퀴라도 날아볼 필요가 있다. 부모는 아이를 받아들이되 옭아매지는 말아야 한다. 아이들은 언제든 집으로 돌아와도 된다고 느껴야 하지만, 언제든 자유롭게 날아오를 수 있다는 사실을 아는 게 더 중요하다.

˅
˅

나도 내 딸이 10대가 되면 일일이 간섭하고자 하는 내 에고의 욕구를 끊어야 한다는 것을 잘 안다. 벌써부터 내 마음속에서는 이렇게 말하는 소리가 들린다.

"나는 아직 네게 들려줄 이야기기 많고, 전하고 싶은 깨달음도 아주 많단다. 하지만 긴 연설을 늘어놓을 시기는 지났다는 걸 알아. 이제 진짜 너만의 삶을 스스로 써나갈 시간이 되었구나!"

학과 선택이나 친구, 취미 등은 이제 아이들이 알아서 할 일이지, 부모가 신경 쓸 일이 아니다. 물론 우리는 아이들이 잘못된 선택을 해서 손해를 보게 될까봐 두려울 수 있다. 이는 언제나 위험이 따르는 일이지만, 부모로서 우리가 할 수 있는 선택의 범위는 제한적이다. 만약 아이가 학교생활을 제대로 못 하거나 도통 의욕을 보이지 않는다면 그것은 뭔가 문제가 있음을 알리는 신호다. 이때 우리가 할 수 있는 반응은 단 하나, 받아들이는 것뿐이다. 적절한 조치를 취하는 것은 그다음 문제다. 만약 아이가 원한다면 별도의 도움을 줄 수도 있지만, 무엇보다 중요한 건 부모의 정서적 지지다.

아이가 설령 인간관계나 다른 일들에 잘못된 선택을 하더라도 이 시기에 우리가 취해야 할 전략은 받아들이기다. 만약에 우리가 통제하려고 하거나 독단적인 태도로 대응한다면 아이들은 더 멀어진다. 부모가 덜 엄격할수록 아이들과의 관계를 유지하는 데 유리하다. 부모가 고압적이고 소유욕이 강하면 아이들을 부정적인 행동으로 내몰게 될 뿐이다.

내가 이렇게 말하면 부모들은 당연히 되묻는다.

"그럼 아이들이 마약을 하거나 자퇴를 해도 내버려두라는 뜻인가요?"

그러면 나는 이렇게 설명한다.

"아이들이 부모의 허락을 구하는 시기는 지났어요. 아이들은 이제 자기가 하고 싶은 대로 할 테고, 그것은 아이들이 어떻게 자랐는지와 직접적인 연관이 있지요. 이 시점에서 우리는 아이들의 인생을 조종할 수 있다는 착각에서 깨어나야 합니다. 아이들에게 다시 다가가는 유일한 방법은 무너진 관계를 회복하는 것밖에 없어요."

고등학생 자녀를 둔 부모에게 가장 중요한 정신적 교훈은 아이들과의 관계를 진정한 유대 관계, 동반자 관계로 돌려놓아야 한다는 것이다. 거듭 말하지만 핵심은 '신뢰'다. 이때는 우리가 두려워하거나 불안해하는 것이 아니라 확신을 가져야 한다.

"이제 나는 예전과 달리 편하게 앉아서 즐거운 마음으로 너를 지켜볼 수 있어. 마침내 우리는 과거의 역할에서 벗어나 서로 자유롭게 풀어줄 수 있게 된 거야. 자, 나와 새로운 관계를 맺을 준비가 됐니? 내가 너의 동반자가 되는 그런 관계 말이야."

부모가 만약 아이에게도 사생활이 있고 사적 공간이 필요하다는 사실을 존중해주지 않으면 아이는 마음의 문을 닫아버린다. 아이는 부모가 선을 넘었다고 느끼면 아무리 좋은 이야기를 해줘도 귀를 닫아버린다. 아이는 우리가 경고와 불신만 내보이면 더 이상 고민거리를 털어놓지 않는다. 따라서 우리는 우리의 뜻을 강요할 생각이 전혀 없다는 점을 아이가 충분히 알게 해야 한다. 아이는 우리가 묵묵히 지켜봐주고, 자기 혼자 힘으로 인생을 헤쳐나갈 수 있다고 굳게 믿는다고 느낄 때만 우리에게 다가올 것이다.

10대 때는 그 어느 때보다 안전 문제가 중요하다. 이 시기 아이들은 또래의 압박을 느끼는 데다 자칫 자기에게 해로운 미숙한 행동을 하기 쉽다. 그렇다고 해도 부모가 아이들의 인생에 마음대로 끼어들어 조종할 수는 없다. 그렇게 하면 아이들은 갖은 수를 써서 우리를 속이고 자기가 원하는 대로 하려 들 것이다. 그러다 보면 우리는 무력감을 느끼고 분노에 휩싸이게 된다. 우리가 자꾸 간섭할수록 아이들은 속마음을 털어놓지 않게 된다. 이때는 그저 아이를 믿는 것이 부모로서 해야 할 정신 훈련이다.

부모가 아이의 인생에 미칠 수 있는 영향력의 한계를 받아들이고 나면, 역설적이게도 그때부터 엄청난 영향력을 발휘하게 된다. 부모가 평소 아이와 함께 있고, 대화를 나눌 때 아무 조건 없이 전적으로 지지한다는 것을 보여주면 아이는 필요할 때 부모에게 다가오기를 두려워하지 않는다. 아이가 안전하면서도 자율적으로 자라게 하는 최고의 방법은 부모가 아이의 타고난 모습을 있는 그대로 지지해주는 것이다.

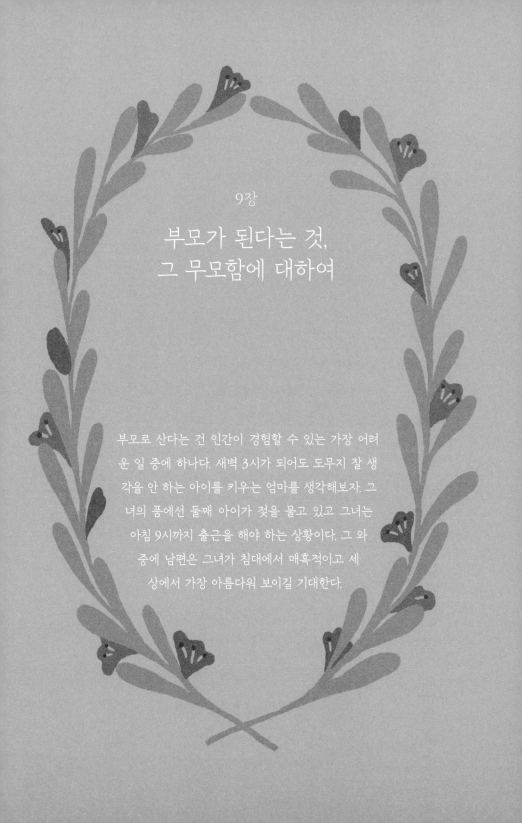

9장

부모가 된다는 것,
그 무모함에 대하여

부모로 산다는 건 인간이 경험할 수 있는 가장 어려운 일 중에 하나다. 새벽 3시가 되어도 도무지 잘 생각을 안 하는 아이를 키우는 엄마를 생각해보자. 그녀의 품에선 둘째 아이가 젖을 물고 있고 그녀는 아침 9시까지 출근을 해야 하는 상황이다. 그 와중에 남편은 그녀가 침대에서 매혹적이고 세상에서 가장 아름다워 보이길 기대한다.

깨어있는 부모가 된다는 건 부모의 여정에 아주 멋진 측면이 있다는 사실을 인정하면서도 아이를 키울 때 심리적으로나 감정적으로 그리고 정신적으로도 얼마나 헌신해야 하는지 충분히 이해하고, 그 무모함조차 받아들이는 것이다. 또한 그 과정에서 스스로에 대한 인식을 영원히 바꿔야 한다는 점까지도 아는 것이다.

부모가 된다는 것은 극한의 여정이라서 우리의 가장 좋은 모습과 가장 나쁜 모습을 모두 끌어낼 수 있다. 따라서 이 여정이 많은 부모, 특히 엄마에게 얼마나 힘들 수 있는지를 똑바로 볼 필요가 있다. 모든 부모가 똑같이 심각한 어려움에 직면하지는 않지만, 모든 부모가 정서적으로나 심리적으로 극심한 변화를 겪는 건 사실이다.

7장과 8장에서도 살펴봤지만, 누구도 부모가 된다는 것이 인생을 바꾸는 엄청난 사건이 될 거라고 우리에게 알려주지 않는다. 아이에 대한 사랑이 아이의 운명 앞에서 속수무책이 되어 찢어질 듯 마음을 아프게 할 수 있다고 말해주는 사람도 없다. 우리가 깨어있는 부모가 되면, 지금껏 우리가 알던 삶은 더 이상 존재하지 않을 것이고, 우리가 우리라고 믿는 모습 또한 눈앞에서 사라질 것이라고 알려주는 사람도 없다. 과거의 자신이 없어지는 것을 견뎌야 하는 동시에, 우리가 어떤 사람인지에 대한 새로운 인식을 어떻게 키워나가야 할지 몰라서 혼란스러울 것이라고 미리 귀띔해주는 사람도 없다.

∨
∨

부모로 산다는 건 인간이 경험할 수 있는 가장 어려운 일 중에 하나다. 새벽 3시가 되어도 도무지 잘 생각을 안 하는 아이를 키우는 엄마를 생각해보자. 그녀의 품에선 둘째 아이가 젖을 물고 있고, 그녀는 아침 9시까지 출근을 해야 하는 상황이다. 그 와중에 남편은 그녀가 침대에서 매혹적이고 세상에서 가장 아름다워 보이길 기대한다.

주의력이 산만해서 금세 자리를 뜨는 아들을 자꾸 불러다가 숙제를 시켜야 하는 아빠는 또 어떤가. 축구 연습하러 간 또 다른 아이를 시간 맞춰 데려와야 하고, 그러고 나면 집으로 싸들고 온 회사 일을 처리해야 한다.

부모가 되면 다른 어떤 역할을 맡을 때보다도 자신을 한심하게 여길 때가 많다.

'도대체 나는 왜 내가 아이를 원한다고 생각했을까? 지금의 나는 아이들이 얼른 잠들어 혼자만의 시간이 생기기만 바라는데 말이지.'

이렇게 생각하며 자신의 역량과 가치는 물론이고, 제정신인지조차 의심하게 된다.

말은 이렇게 했지만 부모의 여정에 잠재된 정신적인 힘을 알아차릴 수 있다면, 우리는 그 복잡한 일들과 씨름할 때도 반감을 갖거나 당혹스러워하지 않고 깊은 깨달음을 얻을 수 있다. 그러니 아이를 키우는 과정에서 생기는 여러 감정에 대해 자책하기보다, 부모가 된다는 것의 무모한 면을 받아들일 필요가 있다. 아이를 가짐으로써 우리에게 활짝 열린, 어쩌면 우리를 산산이 부숴놓을지도 모르는 이 기회를 활용해 과거의 모습에서 벗어나 좀 더 너그럽고 여유로운 모습으로 변모해 가면서 말이다.

엄마에게 주어진 아주 특별한 역할

아이를 키우다 보면 엄마와 아빠 모두 정체성에 큰 변화를 겪는다. 하지만 뱃속에 열 달 동안 아이를 품고 있어야 하는 여성에게는 부모의 여정이 정서적으로나 정신적으로 더 특별한 의미를 지닌다. 임신 기간에 엄마와 아이의 유대감이 비할 데 없이 강렬해져서 대단히 공생적이면서도 대단히 사적인 복잡한 관계가 된다. 종종 엄마가 아빠와 다른 방식으로 아이에게 헌신적인 모습을 보이는 이유가 바로 이 때문이다.

새로운 영혼의 탄생에 참여하는 열 달 동안 엄마는 배만 커지는 것이 아니라 마음도 넓어진다. 자기 안에서 벌어지는 기적 같은 일을 몸소 겪으면서 스스로에 대한 인식이 바뀌는 것을 경험한다. 자기 인생이 더는 자기만의 것이 아니며 아이와도 연결되어 있음을 알기에 정체성에 의문을 갖게 된다. 낯설기는 해도 활기를 주는 보호본능에 가슴이 벅차오르는 것을 느낀다.

여성의 경우 아기를 낳기 전과 다르다고 느끼지만, 아기를 낳은 후 정확히 어떤 사람이 되었는지 정확히 표현하지 못한다. 그저 모성애를 발휘해 성심성의껏 아이를 보살피며 엄마라는 역할에 푹 빠져든다. 이렇게 아이에게 열과 성을 다하다 보면 자신에 대한 인식이 흐려지고 자기 고유의 모습과도 점점 멀어진다. 그러다 문득 자신이 이도 저도 아닌 존재가 된 것 같은 기분이 든다.

사실 여성도 목적의식을 느끼지만, 어디까지나 엄마라는 역할 안에서 얘기다. 아이들은 자라고 남편은 직장에서 차근차근 승진을 해나가는 데 반해, 많은 경우 개인적인 삶을 보류한 여성은 개인적인 목표의식은커녕 자기를 둘러싼 세상 어디에도 닻을 내리지 못한 느낌을 받는다.

시간이 흐르면 아이와 분리된 자신의 정체성에서 안정감을 느끼고 싶어지지만, 그때는 정작 그런 정체성을 어디서 찾아야 할지 모르는 경우가 대부분이다. 한편으론 예전의 정체성을 간절히 되찾고 싶어하지만, 다른 한편으론 과거 모습은 이미 사라지고 없다는 걸 안다. 이렇게 정체성을 잃는다는 건 겁나는 일이지만, 새로운 사람으로 다시 태어나는 기회가 될 수도 있다.

아이를 키우다 보면 문득 거울을 보고 거의 몰라볼 정도로 달라진 자신의 모습에 놀랄 때가 많다. 눈가에 생긴 주름을 보면서 비디오게임을 안 사줬다고 아이가 문을 쾅 닫고 들어갔던 일이며, 아이가 넘어져 팔이 부러졌던 일, 시장에서 아이를 잃어버린 줄 알고 가슴이 덜컥 내려앉았던 날을 떠올린다. 하지만 더 자세히 들여다보면 그 주름에서 한 아이의 엄마가 된다는 것이 얼마나 기쁘고 경이로운 일인지도 보인다.

우리는 설거지를 하면서 아이들에 대해 투덜대거나 친정엄마에게 하소연을 한다. 아이들의 단점을 남편 탓으로 돌리거나, 세상 그 많은 사람 중에 왜 하필 내가 이렇게 힘든 아이를 낳았는지 모르겠다며 한탄을 하기도 한다. 오직 아이를 키워본 또 다른 부모만이 그 답답한 심정을 이해하면서 "애들 키우는 게 이렇게 힘든 일인 줄 누가 알았겠어"라는 말로 공감을 표현한다. "한동안 집에 아무도 없으니 얼마나 감사한지" "몇 시간 집에 혼자 있겠네"라는 말의 의미를 이해하는 것도 이들뿐이다.

많은 엄마들에게, 그리고 양육의 부담을 짊어지고 있는 아빠들에게도 아이를 키우는 것은 정서적으로나 심리적으로는 물론, 금전적으로도 소모가 큰일이다. 그러나 그 일이 얼마나 어렵고 힘든 일이며, 정서적으로도 얼마나 부담이 되는지에 대해 솔직하게 털어놓는 사람은 거의 없다. 좋은 부모가 되는 데 몰두한 나머지 그런 감정을 친구나 가족들에게 말하기가 쑥스러운 것이다. 아이들의 요구에 마음이 찢기고 부서지고 뒤틀리는 느낌이 들어도, 남들의 평가가 두려워 숨기고 만다. 결국 우리는 대부분 혼자라고 느끼며 부모의 길을 걷는다. 이따금 아이를 낳기 전으로 돌아가고 싶어하는 자신에게 문제가 있는 게 틀림없다고 생각하면서. 그러나 완벽이라는 틀 너머로 손을 뻗으면 다른 부모와 동질감을 느끼고, 자신의 감정이 전혀 이상하지 않고 다분히 인간적이라는 것을 깨닫게 된다.

부모가 되어보지 않으면 아이에게 헌신적으로 사랑을 주고 싶어하는 부모의 마음과 아이 때문에 고통스러워하는 감정을 이해하지 못한다. 어느 때는 넘치는 사랑에 나긋나긋한 상태로, 또 어느 때는 가늠할 수 없는 피로감에 몸이 천근만근인 상태이면서도, 우리는 아이에게 너무 열중하느라 우리가 존재한다는 사실조차 잊어버리는 순간들이 있다.

그런가 하면 아이를 두고 도망치는 상상도 한다. 아이의 더러운 옷과 어지러운 방, 쌓여 있는 숙제를 다 뒤로한 채 말이다. 물론 해변에 누워 마르가리타 칵테일을 홀짝이는 꿈을 꿀 때는 부모로서 부끄러움을 느끼기도 한다. 엄마나 그에 못지않게 헌신적인 아빠는 아이와 함께 있을 때면 거의 온통 아이 생각뿐이다. 아이를 보살피거나 놀아주거나, 아니면 아이를 걱정하거나 셋 중 하나다. 그러니 배우자와의 관계가 급격하게 달라지는 것도 별로 놀라운 일이 아니다. 우리의 몸이 낯설게 느껴지고, 정서적으로 미친 사람 같을 때가 많다. 잠이 부족하고 조바심이 나고 금전적으로 쪼들리다 보니 이따금 폭군으로 변하기도 한다.

그러다 틀림없이 이렇게 깨닫는 날이 온다.

"세상에, 내가 우리 엄마랑 똑같다니!"

이 말을 좀 더 풀어서 얘기하면 다음과 같다.

"내가 세상만사 내 뜻대로 휘두르려는 사람이 되어버렸네."

그러다 문득 엄마가 "넌 내가 하라는 대로만 하면 되는데 왜 그걸 못 하니?" 하고 윽박지르던 순간들이 이해가 된다. 비행기 안에서 소리 지르는 아이 때문에 화를 참지 못하는 부모의 심정도 공감이 간다. 부모가 되기 전에는 "내가 부모라면 아이를 절대 저런 식으로 행동하게 두지 않을 텐데"라며 호언장담했는데 지금은 그런 부모에게 연민을 느끼며 떼쓰는 아이를 화장실에 데려가 가두고 싶은 심정이다.

부모가 되면 좋든 싫든 누구나 자식으로 인해 아주 깊은 자극을 받는다. 그러다 어느 시점이 되면 폭발하고 만다. 고함을 치고 심지어 악을 쓰기도 한다. 설마 내가 그러리라고는 상상도 못 했던 욕을 퍼붓기도 한다.

어쨌든 아이 때문에 자극을 받아도 정상적인 반응으로 받아들이는 태도가 중요하다. 나는 자극을 받으면 스스로에게 이렇게 말한다.

"내 안의 그림자가 위협을 느끼고 있다는 사실을 받아들이고 이참에 아이가 내 자신에 대해 알려주는 교훈을 배워야 해."

부모라면 누구나 자식을 통제하려는 강력한 욕구를 가진 자신의 그림자와 마주하게 될 것이다.

비록 우리가 이따금 발끈할 수 있다는 걸 인정하더라도, 반복해서 아주 유치한 방식으로 성질을 부린다면 그건 부끄러운 일이다. 아이에게 소리를 지르면 당연히 기분이 좋지 않다. 그렇게 화가 폭발할 것 같을 때는 부모님에게 한 1년쯤 아이를 맡기는 것도 좋은 방법이다.

사실 우리는 아이의 감정을 있는 그대로 받아들이는 만큼 자기감정도 절대 외면하지 말아야 한다. 자기가 느끼는 것을 자연스럽게 허용할 필요가 있다. 그래야 그 감정을 아이에게 투사하는 것을 막을 수 있다.

우리는 부모로서 실패했나는 느낌이 들면 아이를 동반자로 대하지 않고 상하복종 관계로 대하는 전통적인 방식으로 돌아가고 싶어진다. 하지만 그 길을 선택할 경우 아이가 10대가 됐을 때, 그리고 그 이후에도 큰 대가를 치를 가능성이 높다. 깨어있는 부모가 된다는 건 처음엔 힘들지 몰라도 장기적으로 보면 단연코 더 바람직한 선택이다.

부모가 된다는 건 사람마다 속도가 다름을 받아들이는 것

아이와 함께하는 삶을 있는 그대로 받아들이려면 익숙해져야 하는 것들이 있다. 아이들은 본래 부모의 인내심을 시험한다. 그게 아이들의 일상이다. 10대로 접어들면 그 정도가 더 심해지고 방식도 다양해진다. 이제는 아이가 혼자서 시리얼을 다 먹거나 신발 끈을 묶을 때까지 기다리는 차원의 문제가 아니다. 대화는 늘 단답형에, 친구가 우선이고 부모는 뒷전이다.

부모가 인내심을 키운다는 건 아이에게 필요한 반응을 할 뿐만 아니라, 지금 이 순간을 받아들이는 기회이기도 하다. 아이가 우리에게 인내심을 요구할 때는 하던 일을 멈추고 심호흡을 하면서 우리의 에고가 요구하는 것들을 놓아버리자. 그러면 온전히 현재에 집중할 수 있다. 이래서 인내심을 키운다는 건 정신 수행이기도 하다. 아이들이 키를 잡고 더 천천히, 더 깨어있는 상태로 살아보라고 우리에게 요구하는 것이다.

그렇긴 해도 솔직히 인내심을 발휘할 겨를조차 없을 때가 있다. 그냥 이쪽에서 저쪽으로 옮겨가기 바쁠 때도 있다. 하지만 우리가 늘 이런 식으로만 산다면 안타까운 일이다. 다행스럽게도 아이들은 그들만의 느긋한 속도로 우리에게 보석처럼 귀한 깨달음을 준다. 아이들의 자연스러운 리듬이야말로 우리의 속도보다 영혼의 리듬에 훨씬 더 가깝기 때문이다.

그러니 마음이 조급할 때는 우리가 있을 곳은 지금 이 순간, 여기뿐임을 기억하자. 서두르지 말고 온전히 아이들의 영혼에 집중해보자. 만약에 불안하고 현재에 집중하기 힘들다고 느낀다면, 마음이 차분해질 때까지 말없이 가만히 있는 것이 우리 자신은 물론 아이들을 위해서도 최선이다.

아이들이 계획대로 따라주지 않을 때 부모는 아이가 일부러 그러는 것이 아님을 기억해야 한다. 아이들은 그러려고 세상에 태어난 게 아니다. 이렇게 생각하고 나면 아이들에게 무작정 부모의 바람대로 살라고 요구하기보다 우리의 계획을 바꿔야 하는 것이 아닌지 다시 고민하는 편이 낫다는 걸 알게 된다.

혹시라도 아이가 너무 힘들게 해서 당신의 인내심이 곧 한계에 다다를 것 같으면, 당신 안에서 속삭이는 소리에 귀를 기울여보자.

'아이를 네 불만을 쏟아내는 도구로 이용하지 마.'

아이 때문에 몹시 화가 날 때도 스스로에게 이렇게 물어보자.

'내가 지금 무엇 때문에 발끈하는 거지? 왜 그렇게 아이에게 불만인 걸까? 아이가 내 안의 어떤 점을 건드리고 있기에 이러는 걸까?'

이때는 크게 심호흡을 한 번 하고 방에서 잠시 나가는 것도 현명한 방법이다. 그러면 '지금 도움이 필요한 건 아이가 아니라 바로 나구나' 하는 생각이 들면서 상황을 재정비할 여유가 생긴다.

이따금 인내심을 잃고 모진 말을 내뱉거나 이를 악다문 표정으로 아이에게 불만을 쏟아내게 될 때는 심호흡을 한 후 화를 낸 스스로를 용서하자. 그런 다음 그런 감정을 다 흘려보내고 다시 시작하자. 만약 자주 인내심이 바닥난다고 느껴진다면 상황을 좀 더 꼼꼼히 들여다볼 필요가 있다. 자주 인내심을 잃는다는 건 그만큼 삶이 버겁다는 뜻이다. 이런 경우 우리를 둘러싼 환경을 돌아보고 가능한 한 균형을 회복해야 한다. 이런 때에 삶을 재정비하려면 정신을 집중해야 한다.

깨어있는 부모가 되기 위해서는 고통을 대물림하는 악순환을 끊는 것이 무척 중요하기 때문에 다음 장에서 이에 대해 더 깊이 다루고자 한다.

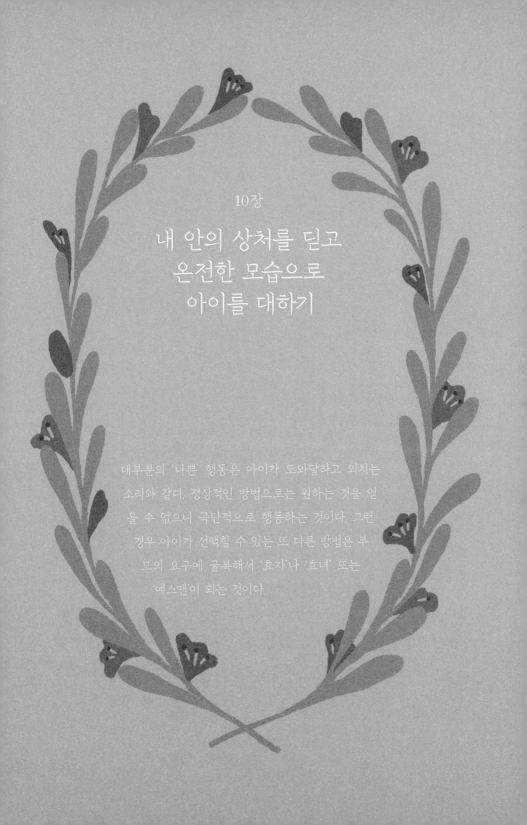

10장

내 안의 상처를 딛고
온전한 모습으로
아이를 대하기

대부분의 '나쁜' 행동은 아이가 도와달라고 외치는
소리와 같다. 정상적인 방법으로는 원하는 것을 얻
을 수 없으니 극단적으로 행동하는 것이다. 그런
경우 아이가 선택할 수 있는 또 다른 방법은 부
모의 요구에 굴복해서 '효자'나 '효녀' 또는
'예스맨'이 되는 것이다.

부모가 자신의 상처에 지나치게 몰두하느라 아이의 요구에 적절한 방식으로 대응하지 못하면, 아이는 내면의 공허감을 느낄 뿐만 아니라 조각이 맞춰지지 않은 듯 불안해하며 자란다. 왜냐하면 그들의 본질적인 모습은 있다가 사라진 것이 아니라 아예 발달조차 못 했기 때문이다. 결국 아이들은 자신의 참모습을 비춰줄 거울을 찾아 사방을 헤매고, 자신의 결핍을 채워주겠다고 약속하는 것은 무엇이든 갈구하게 된다.

부모가 그런 역할을 못 할 경우, 아이 스스로 자신의 참모습을 비춰줄 내면의 거울을 직접 만드는 것은 굉장히 힘든 일이라서 정신적으로 방황하거나 심한 우울감에 빠질 수 있다. 흔히 이런 우울감은 어둡고 의기소침한 태도나 뭔가에 중독되는 모습으로 나타난다. 일시적으로나마 그런 방법이 마음의 고통을 달래주기 때문에 그렇게 하면 잃어버린 거울을 되찾고 오래전에 받았어야 할 인정을 이제야 받는 것이라고 착각한다.

50대 중반의 사만다가 이런 사례에 해당한다. 그녀는 지역 병원 간호사이자 박사학위를 가진, 지적으로 뛰어난 여성이다. 다만 마땅한 배우자를 찾는

게 순조롭지 않았기에 엄마가 되겠다는 꿈은 이미 그 희망을 버린 상태였다.

∨
∨

홀어머니와 함께 자란 사만다는 부모가 안정적으로 곁에 있어준다는 것이 어떤 의미인지 알지 못했다. 의사인 엄마는 늘 바빠서 얼굴을 보기 힘들었고, 아빠는 어떤 사람인지도 몰랐다. 그녀는 그렇게 어린 시절을 거의 혼자 보내다시피 했다.

엄마에게 첫 연극 공연이나 고등학교 졸업식 때 와달라고 부탁하는 것조차 미안하게 여겼던 사만다는 나중에야 엄마가 자기보다 일을 더 중요하게 여긴다는 사실을 알게 되었다. 그 결과 인생은 믿을 만한 것이 못 된다고 생각하고, 살아남기 위해서는 자신의 욕구를 억눌러야 한다고 믿게 되었다.

사만다의 엄마가 재혼했을 때 하필이면 그 상대가 신체적 폭력을 일삼는 남자였다. 사만다는 엄마처럼 강인하고 능력 있는 여성이 왜 그런 모욕을 당하고 사는지 이해할 수 없었다. 그래서 고등학교를 졸업하자마자 집에서 뛰쳐나와 마약을 하고 성적으로 문란한 무리와 어울려 거리를 전전했다.

그로부터 6년 뒤, 스물네 살이 된 사만다는 인생의 밑바닥까지 내려갔다. 마약으로 인해 심장박동이 불규칙해지는 심계항진 증상으로 응급실에 실려 간 것이다. 이때 그녀는 자신도 엄마처럼 감정이 마비되었다는 사실을 깨닫고 정신이 번쩍 들었다. 병원에서 나오자마자 일자리를 구하고 대학에도 입학했다. 워낙에 머리가 좋았던 터라 대학을 순조롭게 졸업하고 석사, 박사 과정까지 마쳤다. 그리고 마흔 살이 됐을 때는 완전히 약물을 끊고 경제적으로도 안정되었다.

이만하면 성공한 듯 보였지만 사만다의 내면엔 여전히 고통이 남아 있었다. 그녀는 사람들과 친하게 지내는 것이 숨 막힐 듯 답답하게 느껴졌다. 오히려 직장에서 온종일 환자들을 돌보며 일만 하는 것이 훨씬 편했다.

어떤 남자에게도 믿음이 안 가고 아주 사소한 빌미에도 배신감을 느끼니 이성을 만나도 5개월을 넘기지 못했다. 이 말은 곧 그녀가 대부분의 시간을 아주 외롭게 지냈다는 뜻이다. 사만다는 우울감에 젖어 이렇게 탄식하곤 했다.

"나에겐 아무 희망이 없어. 어릴 적 환경에서 최대한 멀리 도망쳐왔는데도 여전히 다섯 살 때처럼 마음이 아파. 내 마음은 여전히 다섯 살 꼬마야. 이 고통은 영영 사라지지 않는 걸까?"

안타까운 사실은 외부 세계가 아무리 바뀌어도 내면을 치유하지 않는다면 어린 시절의 상처는 그대로 남는다는 것이다. 사만다가 그랬던 것처럼 말이다. 우리가 아무리 비싼 보석을 지니고 학위를 받고 성실한 배우자를 만나도 부모에게 조건 없이 인정받고자 했던 어릴 적 열망은 채워지지 않는다.

우리는 대부분 각자 자신의 본모습을 만나지 못했다는 점에서 몸만 어른처럼 자랐을 뿐 마음은 아직 어린아이다. 예컨대 우리가 자신의 진정한 모습과 단절된 부모 곁에서 자랐다면, 우리의 진정한 모습을 거울처럼 비춰줄 거라 기대하며 부모의 얼굴을 바라봤을 때 부모는 텅 빈 눈빛으로 우리와 상관없는 감정적인 반응을 보였을 것이다.

이렇게 우리는 어린 시절 우리를 돌봐준 사람의 눈에서 우리의 진정한 모습을 확인할 수 없었던 탓에 우리의 실제 모습보다 부족한 사람으로 느끼는 데 익숙하다.

상처 입은 마음으로 아이를 키우는 부모가 부정적인 생각과 요동치는 감정으로 아이에게 평생 흔적을 남기는 방법은 다양하다. 그런 양육 사례를 몇 가지 살펴보면 이해하는 데 도움이 될 것이다.

스스로 부족하다고 느끼며 자란 사람이 부모가 된다면

ˇ
ˇ

40대인 조너선은 어릴 적에 부모로부터 제대로 인정을 받지 못하고 자랐다. 그 결과 똑똑하고 딱 부러진 사람인데도 한 직장에서 1년 이상 버티지 못했다. 회사원부터 자영업, 아이들을 가르치는 일까지 여러 직업을 전전했지만, 어느 한 가지도 만족스럽지가 않았다. 어디서 일을 하든, 자기를 싫어하는 사람을 발견해 일을 그만두는 식이었다. 이제는 이력서만 봐도 한곳에 진득하게 못 있는 사람이라는 게 드러나는 터라 아무도 그를 채용하려고 들지 않으니 그로서는 답답한 처지였다.

조너선은 괴로움을 달래려고 과음에 줄담배도 모자라 툭 하면 아내와 싸우고 아이들을 학대했다.

"남편은 자해할 거예요. 난 알아요. 남편은 아무도 믿지 못해서 저와 아이들과도 거리를 두고 있어요. 세상이 그를 외면하고 있다고 느끼는 것 같아요."
조녀선의 아내가 나에게 전화로 한 얘기다.

조녀선이 자기 자신을 들여다보았더라면 사람들과 소통할 기회를 차단하는 건 바로 자신이라는 사실을 깨달았을 것이다. 그가 이렇게 사람들과 기회를 차단하는 이유는 아주 어렸을 때부터 이 세상에서 환영받지 못하는 존재라고 느꼈기 때문이다. 사만다가 인생은 믿을 만한 것이 못 된다고 보았다면, 조녀선은 인생이 잔인하고 불공평하다고 여겼다. 그가 이렇게 느끼는 이유는 한 번도 가만히 멈춰 서서 자신의 예감이 합리적인지 점검해본 적이 없었기 때문이다.

그의 예감은 배신에 대한 짙은 두려움에서 비롯되었다. 그는 늘 배신당할 거라고 예상하며 계속해서 그런 상황에 대비했다. 과도한 특권의식과 허영심을 근거로 함께 생활하는 사람들에게 너무 높은 기준을 들이댔다. 기준이 너무 높다보니 기회가 와도 차버리곤 했다.

그 결과 실망의 연속일 수밖에 없었다. 이런 태도는 모두 그가 느끼는 내적 공허함에서 비롯되었다. 속이 텅 비었다고 느끼던 그는 오로지 무엇을 얻느냐 못 얻느냐에 관심을 집중할 뿐 자신이 무엇을 줄 수 있는지는 안중에 없었다.

자신이 뭔가 부족하다고 느끼면서 자란 사람은 그런 부족감을 주변 사람들에게서 채우려고 한다. 조녀선이 그랬듯이, 부족감을 만회하려는 욕구가 지나쳐 과장된 모습을 지어내는 것이다. 그 결과 다른 사람들을 우리보다 모자란 사람으로 대하는 분위기를 풍긴다. 특권의식에 사로잡혀 거만하게 굴거나 남들보다 잘난 척하지만, 사실은 자존감이 부족해 고통스러운 상태다.

조녀선의 이런 에너지는 아버지 역할에까지 고스란히 옮겨가서 아이들에게 좋은 성적을 받아야 한다고 압박하는가 하면, 자기가 중요하게 생각하는 활동에 참여시키고 얼마나 잘하는지 평가했다. 그가 강한 아버지의 모습만 보여준 탓에 아이들은 그를 두려워했다. 결국 장남 조슈아가 그에게 등을 돌렸다. 집에 들어오지 않고 수업까지 빼먹더니 이제는 아예 자퇴하고 싶어했다. 아버지를 실망시킬까봐 계속 두려움에 떨며 사느니 스스로를 포기하는 편이 낫다고 생각한 것이다.

"이 정도 삶으론 만족할 수 없어!"

많은 사람이 이렇게 외치듯 살아간다. 우리는 이런 에너지에 휩쓸려 우리에게 필요하다고 믿는 삶의 모습을 찾아 헤매며 거기에서 기쁨을 얻으려고 애를 쓴다.

이렇듯 쉽게 만족하지 못하는 성향 때문에 우리는 기대에 부응하지 못하는 것은 무엇이든 쓸모없다고 느낀다. 아무리 귀한 것이 주어져도 가치를 발견하지 못한다. 몹시 비판적인 태도로 있는 그대로의 삶은 물론이고, 아이들의 있는 그대로의 모습까지도 거부한다.

물론 우리가 저항해도 달라지는 것은 없다. 인생은 자기 본질에 충실하며 자기만의 흐름을 따라갈 뿐이다. 현명한 사람이라면 지금이라도 이런 사실을 받아들이고, 인생과 맞붙어 싸우기보다 그 흐름에 자신을 맡길 것이다.

과장된 모습 뒤에 숨겨진 부족감은 어려서 부모에게 충분히 인정받지 못했기 때문인 경우가 많다. 그래서 더 인정받고 싶은 갈증이 남게 된다. 아니면 반대로 부모가 지나치게 다 받아주며 추켜세운 결과일 수도 있다. 어쩌면 자신이 부모의 꼭두각시라고 느끼고 자기가 원하는 바가 아니라, 부모의 에고가 원하는 대로 움직여야 한다고 생각하는 것일지도 모른다.

다음에 살펴볼 사례는 부족한 자존감을 주변환경에서 채우려고 하는 경우다.

∨

사람들이 부러워하는 부자 동네의 멋진 저택에 사는 데 익숙한 나타샤는 오래전부터 옷과 보석, 친구들, 자동차에 자긍심을 느꼈다. 그러다 남편이 실직을 하는 바람에 몇 달 안 돼 시댁으로 들어가야 하는 처지가 됐다. 나타샤는 이런 상황을 받아들이기 힘들어했다. 감정이 통제가 안 되고 우울감이 심해져 아이들을 제대로 돌볼 수도 없었다. 자신이 끔찍한 상황에 빠졌다는 생각에 내면의 불안을 남편에게 전가하며 일자리 하나 못 지키는 무능력한 남자라고 구박했다.

나타샤가 힘든 시기를 겪고 있던 건 사실이었지만, 그녀의 생각처럼 그렇게 극단적인 상황은 아니었다. 그전까지 살아온 환경과 다르긴 해도 그녀의 가족은 여전히 번듯하고 안전하며 안정된 생활을 누리고 있었다. 단지 그녀가 에고에 집착하느라 현실을 제대로 보지 못했을 뿐이다.

나타샤는 자신의 처지가 암담하다는 생각에 너무 빠진 나머지 자꾸만 그런 생각을 뒷받침하는 상황을 스스로 만들어냈다. 그러다 보니 남편은 점점 의기소침해지고 아이들은 학교생활에 문제가 생겼다. 그녀도 몸이 아프기 시작했다. 급기야 남편은 구직 활동을 포기하기에 이르렀고, 아들은 모든 과목에서 낙제점수를 받아 학교를 그만둬야 할 정도로 순식간에 상황이 악화됐다. 집안 전체가 나타샤의 고통에 함께 휩쓸린 것이다.

나타샤가 내게 물었다.

"이렇게 괴로울 땐 어떻게 해야 하죠? 팔짝팔짝 뛰며 좋아해야 하나요? 파티라도 열까요? 이 상황이 마음에 드니 더 많은 고통을 달라고 우주를 향해 외쳐야 할까요?"

수그러들 줄 모르는 두려움에 사로잡힌 그녀는 다음엔 또 어떤 일이 벌어질지 불안해하느라 자신이 상황을 끔찍하게 몰아가고 있다는 사실을 알아차리지 못했다. 자신의 상황에 대처하는 또 다른 방법이 있을 거란 생각은 전혀 하지 못했다.

나타샤는 돈 때문에 몹시 불안해하는 부모 밑에서 자랐다. 아버지는 돈을 모으기 위해 평생 일을 했음에도 불구하고, 어머니는 늘 돈이 부족할까봐 걱정했다. 나타샤의 집은 절대 가난하지 않았지만, 그녀는 한 사람의 자존감은 그 사람이 가진 재력과 밀접한 관계가 있다는 사고방식을 물려받았다. 그녀의 부모는 통장 잔고에 연연하느라 자신들이 진정으로 원하는 삶을 추구할 수 없었다. 미래를 걱정하느라 인생의 많은 기회를 밀어냈고, 평생 돈 한푼에도 벌벌 떨며 스스로를 억눌렀다. 부모의 이런 생활습관이 바로 나타샤가 사치품에 집착하고 일상의 소박함을 극도로 두려워하게 만든 원인이 되었다.

마침내 나타샤는 자신의 이런 성향이 부모가 물려준 유산임을 깨닫고 자신이 처한 현실을 있는 그대로 받아들이기로 했다. 그러자 솔직한 감정을 드러낼 수 있었다. 남편에 대한 반감이 자신의 두려움에서 비롯된 것임을 알고는 남편에게 다시 손을 내밀었다. 두 사람은 함께 싱글맘의 자립을 돕는 비영리 단체를 만들었다. 그들은 과거에 누렸던 경제적 여유를 회복하지는 못했지만 다른 사람들의 인생에 변화를 주는 데서 오는 만족감에 충분히 행복해했다.

다른 사람의 비위를 맞춰야 인정받을 수 있다고 배웠다면

부모가 남들에게 맞추려고 솔직한 감정을 숨기면, 자식들 또한 가식적으로 사는 법을 배운다. 부모가 남들의 인정을 받기 위해 자신을 바꾸는 모습을 보면, 아이들도 인정받기 위해 다른 사람의 비위를 맞추고 그들의 요구에 부응하려 한다.

부모가 자신의 욕구보다 남들의 욕구를 우선시하면 아이들도 자신보다 남들을 더 가치 있게 여겨야 한다고 배운다. 이런 아이들은 대단히 관계 지향적이라서 그들의 정체성 또한 관계를 중심으로 형성된다. 그러나 진정성이 결여된 배려의 이면에는 불만이 들끓게 마련이다. 자신을 먼저 보살피지 않고 남에게 베푸는 일만 계속할 수 있는 사람은 세상에 없기 때문이다.

인정을 받으려고 남들의 비위를 맞추는 사람은 자식에게도 그럴 것이다. 아이들의 인정을 받고자 하면서, 아이들 스스로 자신의 욕구를 다스리도록 가르치는 대신 부모가 다 알아서 챙겨주려고 한다. 부모가 아이들을 응석받이로 키우면, 아이들은 부모를 이용해도 괜찮다는 뜻으로 받아들인다. 부모가 자존감이 낮다 보니 부모의 세상에서 아이가 중심이 되도록 내버려두는 것이다. 이것은 자신의 감정적 결핍을 만회하려는 강박적이고 건강하지 못한 태도다. 더 나아가 아이들이 자기에 도취되어 세상이 자기중심으로 돌아간다고 착각하게 만든다. 부모 스스로가 건강한 경계를 만들지 못하면 아이들은 남들의 경계를 무시해도 된다고 배운다. 부모가 자기 공간과 욕구에 대한 권리를 주장하지 못하면, 아이들은 자신의 공간과 욕구가 남들의 것보다 더 중요하다고 믿게 된다. 부모가 "안 돼"라고 말해야 할 때 그러지 못하고 아이가 원하는 대로 계속 받아주면 아이들은 인생이 뜻대로 안 될 때도 있음을 받아들이는 것이 얼마나 중요한지 배우지 못한다. 그 결과 스스로에 대한 과대망상을 키우게 된다.

∨

아니타는 두 자매 중 막내로 자랐다. 일곱 살 때 아버지를 잃었고, 그녀의 언니는 지적장애와 지체장애가 심해서 늘 휠체어에 의지해야 했다. 엄마 루이스는 딸이 장애를 가졌다는 사실에 한없이 슬퍼하며 큰딸에게 온통 관심을 쏟았다. 상황이 그러다 보니 아니타는 자신이 어떤 위치에 있는지를 금세 알아챘다. 그녀는 늘 언니 다음이었다. 아니타가 무슨 일을 해도 아픈 언니에게 쏠린 엄마의 관심을 돌릴 수가 없었다. 심지어 이렇게 관심 받고 싶어하는 자신이 욕심 많은 괴물처럼 느껴졌다.

엄마는 오직 아니타가 언니를 보살펴 아픈 자식을 키우는 자신의 무거운 짐을 덜어주기만을 기대했다. 아니타는 그 역할을 충실히 수행하며 능숙하게 언니를 돌볼 수 있게 되었다. 그 결과 엄마는 점점 더 아니타에게 의존했고, 동시에 언니가 하지 못하는 모든 것을 해내도록 그녀를 떠밀었다. 엄마의 모든 기대를 충족시키며 아니타는 훌륭한 소아과의사가 되어 경제적으로나 정서적으로 가족을 보살폈다.

늦게 결혼해서 세 아이를 출산한 아니타는 새로 꾸린 가정에서도 최선을 다했다. 아이들에게 자신의 모든 것을 쏟아부어 능력 있는 인재로 키워냈다. 자신이 어릴 적에 견뎌야 했던 일들을 아이들에게 물려주고 싶지 않은 마음에 아이들의 모든 요구를 들어주었다. 결과적으로 아니타의 엄마에 이어 아이들까지 자신을 이용하도록 내버려둔 셈이다.

남편 스티븐 또한 아니타에게 요구하는 게 많았다. 인색하고 질투심이 많은 데다 소유욕까지 강한 남편 때문에 아니타는 정서적으로 진이 빠졌다. 결국 그녀는 나이가 들어서도 엄마와 언니, 아이들 그리고 남편 사이를 오가며 모두를 챙겨야 했다. 얼핏 봐서는 별로 힘들지 않게 해내는 듯 보였다. 그녀가 유방암 판정을 받기 전까지는 말이다. 아니타는 싸울 힘을 잃고 우울감에 빠져 완전히 무너졌다. 가장 강인해야 할 순간에 그냥 포기해버렸다. 그녀의 인생 전부를 가족에게 바치고 나니 정작 자기 자신에게 쏟아부을 힘이 없었던 것이다. 자존감이 너무 낮아져서 자신을 추스를 수가 없었다.

아니타는 엄마가 자신을 일으켜주기를 기대했다. 하지만 그 상황이 너무 불안했던 엄마는 딸을 안쓰러워하거나 보살필 생각을 하기보다는 오히려 딸에게 화를 냈다. 계속해서 아니타를 탓하면서 딸에게 도움이 필요하다는 사실을 인정하려 들지 않았다. 아니타의 자녀들 또한 엄마의 상태가 나빠지는 것을 감당하지 못하고 덩달아 망가지기 시작했다. 정서적으로 끌려다니기만 할 뿐 상황을 주도해본 적 없는 남편은 "집이 너무 끔찍하다"며 집 밖으로 나돌기 시작했다. 그렇게 해서 아니타는 어렸을 때와 똑같이 모두에게 버림받는 처지가 되었다고 느꼈다.

몇 개월간 상담 치료를 받은 후에야 아니타는 한 가지 사실을 깨달았다. 오래 전에 부모에게 방치당한 그녀가 지금껏 스스로를 방치하고 있었다는 점이다. 그제야 아니타는 어떻게 자신이 어머니와 똑같이 이기적이고 제멋대로인 남편에게 끌렸는지 이해할 수 있었다. 뿐만 아니라 아이들에게 끊임없이 베풀기만 하고 인생을 스스로 헤쳐 나갈 정서적 강인함을 키워주지 못했다는 사실도 알아차렸다. 자신이 어렸을 때 겪은 고통으로부터 아이들을 보호하겠다는 생각으로 투정을 다 받아준 탓에 아이들이 공감 능력이 떨어질 뿐 아니라 무심해졌던 것이다. 자신이 어렸을 때 짊어져야 했던 과도한 책임을 자식에게 물려주지 않겠다는 의지가 강했던 나머지 의도치 않게 아이들을 자기 의무마저 외면하는 사람으로 키우고 말았던 것이다.

아니타처럼 다른 누군가의 인정을 받기 위해 자신을 맞춰가는 사람들이 많다. 인정받고 확인받고 싶어서 자기의 본모습과 다른 모습으로 바꾸는 것이다. 타고난 모습을 기쁘게 받아들이도록 가르치지 않는 부모 밑에서 자라면, 우리는 우리의 욕구를 저버리고 부모가 인정할 만한 모습으로 살아야 부모의 축복을 받을 수 있다고 배운다. 우리의 욕구보다 부모의 욕구에 더 맞춰진 이런 가식적인 모습에 우리의 진정한 모습을 잃어버리게 된다.

우리의 부모 역시 깨어있는 부모의 양육을 받지 못했기 때문에 우리가 자기만의 개성을 드러내는 것을 수치스럽게 여긴다. 이렇게 자란 아이들은 자기 개성대로 살아가고자 할 때 죄책감을 느낀다. 평범한 길에서 벗어날 때마다 부모가 죄책감을 불러일으킨다면, 우리는 마음에서 우러나는 대로 행동하면 안 된다고 생각하게 되고, 선택의 기로에 설 때마다 심각한 혼란을 겪게 된다.

죄책감은 우리의 진짜 목소리를 가로막는 어두운 감정이라 어딘가 부족하고 불안한 흔적을 남긴다. 이렇게 죄책감이 각인된 아이들은 자신의 타고난 지혜를 믿지 못하게 된다. 결과적으로 영원히 죄책감에 시달리거나 주위 사람들을 심판하고 죄책감을 자극하는 방법으로 그런 감정에서 벗어나려 한다.

이러한 정서가 각인된 사람들은 세상을 다음과 같이 바라보는 경향이 있다.

- 나 자신을 드러내는 것은 나쁜 짓이다.
- 나는 행복한 감정을 느끼려고 하지 않는다. 내가 행복하면 행복하지 않은 이들을 외면하는 것이기 때문이다.
- 나는 정서적 자유를 누릴 자격이 없다.
- 나는 부모님에게 고통을 주는 원인이다.
- 나는 부모님을 힘들게 했으니 '나쁜' 사람이다.

이렇게 각인된 채로 자란 아이들은 어른이 되어서도 자기가 진정으로 원하는 것을 추구하면 어떻게든 다른 사람들을 실망시킬 것이라는 죄책감 때문에 자신이 진정으로 원하는 삶의 목적을 발견하지 못한다.

만약 이런 사람이 부모가 되면 자식들에게도 자기만의 인생을 살아갈 자유를 허락하지 않는다. 이런 사람은 자신의 능력을 믿지 못하기 때문에 아이들을 훈육하거나 적절히 감정을 다스리도록 도와주는 데 어려움을 겪는다. 그 결과 그런 부모 밑에서 성장한 아이들은 누군가 자신의 경계를 침범하면 공격적이 되거나 반대로 응석받이가 된다.

지금까지 스스로에게 솔직할 수 없었다면

우리는 자기중심적인 부모에게 상처받은 아이들이 관심을 얻기 위해 거짓된 모습을 취하는 것을 보았다. 그들이 자기가 누구인지, 진정으로 바라는 것이 무엇인지를 있는 그대로 받아들이지 못하는 이유는 부모의 에고에 봉사하느라 솔직한 목소리를 내지 못하고 간접적으로만 자신을 표현하며, 우회적인 방법으로 욕구를 채우기 때문이다. 이런 아이들은 자신을 희생자로 여기며, 그 감정에 대한 책임을 다른 사람들에게 돌린다. 다른 누군가를 탓하면 자신은 모든 책임에서 벗어나 '불쌍한 나'의 입장을 취할 수 있기 때문이다.

이런 아이들이 자라서 부모가 되면, 그들의 아이가 자기만의 모습으로 살아가도록 내버려두지 못한다. 만약에 아이가 용기를 내어 솔직한 태도를 보이면, 부모는 자신을 피해자로 여기거나 희생자 역할을 자처한다. 그러다 보니 아이는 단지 자기답게 살아보려고 했을 뿐인데 죄책감을 느끼게 된다.

∨

마사의 경우를 살펴보자. 형제가 여덟이나 됐던 그녀는 자랄 때부터 부모의 관심이 여러 명에게 분산된다는 사실을 알아챘다. 충분한 사랑을 못 받고 있다고 느낀 마사는 부모의 관심을 더 받으려면 어떤 식으로든 특별해져야 한다고 생각했다. 그래서 더러 오페라가수 흉내를 내며 과장된 몸짓으로 연기를 하거나, 다른 형제들보다 큰소리로 말하기도 하고, 더 명랑한 척하기도 했다. 때로는 여기저기가 아프다고 엄살을 부리기도 했다. 하지만 안타깝게도 마사가 아무리 애를 써도 그녀의 부모는 그녀에게만 따로 관심을 보여줄 여력이 없었다.

늘 이런저런 부당한 대우를 받는다고 느끼며 자란 마사는 어른이 되어서도 불만이 많았다. 그러다 하필이면 자기보다 돈 버는 데 더 관심이 많은 남자와 결혼을 했다. 알고보니 남편은 바람둥이였고, 결국 그녀 혼자 아들을 키워야 하는 처지가 되었다. 그녀의 감정을 받아줄 사람은 아들 네이트밖에 없었기 때문에 그녀에겐 아들이 세상의 중심이었다. 마사는 아들만은 그녀가 그토록 원했던 특별함을 느끼게 해줄 거라 믿었다. 그래서 아들이 원하는 것을 다 들어주며 자신이 결혼하고 싶었던 그런 이상적인 남자로 아들을 키웠다.

네이트의 친구들은 그가 엄마에게 특별한 관심을 받는다며 부러워했다. 실제로는 그가 상상을 초월할 정도의 부담감을 느낄 뿐 조금도 행복하지 않다는 것을 짐작조차 못 했다. 네이트는 엄마가 외할아버지는 물론이고 아버지에게서도 경험하지 못한 이상적인 남자의 모습을 자신에게 기대하고 있다는 것을 알기에, 엄마의 손아귀에서 벗어나 자신의 삶을 살고 싶다는 생각이 들 때마다 죄책감에 시달렸다.

마사는 철저히 희생자처럼 행동했다. 아들 네이트가 그녀의 뜻을 거스를 때면 그녀는 그에게 해준 모든 것들을 상기시켰다. 자신이 그를 위해 얼마나 많은 희생을 했으며, 어떻게 평생을 바쳤는지 이야기하면서 눈물로 아들을 조종하고 동정심을 불러일으켰다. 그녀의 남편은 아들이 아내를 뺏어갔다며 아주 교묘한 방식으로 네이트를 비난했다.

네이트는 엄마가 부모와 남편에게서 얻지 못한 행복을 경험하게 해주는 것이 자신의 책임인 것만 같아서 늘 엄마에게 빚을 지고 있다고 느꼈고, 헤어날 수 없는 덫에 걸린 심정이었다. 그는 외국에 나가 공부하고 싶었지만 실제로는 집에서 두 블록 이상을 벗어나 본 적이 없었다. 그리고 엄마가 괜찮다고 할 것 같은 여자친구들만 사귀었다. 그가 멀리 떠나면 엄마가 못 살 것 같다고 느꼈기 때문이다. 네이트는 자신이 엄마의 유일한 구원자라고 믿었지만, 사실 그는 엄마의 피해의식이 낳은 피해자이자, 자신이 희생자라고 생각하는 엄마의 망상이 만든 희생자였다.

그러다 네이트는 사랑에 빠졌는데, 공교롭게도 결혼 상대는 그의 어머니처럼 그를 조종하고 어머니와 똑같이 엄청난 죄책감을 자극하는 여성이었다. 이제 아내와 어머니가 서로 그의 관심을 끌려고 경쟁을 벌이는 것은 시간문제였다. 네이트가 아빠가 되자 마사는 위기의식을 더 느끼고 여기저기가 아프다며 엄살을 부리는 등 유치한 방법으로 아들의 관심을 끌고자 했다. 마사의 이기적인 모습과 그런 어머니에게 적당히 거리를 두지 못하는 네이트의 일면이 더해지면서 그의 결혼생활에 차츰 균열이 생기기 시작했다.

여성들 중에는 희생자 역할을 도맡아 하며 자라는 경우가 많다. 그들은 의식하지 못하는 사이에 다른 사람들을 보살펴야 한다는 믿음을 흡수하고, 그렇게 행동함으로써 목적의식을 느낀다. 그러다 차츰 불만이 생기면 자신에게 유리한 쪽으로 불만을 부풀려서 보살핌의 대상을 옭아맨다. 자기의 솔직한 감정을 받아들이고 책임지는 게 두려워서 "나는 누군가를 돌보고 있다"고 내세우며 간접적인 방식으로 자신을 표현하는 것이다. 사실상 보살피는 대상을 이용해 자신이 쓸모 있고 중요한 존재라고 느끼는 것이다. 그런 사람의 보살핌은 자기 자신의 공허함을 채우려는 욕구에서 비롯되는 행동이다.

나는 지금까지 깨어있지 못한 부모의 손에서 자란 수많은 아이들의 상처를 보아왔기에 부모라면 이제 높은 단상에 올라 아이들을 심판하는 역할을 그만해야 한다고 얘기해주고 싶다. 대신 매일 자기 자신을 향해 이렇게 말해보자.

"내게 아이의 영혼을 지배하거나 심판할 권한이 있다는 착각에서 벗어나

자. 아이가 내 인정을 받고 싶어하거나 인정을 받지 못할까봐 두려워하는 일이 없도록 하자. 부모의 인정을 받는 것은 아이의 당연한 권리이니 마음껏 인정해주자. 아이의 평범한 모습에서 묻어나는 생기발랄함이 얼마나 값진 것인지 이해할 지혜를 구하자. 아이의 존재를 점수나 다른 지표로 평가하지 말자. 매일 아이와 앉아서 아이의 존재를 기쁘게 받아들이는 은혜를 누리자. 나 자신의 평범함을 되새기며 그 아름다움에 만족하자. 나는 내 아이의 타고난 모습을 평가하거나 인정하기 위해 여기 있는 것이 아니고, 내 아이가 어떤 인생을 살아야 할지 결정하기 위해 여기 있는 것도 아니며, 다만 내 아이의 정신적 동반자로서 여기 있을 뿐이다. 내 아이의 영혼은 한없이 지혜롭기에 그에 걸맞은 모습을 드러낼 것이고, 내가 내 본모습을 올바르게 대하는 방법 또한 비춰줄 것이다."

'나쁜' 행동은 사실 타고난 선량함을 찾아 헤매는 것

내 소중한 친구 토니는 내성적이고 창의적이면서 세상물정에도 밝다. 하지만 토니는 상처받은 영혼이기도 했다.

쌍둥이로 태어난 그는 열 살 때 다른 도시에 사는 조부모님 댁에 보내졌다. 그는 그 시절을 이렇게 기억한다.

"나만 보냈어. 학교에 다닐 때였는데, 어느 날 엄마가 내 짐을 싸고 있

더라고. 내가 쌍둥이 동생에게 나쁜 영향을 준다는 거야. 내가 상대적
으로 너무 강해서 동생에게 콤플렉스가 생긴다면서 말이야."

토니의 어머니는 몇 달만 떨어져 있으면 쌍둥이 동생이 괜찮아질 거라
고 그를 달래며 이렇게 말했다.

"너는 강한 아이잖니. 지금껏 그래왔으니 앞으로도 괜찮을 거야."

그러나 몇 달이면 충분할 거라던 시간은 1년 반으로 길어졌다.

토니는 그때를 이렇게 회상했다.

"부모님을 한 달에 한 번 만났어. 그때마다 내게 말씀하셨지. '네 동생
이 마음을 열기 시작했단다. 이제는 혼자서도 잘하고 있어.' 그리고 부
모님이 가버리면 다음에 만날 때까지 볼 수 없었어. 부모님은 내가 강
인해서 괜찮을 거라고 했지만 난 절대 괜찮지 않았어. 왜 하필 내가 멀
리 떨어져 있어야 했을까? 그때부터 나는 결코 강하고 괜찮은 아이가
되지 않기로 결심했지."

토니는 부모의 관심을 끌기 위해 불량한 태도를 보이기 시작했다. 이렇게
하면 부모가 쌍둥이 동생에게 그랬듯 자신에게도 관심을 보일 거라고 생각
한 것이다. 하지만 토니의 그런 행동에 부모는 분노했고, 계속 그렇게 행동한
다면 아예 집에 데려가지 않겠다고 위협했다. 토니가 속상해하며 말했다.

"난 더 비뚤어졌지. 마약과 술에 빠져들고 학교도 그만뒀어. 하지만 부모님
은 여전히 쌍둥이 동생만 돌보고 나를 구하러 오지 않았어. '괜찮은' 아이였
던 나는 그렇게 '나쁜' 아이가 되었고, 그 꼬리표는 지금도 나를 따라다녀. 지
금까지도 내가 반항기를 타고나서 반항아가 되었던 게 아니라, 그게 부모님
의 관심을 받는 유일한 방법이라서 그랬던 거라고 말하면 부모님은 나를 비

웃는다니까. 내가 원래부터 나쁜 아이여서 멀리 떨어뜨려놓았던 거라고 하면서 말이지. 어쩌면 그 말이 옳을지도 몰라. 난 처음부터 나쁜 아이였던 거야."

반항의 원인으로는 집안의 여러 가지 사정이 있을 수 있지만, 그 뿌리엔 얼마나 인정을 받느냐 하는 문제가 깔려 있다. 가장 전형적인 원인은 부모가 너무 엄격하거나 고압적이거나 과잉보호를 하는 경우다. 그 결과 아이는 부모의 기대에 부담을 느끼고 솔직한 감정을 억압당하는 느낌을 받는다. 대부분의 '나쁜' 행동은 아이가 도와달라고 외치는 소리와 같다. 정상적인 방법으로는 원하는 것을 얻을 수 없으니 극단적으로 행동하는 것이다. 그런 경우 아이가 선택할 수 있는 또 다른 방법은 부모의 요구에 굴복해서 '효자'나 '효녀' 또는 '예스맨'이 되는 것이다.

자식이 '나쁜' 행동을 하면 부모는 걱정이 돼서 아이를 꾸짖으며 죄책감을 자극한다. 때로는 아이의 행동이 고쳐지길 바라며 차갑게 외면하기도 한다. 그러나 이런 방법으로 좋아지는 경우는 드물다. 오히려 부모의 그런 태도가 아이의 행동을 더 악화시켜 통제 불능 상태에 이르게 만든다. 아이는 자신이 불량한 행동을 했을 때 부모의 관심이 소극적이면, 더 심각한 일을 벌여야 주의를 끌 수 있을 거라고 생각한다.

가족에게 거부당한 아이는 자라면서 집안의 모든 문제를 떠안게 된다. 심리 치료 전문가들은 이런 아이를 '집안에서 환자로 지목된 사람'(가족 상담에서 사용되는 개념. 가족 안에서 내적 갈등이 심해지면 구성원들은 무의식적으로 어느 한 사람에게 불편함과 어려움을 떠넘기고 그에게서 원인을 찾는다. 이로 인해 가족 중 가장 먼저 상담을 받게 되는 사람이다. 희생양으로 보기도 한다.—옮긴이)이라고 부른다. 부모가 자신의 그림자를 인정하지 않는 경우 아이들 중 한 명에게 그 그림자를 투사할 수밖에 없고, 이 아이는 온 집안의 억눌리고 찢긴 감정을 떠안는 쓰레기통이 된다. 간혹 한 명이 아니라 여러 명이 그렇게 되는 경우도 있다. 그 아이들은 심한 죄책감과 함께 자신들은 본래 '나쁜' 사람이라고 느끼며 자란다.

이 아이들이 나중에 부모가 되면 그 '나쁜' 사람이라는 느낌을 자기 아이들이나 배우자에게 투사해서 그들을 못된 아이나 악한 배우자 역할로 만든다. 이런 사람은 자신의 반항심에 몹시 예민한 만큼 아이들이 반항할 기미만 보여도 경계 태세를 취하기 때문에 지나치게 받아주거나 지나치게 억압적인 부모가 되기 쉽다. 두 방법이 오히려 아이들의 반항을 불러온다는 생각을 전혀 하지 못한다.

상처는 우리의 진짜 모습이 아니다

우리의 아픔이나 상처가 어떤 형태를 띠든 그것은 우리의 진짜 모습이 아니다. 그것은 우리의 본질적인 면모와 전혀 무관하다. 그러니 과거에 어떤 일이 있었든지 그것이 지금의 우리를 규정할 필요는 없다.

인생의 모든 아픔에도 불구하고 사랑과 기쁨이 넘치는 우리의 본성은 어디 가지 않는다. 비록 그런 면이 발달하지 못해 덮이고 가려져 눈에 보이지 않게 되더라도 말이다. 우리의 이런 본질적인 면모를 발견하고 그동안 정신적으로 받아들이지 못한 부분까지 끌어안기에 부모와 자식 관계만큼 좋은 기회가 또 있을까? 우리가 그렇게 하는 것은 아이에게만 이로운 게 아니라 우리 자신에게도 좋은 일이다.

내면이 기쁨으로 넘치는 부모를 두는 경우는 매우 드물다. 그렇게 축복받은 아이들은 억압받지 않은 영혼을 간직한 채, 인생이란 본래 선하고 지혜로운 것이라고 직관적으로 믿으며 자라난다. 그들은 인생이 두려워할 대상이 아니라 끌어안아야 할 대상임을 안다. 이런 아이들은 부모가 눈에 보이지 않는 내면의 연결고리를 찾는 모습을 지켜보면서 자기만의 고유한 방법을 배워나간다.

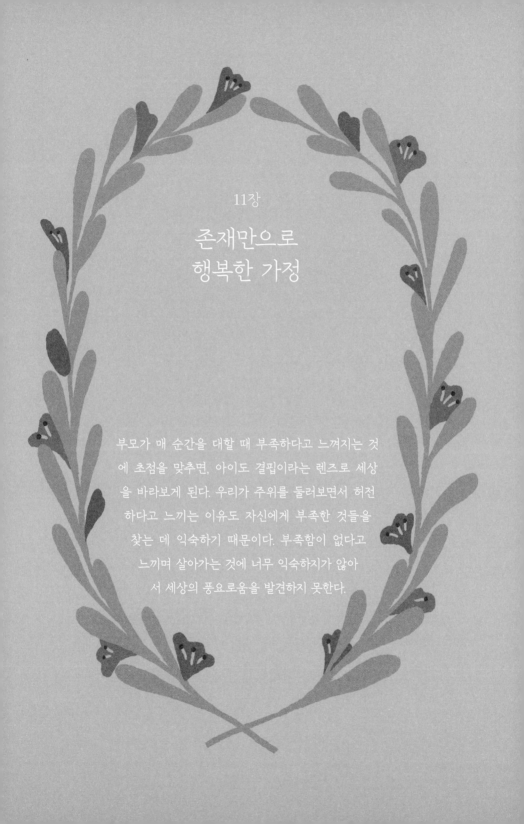

11장

존재만으로
행복한 가정

부모가 매 순간을 대할 때 부족하다고 느껴지는 것
에 초점을 맞추면, 아이도 결핍이라는 렌즈로 세상
을 바라보게 된다. 우리가 주위를 둘러보면서 허전
하다고 느끼는 이유도 자신에게 부족한 것들을
찾는 데 익숙하기 때문이다. 부족함이 없다고
느끼며 살아가는 것에 너무 익숙하지가 않아
서 세상의 풍요로움을 발견하지 못한다.

우리는 어른이 되면 끊임없이 무언가를 하느라 정신이 없다. 매 순간을 이런저런 활동들로 채운다. 우리의 활동량과 수입, 외모, 인맥이 자존감의 토대가 된다.

다행히 아이들은 우리가 그렇게 살라고 가르치기 전까지는 이와 같이 정신없는 상태로 살지 않는다. 따라서 깨어있는 부모가 되려면 사회가 요구하는 것과 다른 틀 안에서 움직여야 한다. 깨어있는 부모는 아이의 성공을 가늠하는 기준 자체가 다르다. 아이들은 어른들이 만들어놓은 세상에서 여러 가지 활동에 치이고 성공에 대한 압박에 시달리는 것이 아니라, 순간에 충실하며 존재 자체를 기쁘게 받아들일 수 있어야 한다. 이러한 양육방식에서는 성적이나 점수는 더 큰 그림을 위한 아주 작은 부분을 차지할 뿐이다.

아이들이 인생 자체를 즐기도록 하려면 너무 많은 계획을 세우지 말아야 한다. 아이가 어릴 때는 친구들과 마냥 뛰어놀고 빈둥대며 시간을 보내게 해줘야 한다. 다섯 살도 안 된 아이가 아침부터 밤까지 부모가 짜놓은 일정을 소화하느라 정신없이 지낸다면 어떻게 자기 자신과 교감을 나눌 수 있겠는가?

사실 요즘 아이들이 정신없는 일과를 보내는 이유는 아이들에게 그렇게 많은 과외 활동이 필요해서가 아니다. 부모가 아이에게 아무것도 시키지 않고 가만히 지켜보지를 못해서 그런 것이다. 우리는 자랄 때 끊임없이 뭔가 하면서 살아야 한다고 배웠다. 여기에는 일이나 운동, 심부름 같은 신체적 활동만이 아니라, 쉴 새 없이 의미를 부여하고 분류하고 평가하고 합리화하는 정신적인 활동도 포함된다.

현대사회를 살아가는 우리는 머릿속이 너무 복잡해서 중립적으로 어떤 사람이나 상황을 대하는 능력을 상실했다. 사람이든 사건이든 마주한 현실을 있는 그대로 대하지 못하고 예전부터 갖고 있던 옳고 그름, 좋고 나쁨에 관한 생각을 끌어들인다.

살면서 겪게 되는 언짢은 일들에 불안과 짜증, 분노, 욕설로 반응하는 부모를 생각해보자. 예컨대 꽉 막히는 도로 위에 있을 때 그 상황을 어떻게 평가하고 의미를 부여하는지 보면, 일단 그 상황을 차분하게 인식하지도 편안하게 받아들이지 못한다. 어쩔 수 없는 상황에 처한 것을 이해하지 못하고 단지 힘들다는 느낌에만 주목한다. 이런 부모는 아이에게 인생의 모든 경험, 그중에서도 불쾌한 경험은 반드시 평가해 부정적인 의미를 부여해야 한다는 인식을 유산으로 물려준다. 부모가 아이를 대할 때 존재 자체를 중시하며 아이의 현실을 있는 그대로 받아들이지 못하면, 아이들은 인생을 있는 그대로 경험하면 안 된다고 배우게 된다.

우리가 이렇게 자꾸만 무언가를 하는 것은 전부 스스로에 대한 부족감을 누그러뜨리려는 시도라고 할 수 있다. 아이들을 돌보려고 자기 인생을 포기한 채 '오로지 아이의 행복을 위해' 끝없이 무언가를 하는 엄마들도 마찬가지다. 겉보기엔 아이를 발레 수업과 야구 연습에 데려다주고 또 아이를 위해 요리하고 청소하는 헌신적인 엄마처럼 보인다. 그러나 이런 엄마들의 경우, 아이들을 위해 무엇을 하느냐로 자신이 어떤 사람인지를 인식하기 때문에 그들이 베푸는 것은 다분히 조건적이다. 엄마들의 정신없는 일과는 자신의 불안을 누그러뜨리기 위함이라서 아이의 욕구를 제대로 살피지 못한 채 아이를 이용해 자신이 이루지 못한 꿈을 대신 실현하려고 한다. 만약에 아이가 엄마의 요구에 부응하지 못하면, 엄마는 그 상황을 용납하기 힘들어하면서 아이들이 '잘' 하도록 교묘히 조종하는 등 훨씬 더 건강하지 못한 관계를 만든다. 실제로 이런 사례를 상담한 적이 있다.

⌄
⌄

패션디자이너로 일하다 전업주부가 된 엄마의 관심은 오로지 두 아이뿐이었다. 그녀의 일과는 아이들을 중심으로 돌아갔다. 지나친 열성과 관심으로 아이들을 매일 저녁 다양한 과외 활동에 등록시켰다. 그러다 보니 계속 아이들을 데려다주고 데려오기 바빴다. 그녀에게는 아이들이 학교와 과외 활동에서 탁월한 실력을 발휘하는 것이 가장 중요했다. 마침 딸은 수영에, 아들은 피아노에 뛰어난 재능을 보였다.
그녀는 아이들을 무척 자랑스러워하며 그들이 성공할 날만을 위해 살았다. 아이들에게 무슨 일이 있을 때마다 가장 먼저 도착하는 엄마라는 사실에 그녀는 엄마로서는 물론이고 한 인간으로서도 자부심을 느꼈다.
그러던 어느 날 그녀는 학교 상담교사의 전화를 받고 딸에게 폭식 중세가 있다는 말을 들었다. 상담교사는 딸이 자신의 증상을 털어놓으면서 혹시 엄마가 알게 될까봐 무섭다고 했다는 말도 전했다. 딸은 감정을 주체하지 못하고 계속 같은 말만 반복했다고 한다.

"제발 엄마에게 얘기하지 마세요. 엄마가 알면 절 미워할 거예요. 제게 실망할 거예요."

겨우 여덟 살인 딸이 수영복을 입었을 때 더 날씬해 보여야 한다는 압박감에 시달리다가 폭식 증세를 보이게 된 것이다.

그제야 그녀는 아이들의 모든 활동을 중단시켰다. 그리고 끊임없이 이어지는 활동이 아이들의 정신 건강에 끼치는 영향을 처음으로 생각해보았다. 사실 그때까지도 그녀는 자신이 아이들을 위해 최선을 다하고 있다고 믿고 있었다. 그 모든 활동이 아이들에게 부담으로 작용해 역효과를 내리라고는 상상도 못했던 것이다. 그녀가 어떻게 알 수 있었겠는가.

어린 시절 그녀는 다양한 활동을 접할 기회도 없었고, 부모의 관심도 거의 받지 못하고 자랐다. 그녀의 부모는 딸을 유모에게 맡기고 자주 여행을 다녔다. 그녀는 자기 부모가 해주지 않은 것들을 아이들에게 해주며 스스로를 헌신적인 엄마라고 생각했다.

자신이 어린 시절 누리지 못한 것들을 아이들이 누리게 하려던 그녀의 욕망은 아이러니하게도 아이들에게 외롭고 방치되었다는 느낌을 갖게 했다. 그녀가 어렸을 때 그랬던 것처럼. 다른 점이 있다면 아이들은 엄마를 위해 계속 성과를 내야 한다는 생각으로 바쁘게 생활하며 그런 감정들을 숨겨왔을 것뿐이다.

이 사례에 담긴 교훈은 단순하다. 무엇을 하느냐를 근거로 자신이 어떤 사람인지를 인식하도록 가르치면, 아이들은 어떤 식으로든 인생이 기대에 어긋날 때마다 불행해진다는 것이다.

걱정이라도 해야 안심이 된다면

우리가 그냥 가만히 있지 못하는 마음을 감추기 위해 가장 흔히 '하는' 것 중 하나가 바로 걱정하기다.

부모가 눈앞의 현실을 차분히 받아들이지 못하고 미래가 어떻게 펼쳐질지 불안해하며 답을 찾느라 의심과 망설임, 비관과 불신의 태도로 자신을 둘러싼 환경을 대하면, 아이들도 그와 똑같은 방식으로 인생을 대한다.

이런 부모는 인생의 역경을 자신의 회복탄력성을 확인할 기회로 받아들이지 못하고 "내게 이런 불행이 닥치다니"라며 비관적인 태도를 보인다. 그러면 아이들도 어려움에 부딪혔을 때 그와 똑같이 감정적으로 대응한다. 이렇게 걱정하는 성향을 물려받으면 피해자가 된 것 같은 느낌, 희생자처럼 행동하고 싶은 욕구가 생긴다.

마찬가지로 부모가 매 순간을 대할 때 부족하다고 느껴지는 것에 초점을 맞추면, 아이도 결핍이라는 렌즈로 세상을 바라보게 된다. 우리가 주위를 둘러보면서 허전하다고 느끼는 이유도 자신에게 부족한 것들을 찾는 데 익숙하기 때문이다. 부족함이 없다고 느끼며 살아가는 것에 너무 익숙하지가 않아서 세상의 풍요로움을 발견하지 못한다.

불안감 때문에 완벽해야 한다는 강박을 느끼는 사람들도 있다. 이런 경우 모든 사람들에게 인정받고 싶어서 스스로를 고치고 싶은 충동을 느낀다. 그런가 하면 불안감 때문에 오히려 일탈 행동을 하는 이들도 있다. 이들도 여전히 완벽해야 한다고 느끼기 때문에 스스로를 고쳐서 인정받기를 원하지만, 정반대되는 행동들로 이를 가려버린다.

무엇보다 불안은 통제 욕구로 표출되는 경향이 있다. 우리는 자기 모습을 있는 그대로 받아들일 수 없을 때 자기만의 진솔함을 포기한다. 대신에 다른 사람의 뜻에 따름으로써 '스스로를 통제하고 있다'는 느낌을 받으려고 하거나 다른 누군가, 특히 자기 아이들 위에서 군림함으로써 통제하고 있다는 느낌을 얻고자 한다. 우리는 불안감을 덜기 위해 주변환경을 관리하고, 상황을 좌지우지하며, 함께 살아가는 사람들의 삶에 간섭하려 한다.

걱정을 하다 보면 우리는 뭔가 '하고 있다'는 생각에 안심이 되어 어쨌거나 상황을 어느 정도는 통제하고 있다고 착각한다. 정신 활동을 계속함으로써 뭔가 행동을 취하고 있다고 느끼는 것이다. 그러나 걱정은 아직 일어나지 않은 일, 즉 미래에 초점이 맞춰지기 때문에 우리가 당장 긍정적인 행동을 취하는 데 방해가 된다. 사실 걱정은 현재에 충실히 임하는 것에 대한 두려움을 감추고자 하는 가면이다.

역설적이게도 우리는 불안감에 사로잡히면 현실을 더 좋게 만들 방법이 있음에도 불구하고 그 상황을 적극적으로 주도해나가는 데 겁을 낸다. 불안하다는 건 사실 수동적인 상태다. 수많은 생각을 하며 현실에 적극적으로 대응하는 것 같지만, 실제로는 그 번잡한 생각들로 머리를 채워 산만하기만 할 뿐 아무 힘도 못 쓰는 상태다. 이렇듯 생각함으로써, 혹은 우리의 뜻을 다른 이들에게 강요함으로써 우리는 그 상황에 행동을 취하고 있다고 믿지만, 정말로 상황을 바꾸는 데 필요한 행동을 하는 경우는 드물다.

현실에 굴복한다는 생각에서 비롯되는 불안감은 다양한 형태로 드러난다.

예컨대 삶이 우리가 원하는 대로 흘러가지 않을 때마다 우리는 인생을 위에서 내려다보는 태도를 취하며 스스로가 대단히 중요한 존재라고 여긴다. 즉 일이 잘 풀리지 않는 것은 우리처럼 특별한 사람이 아닌 다른 보통 사람들에게나 일어나야 한다고 생각하는 것이다.

'그건 내게 일어나선 안 되는 일이었어. 우리 집안에 일어날 수 없는 일이야. 그 많은 사람 중에 하필 내가 이런 일을 겪어야 한다니 믿을 수 없어. 내 인생은 이걸로 충분치 않아. 이건 내가 기대했던 것과 달라. 이러려고 내가 그렇게 열심히 일한 게 아니야.'

상황이 자기 기대와 다르게 돌아가면 스스로 피해자 혹은 희생양이라는 생각에 빠지는 사람들도 있다. 이런 경우 스스로를 불운하다고 생각한다.

'늘 나한테만 이런 일이 생긴다니까. 나는 언제나 패배할 뿐 절대 승자가 될 수 없어.'

그러다 보면 모든 사람이 자기를 괴롭히려 한다고 믿게 된다. 여기서 한발 더 나아가면 세상은 불공평할 뿐만 아니라 위험하다는 생각까지 들기 시작한다.

'다들 자기만 생각해. 모든 게 너무 경쟁적이야. 세상이 사랑이 아닌 돈을 중심으로 돌아가는 게 싫어. 사람들이 어쩜 그렇게 비열하고 잔인하고 복수심에 불타는지. 인간이란 원래 믿을 수 없는 존재이니 누구도 믿어선 안 돼. 세상은 지옥 같은 곳이야.'

어떤 사람은 그 불운을 자기 탓으로 돌린다.

'다 내 잘못이야. 다 내가 자초한 일이야. 나는 이런 일을 당해도 싸.'

아니면 다른 사람 때문에 피해를 봤다고 생각한다.

'그들은 나를 진심으로 사랑하지 않았어. 나를 더 많이 신경썼어야지. 나한테 더 많은 관심을 줬어야지. 나를 더 챙겨줬더라면 좋았을 텐데. 그들이 나를 이렇게 망가뜨린 거야. 왜 내 말을 안 들어주는 거지?'

하지만 그래봐야 고통만 더 심해질 뿐이다.

이런 사고방식을 가지면 살다가 어려움을 맞닥뜨렸을 때 발전한다는 느낌보다 위축되는 느낌을 받는다. 그래서 불안감이 들고, 절망과 혼란을 부채질하니 무엇을 하든 실패에 이르고, 결과적으로 의욕이 떨어진다. 그러면 불안감이 더 커져 아무것도 못 하게 되는 악순환에 빠진다. 실패가 두려워서 삶에 충실하기가 겁이 나니까 자꾸만 장애물을 만들어낸다. 어려운 상황을 만나면 해결책이 아니라 문제만 보인다.

우리는 많은 경우 "나는 못해"라는 생각을 뒷받침하기 위해서 자꾸만 자기를 가로막는 상황을 만든다. 예컨대 시험 준비를 늦게 시작하는 것도 그런 경우다. 미루는 버릇 때문에 제대로 준비를 안 해놓고는 어쩔 수 없었다고 생각한다. 어떤 일을 시작만 하고 마무리를 못하는 경우도 마찬가지다. 딴 데 한눈을 판데다 이런저런 방해물들을 끌어들였으면서 어쩔 수 없었다고 굳게 믿는다.

이런 사람들은 어느 시점에 긍정적인 변화를 시도하게 되더라도 익숙하지 않으니 어색하다고 느끼고, 결국은 너무 불안해져 변화를 거부하고 원래의 수동적인 태도로 돌아간다. 어떤 상황에 뛰어들기 전에 반드시 결과를 알아야 한다고 믿으며, 결과에 대한 확신이 있을 때만 모험을 시도한다. 확신이 없으면 상처받을 위험이 크다고 느끼며 불안해하는 것이다.

인생을 대할 때 걱정부터 하는 부모 밑에서 자란 사람은 의식적으로 노력하지 않는 한 자식에게 그런 성향을 대물림하게 되고, 그러다 보면 아이들은 인생이 본래 위협적인 것이라고 여기게 된다. 인생의 어려움에 당당히 맞설 수 있게 힘을 주는 선물 같은 기회, 즉 내적 알아차림을 통해 자연스럽게 자기 자신을 믿게 되는 과정을 두려워하게 되는 것이다. 스스로를 믿지 못하면 인생에 대해 불평을 하거나 걱정을 해야만 어떻게든 불운을 피할 수 있다는 착각에 빠진다.

이런 악순환의 대물림을 끊는 방법은 단 하나, 걱정은 현재에 충실하기 두려울 때 쓰는 가면에 불과하다는 사실을 깨닫는 것이다. 우리는 현재에 충실함으로써 인생은 본래 지혜로운 것이라는 믿음을 키워나가도록 아이들을 도울 수 있다.

현재를 두려워하는 마음은 어디에서 오는가?

많은 사람들이 혼자 가만히 앉아 완전한 고독을 경험하는 것을 두려워한다. 우리는 완전히 혼자인 상황을 마주해야 한다고 생각하면 덜컥 겁이 난다. 그래서 하루를 이런저런 일들로 빈틈없이 채우고, 아이들의 인생에 끊임없이 간섭하려 든다.

당연히 이 두려움의 뿌리는 죽음에 대한 두려움이다. 우리는 아직 죽음을 받아들일 준비가 안 된 상황이라 죽음이 우리를 피해갈 것처럼 착각하며 살아간다. 죽음을 받아들이는 법을 배우기 전까지는 삶을 소음과 드라마로 채우며 '살아 있다'는 느낌을 고조시킨다. 아이들을 통제하고 배우자와 다투고 직장에서 불편한 상황들을 자초하는 이유도 마찬가지다. 뭔가 할 때의 강렬한 울림을 통해 우리는 '살아 있음'을 확인한다. 이 모든 활동이 없으면 우리는 아무것도 가진 게 없을 뿐 아니라, 아무 존재도 아니라는 생각에 겁이 난다. 텅 빈 상태로 들어가는 것이 우리에겐 가장 큰 두려움이다.

삶과 죽음이 스펙트럼의 양극단이라고 생각하면 이런 두려움은 더 커진다. 무슨 수를 써서라도 짧은 인생을 잘 살아내야 한다는 생각에 불안해진다. 하지만 삶과 죽음이 그저 연속선상의 점에 불과하다는 관점을 받아들이면, 삶은 계속된다는 생각에 '이' 신분, '이' 삶, '이' 역할에 대한 광적인 집착을 내려놓을 수 있다. 그 결과 움켜쥐고 있던 에고 상태에서 벗어나 우리의 진정한 모습을 볼 수 있게 된다.

언젠가 죽을 수밖에 없는 현실로부터 아무리 숨으려 해도 우리는 모두 인생이 덧없고 아주 쉽게 무너질 수 있다는 사실을 안다. 애써 부정하려고 하지만 다 알고 살아간다. 그 의미를 진실로 마주하는 것이 끔찍하더라도 스스로에게 솔직해지는 편이 낫지 않을까? 우리의 존재가 본래 덧없고 순간적이라는 사실을 받아들이면 우리는 오히려 힘을 얻게 된다. 따라서 감정적인 드라마를 펼치며 이런 깨달음을 외면하기보다 있는 그대로의 삶을 받아들이는게 현명하다.

우리는 죽음에 대한 두려움 때문에 계속 에고에 집착하고, 그로 인해 '나'를 고립된 존재로 인식한다. 하지만 인생의 유한함을 받아들이면, 우리 모두가 서로 완벽하게 연결되어 있으며, 하루하루가 경이로움으로 가득하다는 사실을 깨닫게 된다. 바로 이때부터 부모의 여정이 활기를 띠기 시작한다. 아이들과 함께하는 매 순간을 소중히 여기며, 모든 경험, 특히 평범해 보이는 경험들을 즐기게 된다. 아무 즐거움도 주지 못하는 일들에 시간과 에너지를 낭비하지 않게 된다. 중요한 것은 자신과의 연결, 인생에서 맺는 관계들이라는 사실을 깨닫고 더 이상 물질적인 것들에 우리의 존재를 허비하지 않게 된다.

궁극적으로 인생이라는 이 여정이 진짜 우리만의 것임을 받아들이는 게 쉽지 않다. 우리는 자신의 고유함을 내세우다가 고립되고 외로워질까봐 두려워한다. 자기 자신을 잘 알지 못하기 때문에 스스로 보살피기엔 부족하다고 느낀다. 자기만의 고유한 길을 걸어봐야만 개인적인 충족감과 다른 모든 존재와의 일체감을 경험할 수 있다는 사실을 아는 사람은 많지 않다.

반면 아이들은 본능적으로 존재에 충실하게 사는 법을 알기 때문에 자신의 진정한 모습을 발견하도록 부모를 이끌어줄 수 있다. 아이들은 자기 안에서 자기 정신에 반응하며 살아가는 법을 본능적으로 안다. 눈앞에 펼쳐지는 현실을 있는 그대로 받아들여야 한다는 사실도 다 알고 어른들이 잘하지 못하는 방식으로 현실을 대할 줄 안다. 그렇기 때문에 우리는 아이들에게서 진짜로 사는 법을 배울 수 있다.

우리는 기본적으로 삶을 있는 그대로 받아들이기를 두려워하고, 이런 두려움 때문에 과민하게 반응한다. 하지만 아이의 진정한 모습에 관심을 기울이는 부모가 되려면 아이의 영혼을 있는 그대로 받아들여야 한다. 이는 우리가 반발심과 논리적 분석, 나아가 이런저런 해결책까지도 다 제쳐두고 그저 아이의 있는 그대로의 모습과 마주할 때, 존재 대 존재로 만날 때 가능해진다.

홀로 가만히 있어보기

현대사회의 심각한 병폐 중 하나는 아무도 홀로 가만히 있지 못한다는 것이다. 우리는 몹시 불안하고 당혹스럽고 평온하지 못하다. 왜 그럴까? 자신의 본모습과 단절되어 살기 때문이다. 우리가 각자의 내면과 연결되어 있다면 이토록 권력을 추구한다거나 다른 사람들, 심지어 지구까지 해치는 일은 없었을 것이다. 우리가 존재에 충실할 때 비로소 모두가 하나이며 누구에게나 자율권이 있다는 생각에 통제하려는 욕구가 사라진다. 자기 내면에 주의를 기울임으로써 자연스럽게 삶을 경건하게 대하고, 모든 존재, 특히 약자에 대한 연민이 생기게 된다.

아이의 불안을 해소할 방법은 바깥세상이 아닌, 아이의 내면에 있다는 점을 명심하자. 그러면 아이가 당장 외부에서 만족감을 얻도록 부추기지 않고 그들의 상상을 끌어안도록 가르칠 수 있다. 깨어있는 부모라면 인내심을 가지고 차분히 기다릴 뿐 아이에게 섣불리 여러 활동과 단편적인 지식들을 강요하지 않는다.

어린 시절은 열매를 맺는 시기가 아니라 씨앗을 뿌리는 시기라는 것을 우리는 안다. 어떤 씨앗에 물을 줄지는 아이가 타고난 지혜와 운명에 대한 직감으로 결정할 일이라는 것도 안다. 다시 말하면 깨어있는 부모는 운명에 대한 아이의 직감을 전적으로 믿는다. 깨어있는 삶을 산다는 건 결과보다 과정에 초점을 맞추고, 무엇을 하든 완벽함을 추구하기보다 실수로부터 배울 줄 아는 용기를 중시하는 것이다. 또한 현재만이 의미 있는 순간임을 아는 것이다. 인생이 한결같고 의욕적이며 지혜로운 스승이라고 믿는 것이다.

존재에 충실한 삶을 살기 위해서는 내면의 리듬과 연결되어 있어야 한다. 이렇게 중심이 잡히고 고요한 내면과 연결된 채로 움직이면 모든 활동에 우리가 존재하는 더 깊은 목적이 드러난다. 이제 더 이상 이런저런 활동을 쫓아다니지 않고 내면의 고요함을 알아차리는 데 에너지를 쏟게 된다. 내면의 고요함은 현재에 집중하는 모습으로 나타나며, 이렇게 현재에 집중하는 모습은 깨어있는 부모의 받아들이고 인정하는 태도의 핵심적인 특징이다.

　부모로서 우리는 외부 요인에 휩쓸리는 대신 내면의 소리에 귀 기울이고, 활동보다 존재에 의미를 두고 사는 법을 배워야 한다. 그래야 아이와 함께하는 여정이 불안과 허상에 연료를 허비하지 않을 수 있다. 우리가 에고에 사로잡힌 활동에서 벗어나 자신의 본질에 충실한 존재로 바뀌면 우리의 세계관도 바뀐다. 그러면 욕구가 아닌 베풂에 초점을 맞추게 되고, 내적 결핍이 아닌 풍요를 경험하게 된다. 또한 막힘이 아닌 순환의 에너지를 느끼게 되고, 더는 과거에 얽매이지 않고 현재에 존재하게 된다.

　깨어있는 부모가 되기 위해서는 이런 변화가 꼭 필요하지만 쉬운 일은 아니다. 우리가 끊임없이 무언가 하는 이유는 아이들의 본모습을 따르는 것보다 사회에서 활약하는 모습과 연결된 인생의 측면들을 따라가는 게 더 쉽다는 것을 알기 때문이다. 하지만 우리가 중심축을 옮겨서 그저 존재하는 것만으로도 기쁨을 누리고 어떤 활동이든 어린아이 같이 순수한 마음으로 할 수 있다면 곧장 진솔함과 경외심, 기쁨과 평화, 용기와 믿음처럼 정량화하긴 어렵지만 아이들에게 훨씬 더 중요한 특성을 소중히 여기게 된다.

　부모가 아이의 미래에 몰두하다 보면 "시간은 돈"이라는 인식을 심어주기 바빠서 현재에 충실할 때 시간은 무한할 수 있다는 사실을 가르치지 못하게 된다. 부모가 존재 자체를 즐길 줄 아는 삶을 살아야 아이들이 돈이나 이미지가 아니라 타고난 목적을 위해 사는 법을 배우게 된다. 그러다 보면 아이들은 저녁식사로 작은 과일 하나를 먹더라도 고급 요리를 먹는 것처럼 만족해한다.

　또한 아이들의 눈은 집착할 대상이 아니라 놓아버릴 것을 찾고, 인생이 제 뜻대로 되어야 한다고 우기는 대신 자연스러운 흐름을 따르게 된다. 아이들은 바깥세상과 내면이 서로를 풍요롭게 만든다는 점에서 인생을 동반자 관계로 바라본다.

가장 중요한 순간은 바로 지금, 여기

아이는 부모 곁에 영원히 머물지 않고 곧 제 삶을 찾아 떠난다. 이 말은 아이가 자기 내면의 풍요로움을 알아차리도록 우리가 도울 수 있는 시간이 많지 않다는 뜻이다. 아이들은 성장해서 홀로 대학에 가거나 인간관계로 압박을 받거나 이성관계로 어려움을 겪거나 경제적으로 쪼들리거나 불안을 느낄 때 자기 내면으로 깊숙이 파고든다. 그러니 이에 대비해 부모는 일상적으로 아이들의 내면이 튼튼해지도록 자양분을 공급해줘야 한다.

우리는 대개 레스토랑에서 함께 외식을 하거나 휴가를 보낼 때 아이와 교감할 수 있을 거라 기대한다. 그러나 정서적인 교감이 가장 활발하게 일어나는 순간은 목욕을 시키거나 식탁에 마주 앉아 있을 때, 또는 버스를 기다리거나 자동차를 함께 타고 있거나 줄을 서서 기다릴 때처럼 평범한 순간들이다. 매일 매 순간 교감이 일어날 수 있다는 사실을 알지 못하면 아이와 소통할 수 있는 수없이 많은 멋진 기회들을 놓치게 된다.

아이가 말을 걸 때는 가능하면 하던 일을 제쳐두고 아이와 눈을 맞추며 온 관심을 기울이는 게 좋다. 매일 아침 아이와 반갑게 인사하고, 바쁜 하루를 시작하기 전에 단 몇 분이라도 아이에게 집중하는 습관도 중요하다. 외출 준비를 서두를 때는 아이와 노래를 부르거나 농담을 주고받거나, 누가 먼저 준비를 끝내는지 시합을 하며 교감할 수 있다.

하루 종일 온갖 소소한 방법들로 아이와 교감을 나눌 수 있다. 예컨대 거실에서 아이를 지나칠 때 가볍게 어루만지거나 손을 한번 꼭 잡아보자. 아무 때고 아이에게 다가가 얼마나 사랑하는지 모른다고 말하는 것도 좋은 방법이다. 학교에서 돌아온 아이를 맞이할 때는 무조건 받아주는 태도를 보여야 한다. 절대 비판적인 태도를 보이지 말고 아이들이 자기 얘기를 들려주고 싶도록 분위기를 만들어보자.

가게에서 줄을 서서 기다리거나 신호등 앞에 서있을 때도 아이가 어리면 간지럼을 태우면서 교감할 수 있다. 좀 더 큰 아이라면 당신이 하루를 어떻게 보냈는지 들려주거나 아이에게 그날 일에 대해 물어보면서 교감을 나눠보자. 아이가 학교에 있는 동안 집에서 편지를 쓰거나 아이를 생각하고 그리워했다는 내용을 짧게 적어보는 것도 좋다.

적어도 하루에 한 번은 아이의 유머를 즐겁게 받아주며 아이와 함께 웃는 게 중요하다. 또한 매일 아이가 자기 자신이나 부모에 대해서 뭔가를 알려줄 수 있도록 해야 한다. 밤이 오고 잘 시간이 되면 그 시간을 성스럽게 만들어보자. 아이가 원한다면 당신 품에 안겨서 이런저런 이야기를 풀어놓게 해주자. 그러면 잠자리에 드는 시간이 행복한 의식으로 자리잡게 될 것이다.

사람은 저마다 독특한 개성을 지닌 만큼 부모가 아이와 교감하는 방식도 제각각일 것이다. 핵심은 아이의 타고난 리듬에 맞추는 것이다. 아이의 자연스러운 존재 방식을 따라가다 보면, 우리도 아이들처럼 현재에 더 충실하고 열린 태도로 몰두할 수 있다는 것을 알게 된다.

아이들, 특히 영아나 유아기 아이들을 지켜보면 깨어있는 삶을 사는 비밀을 발견할 수 있다. 아이들은 자연스레 현재의 순간을 산다. 영아나 유아는 비록 의식 수준이 가장 낮다고 알려져 있지만, 이 아이들이야말로 깨어있는 삶을 가장 잘 실천하고 있다고 할 수 있다.

어떻게 그럴 수 있을까? 아이들은 두려움이나 죄책감, 집착이나 통제 욕구 같이 에고가 만드는 장애물에 잘 걸리지 않고 있는 그대로의 삶에 반응하기 때문이다. 부모가 알아차림 없이 아이를 키우는 것은 아이를 이런 자연스러운 상태에서 끌어내 미래에 대한 부담을 안기는 셈이다. 현재에 충실하던 아이에게 이런저런 생각을 떠안기다 보면 자연스러움은 사라지고 예측 가능한 습관만 남게 된다.

아주 어린 아이들은 특히 매순간 새로운 모습을 보여준다. 그들은 본래 즉흥적이라 물 흐르듯 삶을 대하는 방식을 두려워하지 않고 변화에 열려 있다. 꽃이 보이면 멈춰 서서 찬찬히 살피고, 구름이 눈에 들어오면 하던 일을 멈추고 그 모양에 감탄할 줄 안다. 아이들의 내면은 무한한 상상력이 뿌리내린 울창한 숲과 같아서, 모래밭에서 도구나 장난감 없이도 몇 시간을 놀 수 있다. 그리고 늘 자기 몸 상태에 깨어있기 때문에 신체적인 욕구를 부끄러워하지 않는다. 그래서 배가 고프면 먹고, 졸리면 잔다.

우리는 현재만이 유일하게 의미 있는 순간인 것처럼 대응하기가 두려울 수 있다. 과거의 경험을 토대로 상황을 해석하는 대신 어린아이처럼 각 상황에 깃든 새로움을 발견해야 하기 때문이다. 우리는 그보다 영리한 방법으로 우리가 얼마나 과거에 집착하고 미래를 걱정하는지 숨길 수 있는데도 말이다. 후회와 회한, 죄책감과 향수는 아주 그럴듯하게 들리지만 모두 과거에 대한 집착일 뿐이다. 앞으로의 일에 대한 걱정과 환상, 과도한 계획과 준비 역시 일이 잘되기를 바라는 모습처럼 보이지만, 그 또한 미래에 집착하는 모습일 뿐이다.

우리가 과거에 얽매이거나 미래에 대한 열망 때문에 현실을 제대로 보지 못하면 많은 기회를 놓치게 된다. 그 기회는 지혜로운 사람의 눈에는 보이지만 생각이 너무 많거나 지나치게 분석적인 사람에게는 보이지 않는다. 자기도 모르는 사이에 자신의 진정한 모습과 단절되고, 그러다 보면 다른 사람들과도 교감을 하지 못하게 된다.

우리의 진정한 모습은 오직 지금 이 순간을 알아차릴 때 발달한다. 아이를 깨어있는 사람으로 키우려면 부모가 현재에 충실한 삶을 사는 것이 중요하다. 지금의 현실이 아무리 골치 아프고 견딜 수 없이 괴롭더라도 그것을 피하고 싶게 만드는 것은 우리의 판단일 뿐, 현재라는 순간 자체는 아니다.

과거에 어떤 일이 있었고, 앞으로 무슨 일이 벌어지든, 우리는 적어도 이 순간만은 아이들을 다르게 바라볼 수 있다. 지금 여기, 바로 이 순간만은 깨어있을 수 있다. 비록 하루에 몇 번 안 되더라도 그 순간들이 아이의 운명에 영향을 줄 수 있다.

알아차림은 어떤 경지에 이르면 영원히 지속되고, 그 경지에 이르지 못하면 영영 경험하지 못하는 그런 현상이 아니다. 우리가 순간순간 알아차릴 때마다 엄청난 힘이 발휘된다. 아이와 교감하는 순간을 하나씩 늘리는 것이 지나간 과거보다 훨씬 더 가치 있다.

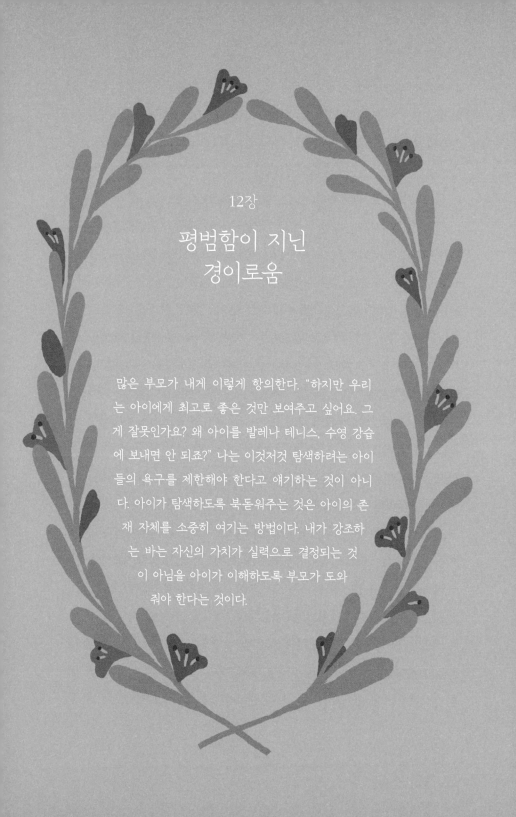

12장

평범함이 지닌
경이로움

많은 부모가 내게 이렇게 항의한다. "하지만 우리
는 아이에게 최고로 좋은 것만 보여주고 싶어요. 그
게 잘못인가요? 왜 아이를 발레나 테니스, 수영 강습
에 보내면 안 되죠?" 나는 이것저것 탐색하려는 아이
들의 욕구를 제한해야 한다고 얘기하는 것이 아니
다. 아이가 탐색하도록 북돋워주는 것은 아이의 존
재 자체를 소중히 여기는 방법이다. 내가 강조하
는 바는 자신의 가치가 실력으로 결정되는 것
이 아님을 아이가 이해하도록 부모가 도와
줘야 한다는 것이다.

부모라면 누구나 자기 아이가 특별하길 바란다. 아이가 특별하면 부모인 우리도 특별하게 느껴지기 때문이다. 하지만 이를 위해 아이들이 어떤 대가를 치러야 한다면?

　어떤 부모는 아이를 제2의 아인슈타인이나 마이클 펠프스 또는 줄리아 로버츠로 키워내고 싶은 마음이 너무나 간절해서 아이가 이런저런 활동에서 두각을 나타내도록 몰아붙인다. 무엇을 하든 그냥 잘하는 정도가 아니라 탁월하기를 바라면서 말이다. 자기 아이가 우등생이거나 주목받는 수영선수라고 말할 때, 혹은 상을 받은 배우이거나 뛰어난 테니스선수라고 사람들에게 얘기할 때, 또는 "하버드대에 합격했다"는 소식을 전할 때 부모가 느끼는 강렬한 자부심을 우리는 모두 이해한다. 특히 어린아이들은 부모의 에고가 느끼는 갈증을 기막히게 알아차리고 그것을 풀어주려고 자신을 채찍질한다.

　부모가 아이의 성공에 그토록 목말라하는 이유는 아이를 통해 자신의 존재 가치를 인정받고 싶기 때문이다. 그래서 아이를 그 또래 아이들과 비교하며 '내 아이가 내 친구의 아이들보다 더 잘하나 못하나?' '읽기나 쓰기, 운동

실력은 남들보다 뛰어날까, 부족할까?' 이렇게 조바심 내면서 아이의 잠재력을 최대한 끌어내려고 한다.

아이들은 태어난 직후에는 이런 세속적인 고민을 전혀 하지 않지만, 그들도 자라면서 실력 있는 사람과 실력 없는 사람으로 양분되는 경쟁 사회의 일원임을 일찌감치 배운다. 점수와 교사의 평가, 또래들의 평판 같은 외부 기준들로 평가받는다는 것도 알게 된다.

안타깝지만 주의력결핍장애ADD, 전반적발달장애(PDD, 의사소통과 사회성 발달이 지연되는 장애), 학습장애, 양극성장애(조울증) 등에 대해서도 알게 되며, 그 반대편 끝에는 천재나 영재 같은 수식어가 있다는 것도 배운다. 아이들은 자신의 행동이 끊임없는 관찰 대상임을 알게 된다. 그래서 자신이 사회적으로 용인되는 기준에 미치지 못하면 굴욕감을 느낀다.

부모가 아이들에게 인생의 성공은 실력에 달렸다고 가르치면, 아이들은 어린 시절을 있는 그대로 경험하지 못하고 미래의 성공을 향해 내달리게 된다. 자신의 현재 모습, 있는 그대로의 모습이 어른 세계에서는 충분치 않다고 여기는 것이다. 그러다 보니 아이답게 지낼 수 있는 시간은 현저하게 줄어든다. 겨우 여덟 살 아이가 조울증 진단을 받는가 하면, 열네 살 아이가 식이장애를 경험하거나 자살을 시도하기도 하고, 심지어 임신을 하기도 한다.

불안이 우리를 에워싸고 있음을 알 수 있다. 다들 미래를 향해 정신없이 달려간다. 현재에 머무는 사람은 거의 없다. 평범한 일상이 주는 특별함을 음미할 여유가 없다.

우리는 아이의 평범함을 기쁘게 받아들이는가?

어릴 때 평범함을 거부당한 사람이 부모가 되면 자기 아이의 평범함을 용납하지 못한다. 그러면 아이는 언제나 특별해야 한다는 부담을 느끼며 자라고, 결국 자신의 진짜 모습을 잃어버리게 된다. 우리는 아이에게 이런 부담을 떠안기지 않고 아이의 평범함을 기쁘게 받아들일 수는 없을까? 아이의 일상적인 모습에서 특별함을 발견할 수는 없을까?

많은 부모가 내게 이렇게 항의한다.

"하지만 우리는 아이에게 최고로 좋은 것만 보여주고 싶어요. 그게 잘못인가요? 왜 아이를 발레나 테니스, 수영 강습에 보내면 안 되죠?"

나는 이것저것 탐색하려는 아이들의 욕구를 제한해야 한다고 얘기하는 것이 아니다. 아이가 탐색하도록 북돋워주는 것은 아이의 존재 자체를 소중히 여기는 방법이다. 내가 강조하는 바는 자신의 가치가 실력으로 결정되는 것이 아님을 아이가 이해하도록 부모가 도와줘야 한다는 것이다.

부모로서 아이가 뛰어나기를 바라는 것은 당연하지만, 그렇다고 아이의 평범함을 기쁘게 받아들이지 못하는 일은 가급적 없어야 한다. 부모가 아이의 평범함을 부정하면, 아이는 인생을 과장해서 보여줘야 한다는 생각에 사로잡히게 된다. 대단하고 거창한 것들만 주목받고 칭찬받을 가치가 있다고 믿고, 계속해서 더 크고 더 좋은 것을 추구하게 된다.

반대로 아이가 평범함을 소중히 여기는 법을 배우면 있는 그대로의 인생을 살아갈 줄 알게 된다. 이런 아이는 자신의 몸과 마음, 함께 미소 짓는 기쁨, 남들과 관계 맺는 기쁨을 소중히 여긴다. 이 모든 것은 부모인 우리가 아이에게 무엇을 가치 있게 여기도록 가르치느냐에 달렸다.

다음과 같이 아주 평범한 순간들을 아이가 주목할 수 있게 도와주자.

- 우리가 손을 맞잡을 때의 감촉
- 아침에 막 잠에서 깼을 때의 고요함
- 목욕할 때 샤워기에서 쏟아지는 물줄기의 따스함
- 빨래를 갤 때 옷에서 나는 향
- 식탁에 온 가족이 둘러앉았을 때의 단란함
- 해질녘의 찬란함
- 잠들려고 불을 다 껐을 때의 고요한 달빛
- 아이가 글씨를 쓸 때 연필을 꼭 쥔 손의 다부짐
- 새 책을 읽기 시작할 때의 설렘
- 우리가 가장 좋아하는 음식의 맛
- 자연의 모든 것이 주는 놀라움
- 친구가 자고 갈 때의 신나는 기분
- 그해 여름 처음 먹는 아이스크림의 감동
- 가을 낙엽의 부스럭거림
- 겨울 추위의 얼얼함
- 피자가게 앞을 지나갈 때 나는 고소한 냄새
- 도서관 책들 속의 밝혀지지 않은 비밀들
- 잃어버린 동전을 찾을 때의 기쁨

아이들이 이런 순간들을 음미하는 법을 배우면 더 많은 것, 더 요란한 것, 더 큰 것에 대한 집착이 사라진다. 아이는 자기에게 없는 것이 아니라 자기에게 있는 것에 관심을 집중할 줄 아는 어른으로 자란다. 그러면 부모의 기대와 상관없이 자신의 평범함을 즐기며 자기 속에서 비롯된 기대감을 충족시키려고 한다.

과잉 생산 오류에 빠진 인생

우리는 자기 내면의 본모습에 확신이 없으면, 매사 대단한 것에 연연하는 외적인 삶을 지향함으로써 보상받으려 한다. 우리의 타고난 가치를 제대로 알지 못하니 과장하고 지나치게 애쓰며 과잉 해석하려는 욕구를 느낀다.

예컨대 아이에게 머릿니가 생기면 부모는 쓰나미라도 덮친 것처럼 난리를 피운다. 아이가 멍이라도 들면 당장 병원으로 데려가지만 그럴 필요까지 없는 경우가 대부분이다. 아이가 성적이 조금 떨어지면 개인과외 선생을 붙이고, 다른 아이에게 맞고 오면 상대 아이의 부모를 당장 고소할 태세다. 아이의 거짓말 한 번에 노발대발하고, 아이가 지루해하면 얼마 못 가서 싫증을 느낄 장난감을 또 사다 바친다. 아이가 만 열세 살이 되면 결혼식에나 어울릴 법한 요란한 파티를 열어준다.

현대인들은 대개 많을수록 좋고, 클수록 눈에 띄며, 비쌀수록 가치가 있다고 믿는다. 그러니 인생을 돋보이는 공연 작품으로 만드는 것 외에는 달리 삶에 대처할 능력을 상실했다고 할 수 있다.

그 결과 아이들도 인생이란 빠르고 맹렬하게 살아야 하는 것이라고 믿으며 자란다. 아이들의 일상에서는 극적인 요소들이 소박함을 짓누르고, 흥분이 고요를 앞선다. 롤러코스터 같은 인생에 중독된 채로 자라니 평범한 일상에서 편안함을 느끼지 못하고 소소한 데서 기쁨을 얻을 줄 모른다.

아이들은 혼자 가만히 두면 자기가 누구인지, 무엇을 정말로 좋아하는지 알게 된다. 그런데 참여해야 할 활동이 넘치고 레슨이 줄줄이 이어진다면, 그토록 많은 것을 정신없이 하면서 어떻게 자신의 진정한 목소리를 들을 수 있겠는가?

∨

내 딸이 네 살 때 일이다. 아이는 안절부절못하고, 잘 웃지도 않으면서 따분하고 할 게 없다는 말만 계속했다. 그때 본능적으로 이 상황에서 아이를 구제하고 덩달아 나도 편해지고 싶다는 생각이 들었다.

'좋은 부모라면 마땅히 아이가 어떻게 시간을 보낼지 일정을 짜줘야 되는 것 아닌가?'

텔레비전을 켜줘야 할지, 아이와 함께 뭔가 재미있는 일을 해야 할지, 아니면 공원에 데리고 나가는 게 좋을지 고민하다 문득 깨달았다.

'내가 늘 이런 식으로 구제해주면, 아이는 혼자서 지루함을 견디는 법을 어떻게 배우겠는가?'

아이들은 외부 도움 없이 자기감정을 다스릴 때 정서적으로 강인해진다. 그래서 나는 딸에게 말했다.

"지루해도 괜찮아. 지루한 건 절대로 이상한 게 아니야. 그냥 지루하게 있어도 돼."

아이는 대단히 실망한 정도가 아니라 나를 정신 나간 사람처럼 쳐다보았다. 아이는 내 방에서 나갈 때는 물론이고, 내 눈앞에서 사라진 뒤에도 계속 큰소리로 투덜거렸다.

그렇게 몇 분이 지나자 아이의 볼멘소리가 잦아들었다. 조용히 아이의 방을 들여다보니 아이가 혼자 노래를 흥얼거리며 인형 놀이를 하고 있었다.

아이들은 본래 상상력이 풍부해서 몸과 마음, 영혼까지도 있는 그대로의 현실에 반응할 수 있다. 아이들에겐 빈방과 상상력 그리고 기꺼이 함께해줄 친구만 있으면 된다. 값비싼 학용품이나 방안을 가득 채울 장난감도 필요 없다. 아이들의 고요한 내면 그 한 가운데서 샘솟는 창의력만 있으면 된다. 그렇게 일단 자신의 본모습과 연결되면 아이들은 만족감이 밖에서 일어나지 않고 내면에서 비롯되는 것임을 깨닫고, 자기가 가진 것에서 행복을 느낀다.

어린아이들을 가만히 지켜보면 무에서 유를 창조하는 재주에 놀라게 된다. 빈방을 도화지 삼아 상상력을 펼치고, 가장 평범한 일상을 가장 기적 같은 순간으로 바꾸어놓는다. 딸아이와 버스를 기다릴 때면, 아이는 순식간에 가게 놀이를 하면서 상상 속 손님에게 물건을 판다. 반면에 나는 버스가 대체 언제 오나 답답해서 씩씩대며 시간을 보내느라 도저히 다른 상상은 하지 못한다. 아이를 데리고 장을 보러 가면 나는 서둘러 고르고 집에 돌아갈 생각에 마음이 급하다. 반면에 아이는 물건을 하나하나 만져보며 즐거워한다. 아이가 "이 토마토는 내 볼처럼 동그래. 이 가지는 꼭 내 눈물 같아" 하며 신나서 목소리를 높일 때 나는 그저 놀라서 아이를 바라본다. 내가 보기엔 전부 피곤하고 귀찮은 일들인데, 아이는 어떻게 저렇게 기발한 생각들을 하는 걸까?

이 시기의 아이들은 진정한 개척자이고, 조각가이며, 가수다. 또한 배우이자 극작가, 미용사, 패션디자이너, 카레이서, 도예가, 요리사, 정원사, 화가, 과학자이기도 하다. 아이들은 내면에 온 세상을 품고 있다.

그런데 아이가 중학교에 들어가는 순간, 이토록 창의적인 잠재력이 어떻게 되는가? 무한히 샘솟던 마법의 힘은 어디로 사라진 걸까? 그중 우리에게는 얼마만큼의 책임이 있을까?

부모는 이렇게 불가능한 것을 생각해내는 아이들의 능력을 미묘한 방식으로, 가끔은 조금 덜 미묘한 방식으로 조금씩 깎아내어 자신에게 익숙한 틀 속에 아이들을 가둔다. 그게 다 아이들을 위해서라고 얘기하지만, 사실은 자신의 불안감을 잠재우려는 것이다. 우리는 마법처럼 현실에 충실한 아이들의 감각을 계속해서 허물어뜨린다. 우리가 아이들에게 하는 말을 생각해보자.

- "카레이서는 무슨! 그게 얼마나 위험한 일인데."
- "과학자가 되겠다고? 가만히 앉아 있는 법이나 배우고 그런 말을 해."
- "너는 음악도 잘 모르면서 어떻게 가수가 되겠다는 거니?"
- "연기는 몽상가들이나 하는 일이야."
- "우리 집안사람은 정원사 같은 건 안 해."
- "너는 모델이 되기엔 키가 너무 작아."
- "난 네가 교사가 되어야 한다고 생각해."
- "난 네가 멋진 의사 선생님이 될 것 같아."

아이들은 세상이 풍요롭고, 기회와 발전, 모험으로 가득 차 있다고 믿으며 자신감으로 충만할 때 세상에 대해 무한한 신뢰를 갖는다. 아이가 타고난 역량을 키우고 가꿔 인생을 받아들일 수 있게 해주는 것이 부모의 정신적 의

무다. 하지만 우리는 너무 일찍부터 아이들의 환상을 깨버린다. 부디 아이가 최종적으로 어떤 결과를 냈지 걱정하지 말고 춤추게 놔두자. 결과물에 대한 걱정 없이 그림을 그리게 두자. 성적에 대한 걱정 없이 학교에 가게 해주자. 부모가 아이의 학교 성적이나 다른 취미활동의 성과에 너무 신경을 쓰면 아이는 배우는 데 흥미를 잃고 오로지 완벽한 결과를 내는 데만 집중하게 된다. 아이가 상상의 날개를 마음껏 펼쳐도 우리는 비현실적이라고 말하지 말고 가만히 지켜보자.

내가 이렇게 말한다고 해서, 아이가 엄마 뱃속에 있을 때부터 태도나 기질은 물론, 세상을 온전히 포용하는 능력까지도 부모로부터 깊은 영향을 받는다는 증거들을 무시하는 건 아니다. 또한 모든 여성이 임신을 기쁘게 받아들이는 것은 아니며, 이것은 아이의 발달에 심각한 영향을 끼칠 수 있는 요인이라는 사실도 잘 알고 있다. 스트레스 호르몬을 비롯해 임신부가 일으키는 모든 화학반응이 곧장 태아의 혈액으로 전달되기 때문에, 최대한 일찍부터 깨어있는 양육을 시작하는 것이 매우 중요하다. 그러나 아이가 몇 살일 때 시작하든 깨어있는 부모가 되려고 한발을 내딛는 것은 늦었다고 아예 포기하는 것보다 훨씬 낫다.

기회가 있을 때마다 아이가 자기 내면의 소리에 귀를 기울이고 배우는 과정을 즐기게 도와주자. 무엇이든 한 가지라도 완벽하게 습득하는 것에서 재미를 느끼고, 기꺼이 위험을 감수할 줄 알며, 실수해도 웃어넘길 수 있도록 독려하자. 이렇게 할 때 아이는 자기 안에 잠재된 진정한 창의력을 발휘하는 법을 배운다. 그뿐만이 아니다. 아이는 부모인 우리에게도 잠재력을 발휘하도록 가르쳐줄 것이다.

뭔가 '해야 한다'는 조급함 내려놓기

아무것도 안 하는 여백의 시간이 얼마나 소중한지 모르는 것은 학습된 결과다. 부모가 늘 분주한 모습을 보여주니까 아이들도 어느새 가만있으면 왠지 불안하다고 느낀다. 그러면 아이들은 혼자 있는 시간을 즐기지 못하고 늘 나이트클럽을 전전하거나 친구들과 어울리거나, 아니면 일을 해야만 하는 어른으로 자란다.

아이들의 상태는 물 흐르듯 자연스럽게 바뀔 수 있어서 관심을 돌리기 위한 어떤 도구나 다른 뭔가가 필요하지 않다. 우리가 방해만 하지 않으면 아이들은 아주 쉽게 적절한 상태로 바뀐다. 사실 우리가 끊임없는 활동과 자질구레한 물건들로 아이들의 일상을 채우는 것은 아이들의 상상력과 자기만의 즐거움을 만들어낼 능력까지도 빼앗는 행동이다.

우리가 일상에서 잡동사니와 소란스러움, 산만함을 없애고 하루일과에 여백을 두는 것을 최우선으로 한다면 가장 중요한 경험을 할 수 있는 길이 열린다. 예컨대 아름다운 석양을 바라보면서 숨 막히는 감동을 느낄 수 있고, 무지개의 알록달록한 빛깔에서 눈을 떼지 못하고 할 말을 잃기도 한다. 그렇게 현재의 경험에 충실히 임하면 뭔가 해야 한다는 조급함이 사라지고, 이 세상 모든 것과 연결되어 있다는 놀라운 깨달음과 함께 경외감이 든다.

그런 순간에는 증오나 적개심, 비판적인 태도가 끼어들 틈이 없다. 그런 것들은 전부 우리 앞에 넓게 펼쳐진 고요함에 잠기고 만다. 그럴 때 우리는 우리의 모습 그대로, 다만 선명하게 깨어있는 상태로, 각자의 경험 속으로 진짜로 몰입한다는 것이 어떤 의미인지 즐겁게 맛볼 수 있다.

기본으로 돌아가기

타고난 유연성을 회복하도록 아이들을 돕는 가장 쉬운 방법 중 하나는 텔레비전이나 컴퓨터, 스마트폰처럼 영상에 노출되는 시간을 줄이는 것이다. 그렇다고 텔레비전이나 컴퓨터가 아이들에게 절대적으로 해롭다는 뜻은 아니다. 다만 그것들이 일상에서 차지하는 역할에 의문을 제기하는 것뿐이다.

아이들이 부모의 허락을 받고 여가시간을 이용해 (특히 주말에) 만화나 쇼 프로그램, 혹은 게임을 즐기는 것과 혼자 가만있지 못해서 이런 것들에 기대는 것은 하늘과 땅 차이다. 초조함이나 지루함을 달래기 위해서 영상을 보면, 아이들은 불안할 때마다 외부 도움에 의존하게 된다.

텔레비전과 스마트폰은 아이들이 심심해하거나 짜증낼 때 응급처방으로 자주 활용될 뿐만 아니라 관계를 대신하기도 한다. 그러면 아이들은 자기감정을 지켜보고 혼자서 불안을 다스려볼 기회를 빼앗기게 된다. 각종 프로그램이나 게임이 내는 소리에 파묻히면 아이들은 감정이 무뎌진다. 그리고 금세 거기에 빠져들어 텔레비전이나 스마트폰을 항상 켜두고 싶어한다. 감정이 무뎌진 아이들은 이상하게도 화면이 켜져 있어야만 안정감을 느낀다.

우리가 취할 수 있는 또 다른 조치는 무언가를 사주는 대신 경험을 제공하는 것이다. 이를테면 장난감을 사주는 대신 아이를 동물원에 데려가는 식이다. 비디오 게임을 하나 사주는 대신 자전거를 함께 타러 나간다. 스무 살생일에 멋진 자동차 한 대를 사주는 대신에 제3세계로 여행을 보내 자동차살 돈을 직접 벌게 한다.

아이들에게 가장 필요한 것은 부모의 관심이지 돈이 아니다. 부모의 관심은 돈으로 살 수 있는 그 무엇보다도 가치 있는 선물이다. 아이가 어렸을 때부터 부모가 사주는 물건보다 부모와의 관계를 더 소중히 여기는 태도를 익히면 외적인 것보다 자기 내면에 의지하게 된다. 부모가 그들의 타고난 본성을 오염시키지 않는다면 아이는 언제나 기기나 다른 소유물보다 관계를 더 우선시할 것이다.

v
v

우리 부부는 딸에게 주말마다 한 시간씩 텔레비전을 보거나 컴퓨터를 사용해도 좋다고 허락했다.

어느 일요일, 마침 남편과 내가 둘 다 집에 있어서 온 가족이 보드게임을 하기로 했다. 게임을 하다 보니 예상보다 시간이 오래 걸리겠다는 생각이 들었다. 보드게임을 다 하고 나면 딸아이가 한 시간 동안 컴퓨터를 즐길 새도 없이 곧장 잠자리에 들어야 할 것 같았다. 그래서 내가 말했다.

"이제 그만 해야겠다. 한 시간 동안 컴퓨터를 할 수 있게 해준다고 약속했으니까."

나는 딸아이가 컴퓨터게임을 할 생각에 들떠서 방으로 뛰어갈 줄 알았다.

그런데 놀랍게도 아이는 "나 컴퓨터게임 안 하고 싶어. 엄마 아빠랑 보드게임 계속하고 싶어." 이렇게 말하며 나를 부끄럽게 만들었다. 부모와 함께 있고 싶어하는 것은 아이의 자연스러운 욕구다. 그런데 부모인 우리가 그것을 빼앗아버리고는, 막상 아이가 10대로 접어들면 우리와 아무것도 하지 않으려 한다고 한탄한다.

아이에게, 특히 열두 살이 안 된 아이에게는 성급하게 최신 비디오게임이나 컴퓨터 혹은 액세서리를 사주기보다 단순한 삶을 살도록 이끌어주는 편이 아이를 도울 수 있는 가장 좋은 방법이다. 아이가 특정 장난감이 없다고 투정을 부릴 때 부모가 당황하며 사주겠다고 약속하면, 아이는 그런 것들이 정말로 중요하다고 믿게 된다. 하지만 부모가 대수롭지 않게 반응하면, 아이는 이미 갖고 있는 것들을 소중히 여기는 법을 배운다.

가능하면 부모가 겁먹는 모습을 보이지 않는 것이 아이의 회복탄력성을 키우도록 돕는 길이다. 아이들은 병이 들거나 다칠 수 있으며, 학교에서 싸움에 휘말리기도 한다. 시원찮은 성적을 받아올 수도 있고, 엉망인 상태로 집에 돌아오는 건 다반사다. 사탕을 실컷 먹고도 양치질 하는 것을 잊어버리고, 셔츠를 뒤집어 입는 날도 있을 것이다. 휴대전화기를 잃어버리고 텔레비전 리모컨을 망가뜨리는가 하면, 정해놓은 규칙을 어기기도 할 것이다. 이게 다 아이들의 본성이고 자연스러운 모습이다. 그런데도 부모가 너무 예민하게 반응하면 아이도 부모처럼 민감하게 반응하게 된다. 여기엔 10대 시절의 자살 문제도 포함될 수 있다.

아이에게 엄청난 스트레스를 주는 부모가 있는가 하면, 아이가 스트레스를 안 받게 하려고 애쓰는 부모도 있다. 그러나 아이들이 성장하기 위해서는 스트레스도 필요하다. 부모로서 우리는 아이가 스트레스를 감당하는 모습을 지켜보기가 고통스럽더라도 아이 스스로 자신에 대한 불만을 다스리게 해야 한다. 아이가 둘 다 좋거나 둘 다 별로인 것 중 하나를 선택해야 하는 상황에 처했을 때도 우리는 한발 물러나 지켜봐야 한다. 이 모든 과정이 아이의 발달에 대단히 중요하다.

스트레스를 받거나 긴장이 될 때는 틀을 벗어나 창의적으로 사고하는 능력이 위축되거나 사라져버리기 쉽다. 그렇기 때문에 아이들에게 에고의 욕망을 실현하는 것이 아니라 자신의 깊은 곳에서 들려오는 소명을 정확히 알아차리고 삶을 대하도록 가르치는 것이 중요하다. 아이에게 고통을 기회로 바꾸는 힘이 생기면 자기 안에 모든 자원이 있음을 알기에 위기를 만나도 당황하지 않는다. 이런 아이들은 부모에게서 보고 배운 대로, 돌멩이를 보석으로 바꿔놓을 것이다.

부모가 아이에게 매일 적절한 영양을 공급하듯 매일 창의력을 키워준다면, 아이는 무엇보다 중요한 교훈을 배우게 된다. 바로 인생의 문제를 풀 때는 자기 내면의 목소리에 의지해야 한다는 사실 말이다. 아이들은 틀에서 벗어나 창의적으로 사고하는 능력을 타고난다. 다만 부모의 불안감이 그 내면의 소리를 의심하게 만드는 것이 문제다.

아이의 모습을 그대로 반영하는 삶

아이의 일상은 자신의 독특한 개성을 표현하는 방식의 하나로서, 아이가 어떤 사람인지를 반영해야 한다. 아이의 방과 옷장, 머리 모양까지도 아이의 개성을 반영해야 한다. 하지만 부모는 아이에게 스스로 길을 개척하는 것보다 익숙한 길을 따르는 편이 낫다고 가르침으로써 아이의 시야를 좁히고 있다는 사실을 거의 알아차리지 못한다. 따라서 방이나 옷, 머리 모양 같은 부분을 결정할 때는 아이의 의견을 물어보는 것이 현명하다. 아이가 자기 내면 세계를 어떻게 드러낼지 스스로 선택하도록 해야 한다.

부모는 대개 아이가 현명하지 못한 선택을 할까봐 걱정한다. 나는 지금 가족이 살 도시와 아이가 다닐 학교에 대한 선택권을 아이에게 넘기라는 얘기를 하는 것이 아니다. 물론 그런 사안에 대해서도 아이가 의견을 낼 수 있다. 이때 중요한 것은 부모가 아이들을 합리적이고 지혜롭게 행동할 수 있는 '작은 어른'으로 대해서는 안 된다는 점이다. 상황을 전체적으로 보는 것은 부모인 우리의 몫이다. 따라서 우리는 아이에게 나이와 분별력에 걸맞은 적절한 선택권을 주어야 한다. 예컨대 엄동설한에 비키니만 입고 돌아다니겠다고 하는 게 아니면, 아이가 입을 옷은 스스로 결정할 수 있게 해야 한다. 아이는 자기가 참여할 활동에 대해서도 의견을 밝힐 수 있어야 한다. 여기엔 가족이 함께 외식할 장소를 정하는 문제 같은 것도 포함된다. 아이가 부모와 관점이 다를 때는 부모의 의견에 반대할 수도 있어야 한다. 이렇게 할 때 아이들은 인생을 언제나 유동적인, 창조적 과정으로 받아들이게 된다.

세상 모든 부모가 만약 자기 아이에게 이렇게 말해준다면 얼마나 멋질까.

"넌 창의적인 사람이야. 맘껏 상상해보렴. 나를 네가 상상하는 곳으로 데려다주겠니? 나도 가서 신나게 놀 수 있게 말이야. 네가 원하는 대로 상상하고 두려움 없이 너 자신을 표현해봐. 안 그러면 어떻게 네 한계를 알겠니? 너는 이 세상에 너만의 독특한 흔적을 남길 수 있는 능력을 가졌어. 너는 하나의 존재이면서 동시에 여러 존재로 느껴질 때가 있지. 그러니 너를 표현하는 단 하나의 방식에 섣불리 얽매일 필요 없단다. 너는 그냥 너이기만 하면 돼. 어떤 식으로든 네가 원하는 대로 너 자신을 표현하면 돼. 무슨 일이든 타당성에 너무 얽매이지 마. 네가 믿으면 해보는 거야. 인생에서 중요한 것은 돈을 얼마나 버느냐가 아니라, 순수한 기쁨을 느끼는 일을 해보는 거란다."

다른 무엇보다 부모가 내면에서 기쁨을 얻는 모습을 아이에게 보여줄 수 있을 때 아이의 행복도 커진다. 부모가 끊임없이 무언가를 생산해야 한다는 압박감 없이, 있는 그대로의 모습에 만족하며 순수하게 존재에 의미를 두고 살아가는 것을 아이들이 보면, 그들도 자기 안에서 그런 능력을 찾아낸다. 아이들은 자기 내면상태가 전적으로 자기 책임이라는 사실을 깨닫고, 어떤 환경에 처하든 자기만의 기쁨을 찾는 법을 배운다.

아이들이 혼자서 혹은 부모와 함께 차분히 앉아서 아무런 방해 없이 인간 대 인간으로 깊은 교감을 나누는 것이 만족감의 원천임을 깨닫는다면 깨어있음을 향해 제대로 가고 있다는 뜻이다. 아이들은 이런 식으로 소박한 삶의 기술을 터득함으로써 인생이 제공하는 모든 것을 소중히 여기는 어른으로 자란다. 삶은 어떠해야 한다고 상상하는 모습이 아니라, 눈앞에 펼쳐진 인생을 있는 그대로 소중히 여길 때, 자기 자신과 다른 사람들 그리고 인생이 지닌 평범함까지도 멋지게 보이기 시작한다.

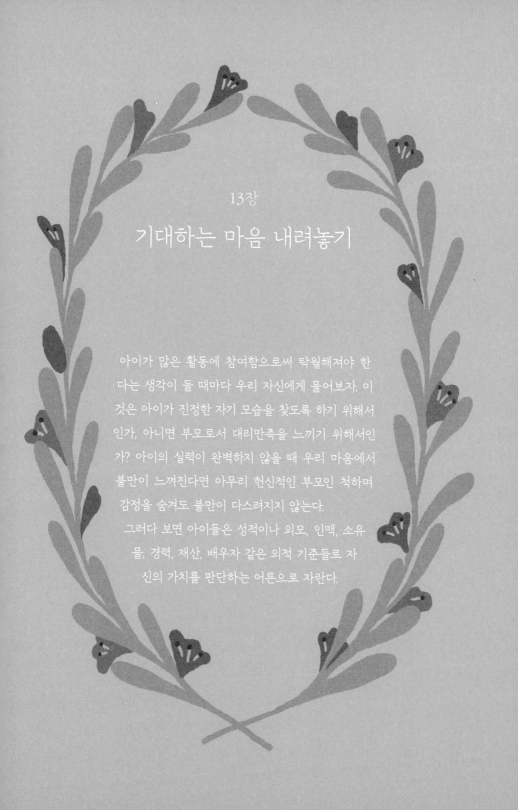

13장

기대하는 마음 내려놓기

아이가 많은 활동에 참여함으로써 탁월해져야 한다는 생각이 들 때마다 우리 자신에게 물어보자. 이것은 아이가 진정한 자기 모습을 찾도록 하기 위해서인가, 아니면 부모로서 대리만족을 느끼기 위해서인가? 아이의 실력이 완벽하지 않을 때 우리 마음에서 불만이 느껴진다면 아무리 헌신적인 부모인 척하며 감정을 숨겨도 불만이 다스려지지 않는다.

그러다 보면 아이들은 성적이나 외모, 인맥, 소유물, 경력, 재산, 배우자 같은 외적 기준들로 자신의 가치를 판단하는 어른으로 자란다.

"딸이 자라서 무엇이 되길 바라나요?"

내가 자주 받는 질문이다. 나는 딸아이가 자라서 무엇이 되어야 한다는 생각을 해본 적이 없어서 이런 질문을 받을 때마다 당혹스럽다. 어쨌든 내 대답은 이렇다.

"글쎄요. 그 아이는 이미 충분한 걸요. 다만 한 가지, 자신의 온전함이 고요한 내면에서 비롯된다는 걸 알길 바랄 뿐이죠. 그걸 알면 세상을 다 가지는 것이나 다름없을 테니까요."

아이가 부모에게 올 때는 자신에게 있어야 할 것들은 다 가지고 온다. 그런데 우리가 현실에 없는 것들만 바라니 아이도 뭔가 부족하다고 느끼며 살아가게 된다. 우리가 아이를 볼 때마다 어떤 사람이 되기엔 아직 부족한 점들에 초점을 맞추고 이미 충분한 존재임을 깨닫지 못하면, 아이는 자신이 불완전하다고 받아들이게 된다. 우리가 실망하는 표정을 아이에게 보여주는 것은 아이의 마음에 불안과 자기 불신, 망설임, 거짓의 씨앗을 뿌리는 것과 같다. 아이는 이제 더 멋있고, 더 능력 있어야 하며, 더 똑똑하고, 더 재능이 있어야 한다고 생각한다. 우리는 이런 식으로 지금의 자신을 있는 그대로 표현하고자 하는 아이의 열정을 빼앗아버린다.

어느 날 잠자리에 든 딸의 이불을 덮어주면서 이렇게 말했다.

"엄마는 우리 딸이 정말 자랑스러워."

딸이 왜 그렇게 생각하느냐고 묻기에 나는 이렇게 대답했다.

"너는 너답기를 두려워하지 않으니까."

아이가 자신의 진솔한 모습을 보여줄 때 우리가 기쁘게 받아들이면 아이의 자신감은 높아진다. 아이는 자신의 통찰력이 믿을 만하며, 혹시 잘못되더라도 다시 일어설 수 있다는 확신을 얻게 된다. 아이는 자기 안에 이미 든든한 안전망이 자리잡고 있으니 따로 안전망을 마련할 필요가 없다는 것을 부모를 통해 알게 된다. 우리는 아이에게 인생은 경험 자체에 의미가 있을 뿐 그 이상도 그 이하도 아니라고 가르쳐야 한다. 이것이 아이의 용기와 회복탄력성을 키우는 비결이다.

다시 말하면 부모로서 우리의 의무는 아이가 태어날 때부터 완전하다는 사실을 알게 해주는 것이다. 그러면 아이는 자신이 어떤 사람이 되어가고 있는지를 분명히 드러내 보일 것이다. 우리는 아이가 완전하다는 사실을 확인시켜줌으로써 아이가 지금 모습 그대로 이미 가장 위대한 성취를 이루었음을 깨닫게 도와야 한다.

아이의 타고난 모습 존중하기

우리는 아이의 타고난 모습과 아무 상관없는 기대들을 너무 쉽게 품는다.

하지만 이는 우리가 길들여진 방식에서 비롯되는 것이라 대개는 그런 기대를 품고 있다는 사실조차 모른다. 바로 이런 기대와 요구 때문에 아이의 있는 그대로의 모습을 소중히 여기지 못하는데도 말이다.

만약 우리의 삶과 감정을 있는 그대로 소중히 여길 줄 안다면 자연히 아이의 삶과 감정들도 존중하게 될 것이다. 우리는 아이들에게 자연스러운 상태로 존재하는 즐거움을 맛볼 기회를 끊임없이 주어야 한다.

그런데 그런 기회 대신에 너무 많은 부담을 주는 탓에 아이들은 우리의 기대에 부응하기 힘들다고 느낀다. 이렇게 우리는 아이들이 빛을 발할 기회를 만들어주는 게 아니라 패배감이 들게 한다.

만약 우리가 재정 상태나 성과를 성공이라며 집착한다면, 아이들에게도 저절로 인생이 스트레스를 받으며 불안하게 사는 것이라고 가르치게 된다. 마치 그들이 우리의 필사적인 에고의 연장선인양 밀어붙인다. 그러면서 이게 전부 아이들을 위해서라고, 이렇게 해야 나중에 그들이 잘된다고 압박한다.

아이가 한발 앞서나가길 바라는 마음에 학교 입학 전부터 선행학습을 시키는 부모가 점점 많아지고 있다. 우리는 인맥이 얼마나 중요한지 알기에 아이가 누구와 친하게 지내는지도 지켜보기 시작한다. 많은 경우 방과후 활동을 선택할 때 아이들의 흥미보다 대학입학 원서 작성에 얼마나 도움이 될지를 더 고려하는 함정에 빠진다.

홀로 조용히 앉아 자신의 타고난 모습에 대해 알고자 노력해본 적 없이 부모의 무거운 기대를 짊어진 아이들은 필사적으로 자신의 존재 가치를 확인받으려 한다. 이런 아이들이 나중에 부모가 되면 자식이 초등학교에 들어가기도 전부터 명문대 입학원서를 서랍에 챙겨둔다. 그 길이 정말로 아이의 운명인지 아닌지 개의치 않고 자신이 미리 정해놓은 방향으로 아이를 밀어붙인다.

아이의 일과가 일류 학교 진학에 필요한 활동에 초점이 맞춰지면, 아이는 자신의 본질을 발달시킬 소중한 기회를 놓치게 된다. 속으로 허둥대면서 성공이라는 잣대로 자신의 가치를 판단한다. 혹시라도 역량이 받쳐주지 못하면 아이는 자신의 가치와 재능, 존재 목적에 의문을 갖게 된다. 특히 나이가 어릴 때는 타고난 성향을 충분히 탐색하고 거기서 발견한 것들을 표현해볼 수 있는 여유가 필요하다. 이때 우리가 할 일은 아이가 존재에 충실할 때 가장 사랑스럽다는 것을 우리의 눈빛과 미소에 담아 기쁘게 반응하는 것이다.

아이가 많은 활동에 참여함으로써 탁월해져야 한다는 생각이 들 때마다 우리 스스로에게 물어보자. 이것은 아이가 진정한 자기 모습을 찾도록 하기 위해서인가, 아니면 부모로서 대리만족을 느끼기 위해서인가? 아이의 실력이 완벽하지 않을 때 우리 마음에서 불만이 느껴진다면 아무리 헌신적인 부모인 척하며 감정을 숨겨도 불만이 다스려지지 않는다. 그러다 보면 아이들은 성적이나 외모, 인맥, 소유물, 경력, 재산, 배우자 같은 외적 기준들로 자신의 가치를 판단하는 어른으로 자란다.

아이에 대한 기대치는 어떻게 정해야 할까?

우리는 아이에게 기대를 갖고 대하는 것이 부모의 의무라고 생각한다. 그래서 아이가 아홉 살 쯤 되면 우리가 바라는 대학과 직업에 관한 그림이나 사진을 오려붙인, 커다란 인생 계획표를 만든다. 우리는 아이에게 높은 기대를 갖는 것은 부모의 책임이며, 그래야 아이도 스스로에 대한 기준을 높일 것이라고 믿는다. 잠재적으로 아이가 나아갈 방향을 아이의 마음속에 미리 심어놓으면, 아이가 그 일을 해야겠다는 자극을 받게 될 거라고 생각한다.

부모로서 우리가 많은 지원과 도움을 주었는데도 아이가 갈팡질팡하면 도대체 왜 그러는지 모르겠다며 의아해한다. 이럴 때 우리는 보통 자기 내면에서 이유를 찾는 대신 아이를 더 강하게 밀어붙인다. 우리가 아이의 의욕을 충분히 자극하지 못하고 있다는 생각에 학원 수업을 더 늘리고 개인과외를 붙이고 심리상담도 받게 한다.

아이에 대한 기대치를 너무 일찍, 너무 높게 정하다 보면 아이의 잠재력을 오히려 위축시킬 수 있다. 예컨대 변호사나 의사, 과학자가 되길 바라는 부모의 기대를 받으며 자라는 아이는 과도한 열등감에 시달린다. 부모의 기대치가 그렇게 높은데 어떻게 아이가 스스로 부족하다고 느끼지 않을 수 있겠는가?

내가 이렇게 말하면 부모들은 반문한다.

"그럼 우리는 아이가 훌륭하게 되기를 기대하면 안 되나요? 아이에게 명문대에 도전해보라고 하면 안 되는 건가요?"

만약에 당신 아이가 당신이 선택한 유명 대학 중 어디에도 들어가지 못하면 어떻게 될까? 주립대를 다니는 건 열등하다고 느껴야 할까? 만약에 학교를 1년 휴학하고 평화봉사단에 지원하거나 세계를 여행하거나 패션 디자인을 공부하거나 수도사가 되거나 몬태나의 농장에 살면서 축산업을 배우고 싶다고 한다면?

부모에겐 자식만큼 확실히 '내 것'이라고 부를 만한 대상이 없기 때문에, 아이들은 그 누구보다 부모의 에고를 자극하는 힘이 강하다.

한번은 아이스링크에 앉아 있다가 피겨 스케이팅을 하는 일곱 살짜리 예쁜 여자아이를 보았다. 그러다 그 아이의 엄마가 의자 끝에 걸터앉아 아이의 동작 하나하나를 지켜보고 있다는 것을 알게 되었다. 그때 문득 이런 생각이 들었다.

'나는 왜 저 엄마처럼 매일 여기 와서 딸을 지켜보지 못할까?'

하지만 얼마 후 나는 절대 저 엄마처럼 되어서는 안 된다는 사실을 깨달았다. 우연히 지인들을 통해 그 엄마가 집안에 유명 피겨 스케이터를 한 명 두고 싶은 욕심에 딸에게 심한 압박을 가하고 있다는 이야기를 들었기 때문이다.

나는 그 엄마를 보며 아이를 통제하는 방식에 놀랐지만 그만큼 어떤 면에서는 그녀가 갈피를 못 잡고 있다는 것, 즉 딸은 물론 자기 자신과도 전혀 교감하지 못하고 있다는 것 또한 느껴졌다. 그녀는 자신의 충족되지 못한 욕구를 딸에게 쏟아내고 있었다.

부모는 결코 아이를 이용해 자신의 상처를 치유하려고 해서는 안 된다. 자신의 시간을 온통 아이에게 바쳐서는 안 되며, 자기만의 삶이 있어야 한다. 부모가 '있는 그대로'의 현실에 만족한다면, 아이에게 메달이나 우승 왕관을 받아오라고 요구하지 않을 것이다. 즉 취미는 그저 취미로 그쳐도 충분하다고, 아이가 순수한 영혼을 그대로 유지하며 취미 활동을 맘껏 즐겼으면 하고 생각할 뿐이다.

한 엄마가 내게 찾아와 딸이 원하는 대학에 들어가지 못했다고 울면서 이렇게 말했다.

"아이가 했던 모든 활동, 수많은 메달들이 다 쓸모없는 것들이 되고 말았어요. 차라리 아무것도 안 하는 게 나을 뻔 했어요."

그녀가 딸의 지난 성공을 아무 쓸모없는 것으로 치부해버린 이유는 그것이 그녀 자신이 소망했던 미래를 열지 못했기 때문이다.

내신성적이 우수한 학생도 하버드대학교 입학에 실패할 수 있다. 그래서 미국대학수학능력시험SAT에서 2200점을 받은 아이들은 만점인 2400점을 받으려고 시험을 보고 또 본다. 100점 만점인 시험에서 93점밖에 받지 못했다고 엉엉 우는 아이들도 많다. 그럴 때 명문대를 고수하는 부모는 우는 아이의 어깨 너머로 내게 이렇게 말한다.

"명문대 출신이 된다는 게 얼마나 중요한지 선생님은 몰라요."

이런 부모들은 아이의 교육이나 연애, 직업과 관련해 부모가 먼저 길을 정해놓으면 아이의 무한한 발전 가능성을 제한하게 된다는 사실을 알지 못한다. 아이들에겐 어른들이 상상조차 하지 못한 일들을 현실로 만드는 힘이 있다. 직업으로 배우보다는 의사를 선호하거나 결혼을 스무 살에 할지 서른 살에 할지, 아니면 아예 하지 않을지를 정하는 것은 부모의 몫이 아니다.

많은 똑똑한 부모들은 명령을 '지도'로 위장하고, 그 안에 자신이 하려는 말을 다 담아서 전하는 데 아주 능숙하다. 하지만 아이들은 바보가 아니다. 아이들은 우리가 말을 꺼내기도 전에 우리가 무엇을 원하는지 다 안다. 입으로는 "네 꿈을 따라가"라고 말하지만 많은 경우 그것이 "내 말 들어!"라는 뜻임을 안다.

아이가 스스로 명문대에 진학하길 원해서 열심히 노력한다면 마땅히 응원해줘야겠지만, 부모가 먼저 그러기를 바라면 안 된다. 사실 그런 식으로 간섭하지 않기가 부모로서는 두려울 수 있다. 부모가 그렇게 개입을 안 하면 아이에게 해가 될 거라고 생각하겠지만 현실은 반대다. 물론 부모가 아이를 위해 목표를 정해도 되는 영역들도 분명 있다.

- 아이들이 진짜로 원하는 바를 이야기할 수 있도록 목표 정하기
- 아이들이 부모와 매일 대화할 수 있도록 목표 정하기
- 아이들이 봉사활동에 참여하도록 목표 정하기
- 아이들이 매일 고요히 앉아 있는 시간을 가질 수 있도록 목표 정하기
- 아이들이 상상력과 창의력 그리고 자신의 본모습을 구체적으로 드러내도록 목표 정하기
- 아이들이 자기 자신과 타인을 친절하게 대하도록 목표 정하기
- 아이들이 배우는 것에 기쁨을 느끼도록 목표 정하기
- 아이들이 감정을 솔직하게 표현하도록 목표 정하기
- 아이들이 호기심과 개방적인 태도를 보여줄 수 있도록 목표 정하기

부모가 원하는 모습이 아닌 아이가 본래 타고난 모습을 구체적으로 드러내는 것을 목표로 정하면, 아이는 자신의 가치와 능력에 대한 본능적인 느낌을 신뢰하게 된다. 그리고 이를 토대로 탁월함에 대한 자기만의 기준, 즉 자기 내면에 이미 존재하는 탁월함을 반영하는 기준을 만들어나갈 것이다.

아이에게 현실적으로 기대할 수 있는 것

그렇다면 부모가 아이에게 기대해도 되는 것은 무엇일까? 나는 아이들이 자기 자신과 다른 사람 그리고 안전, 이 세 가지를 소중히 여겨야 한다고 생

각한다. 그것만 지키면 비록 그 모습이 부모가 바라는 모습이 아니더라도 아이들이 원하는 모습을 맘껏 표현해도 된다. 그보다 더 바라는 것은 아이의 장래를 좌지우지하려는 부모의 욕심이다. 우리의 기대는 우리가 간직하고 기억해야 하는 것일 뿐, 아이들이 우리를 통해 태어났다는 이유만으로 그런 부담을 짊어져야 하는 것은 아니다.

그럼에도 우리가 아이에게 희망을 품어도 되는 것은 무엇일까? 아래와 같은 몇 가지는 기대해도 좋다.

- 우리 아이는 대단한 성과를 내는 사람이 아니라 잘 배우는 사람이 될 것이다.
- 우리 아이는 부모에게 복종하지 않고 부모를 존경할 것이다.
- 우리 아이는 부모의 지시를 맹목적으로 따르지 않고 조언을 구할 것이다.
- 우리 아이는 유명세를 좇지 않고 멋지게 존재하는 법을 완벽하게 터득할 것이다.
- 우리 아이는 부모의 비전을 따르기보다 자기만의 비전을 세울 것이다.
- 우리 아이는 성공을 거두기보다 목적이 있는 삶을 살 것이다.
- 우리 아이는 목표가 아닌 의미를 발견할 것이다.
- 우리 아이는 부모의 꼭두각시가 아닌 영혼의 동반자가 될 것이다.
- 우리 아이는 고통을 피하지 않고 온전한 사람이 되는 방법을 찾을 것이다.
- 우리 아이는 실패하더라도 다시 시작할 용기를 얻을 것이다.
- 우리 아이는 혹시라도 다른 사람에게 상처를 주면 용서를 구하는

품위를 갖출 것이다.

　다시 얘기하지만 부모가 비현실적인 덫에서 아이를 놓아주려면 먼저 우리 자신을 거기서 풀어줘야 한다. 우리는 부모이기 전에 한 인간이다. 따라서 정신적으로 더 발전해야 하고 배울 것도 여전히 많다. 이 말은 아직 발견하지 못한 정서적 사각지대가 있다는 뜻이다. 우리는 완벽하지 않을 뿐더러 지혜로운 사람이라면 완벽을 추구하지 않는다. 완벽하다는 건 진부하다. 우리는 굉장한 것을 갈망하기보다 평범한 것에서 기쁨을 느낄 수 있어야 한다.

　부모는 각자의 별난 구석에 대해 웃어넘길 줄 알아야 한다. 그래야 아이도 부모의 에고에서 풀려나 독립적으로 자기만의 중심을 찾아가게 된다. 또한 우리는 아이를 이용해 자존감을 높이려고 하면 안 된다. 그것은 각자 스스로 해결해야 할 일이다. 부모는 이기적일 수 있지만 그만큼 이타적일 수도 있다. 그리고 베풀 수 있지만, 받는 것도 필요한 사람들이다.

결과보다 과정에 초점을 맞추기

　알다시피 기술의 발달로 평범한 업무들이 인공지능으로 대체되어 일자리들이 빠르게 사라지고 있다. 미래를 생각하면 아이들이 어떻게 살아갈지 걱정스럽다. 눈부신 성공을 거두지 않는 한 힘든 삶이 이어질 것 같다.

　그렇다고 일찍부터 어떤 것을 목표로 열심히 노력해야 한다고 가르치면 아이에게 학교 공부는 여러 가지 개념을 숙지하는 과정밖에 안 된다. 여가 활동은 즐거움을 위해서가 아니라 다른 것들을 더 능숙하게 해내는 수단이 된다.

이럴 때 우리의 초점은 아이의 현재 상태가 아니라 미래에 맞춰져 있다.

우리가 관점을 미래에서 현재로 옮겨 "그다음엔?" 같은 질문을 내려놓아야 아이들이 '나중에 어떤 모습이 될까' '얼마나 잘 해낼 수 있을까' 하는 걱정 없이 배움을 주저하지 않게 된다. 아이들이 평범함과 좌절, 더 나아가 실패를 견디는 데 필요한 능력을 기르지 못하는 이유는 우리가 계속해서 결과물에 초점을 맞추기 때문이다.

∨
∨

딸이 만 여섯 살이 되자 학교 선생님과의 면담 시기가 찾아왔다. 모든 학부모가 면담을 신청했지만, 남편과 나는 도저히 시간을 맞출 수가 없었다. 처음에는 '선생님이 무책임한 부모라고 생각하겠구나.' 이런 걱정이 들었다. 그런데 시간이 지나자 선생님이 나를 어떻게 생각할지, 또 딸아이에 대해 무슨 말을 할지에 연연할 필요가 없다는 사실을 깨달았다. 선생님 말씀이 도움이 안 될 것 같아서가 아니다. 내 아이와 많은 시간을 보내는 분이니 당연히 배울 점이 있을 것이다. 다만 나는 이미 내 딸이 한 인간으로서 어떻게 행동하는지를 잘 알고 있으니 아이의 산수나 읽기, 쓰기 실력을 걱정하지 않아도 될 것 같았다.

나는 내 아이가 학교에서 얼마나 좋은 학생인지보다는 인생에서 얼마나 좋은 학생인지를 알고 싶었다. 점수가 얼마나 올랐는지보다는 인생을 어떻게 살아가고 있는지를 알고 싶었다. 내가 집에서 본 대로 아이가 친절하고 배려심이 깊은지, 정서적으로 유연하고 회복력이 있는지, 표현을 잘하고 쾌활한지, 자발적이고 솔직한지 궁금했다. 나는 내 딸이 인간적으로 문제가 없다면 교육에 관한 다른 측면들 또한 자기만의 방식과 속도로 알아서 잘 관리할 거라고 생각했다. 다행히 남편과 나는 뒤늦게 선생님과의 상담시간을 잡을 수 있었다.

한 엄마가 찾아와 네 살배기 딸이 발달단계에 문제가 있는 것 같다고 고민을 털어놓았다. 딸에게 변기 사용법을 훈련시켰는데도 밤에 여전히 이불에 소변을 본다는 것이었다. 나는 그녀를 안심시키면서 아이를 일반적인 발달단계에 맞추려고 애쓰지 않아도 된다고 말해주었다. 대신에 이번 일을 계기로 아이마다 타고난 게 다르다는 것을 배우는 기회가 되었으면 한다고 조언했다. 그로부터 2주도 안 돼서 그 엄마에게 전화를 받았다. 그 일을 심각한 문제로 바라보지 않았더니 아이가 훨씬 더 잘 적응하기 시작했다는 반가운 소식을 전해주었다.

이 엄마는 이참에 딸에게 선물을 사줘도 괜찮겠냐고 내게 물었다. 나는 당연히 괜찮다고 말했다. 다만 목표를 이룬 것에 대해서만 칭찬하지 말고, 이번 일을 통해 엄마와 딸이 서로에 대해 알게 된 여러 가지 사실을 기념하는 선물이라고 알려주는 것이 가장 좋다고 덧붙였다. 이 엄마는 아마 그동안 걱정을 많이 했는데 지금은 오히려 딸을 믿지 못한 게 미안하다며 자기만의 속도로 꿋꿋하게 커나가는 딸이 얼마나 대견한지 모른다고 말했을 것이다.

부모가 배우는 과정보다 목표 달성에 초점을 맞추면 아이는 자존감을 키울 수많은 기회를 놓치게 된다.

"잘했어. 자, 선물."

아이들에게 이런 식으로 말하는 대신 그들이 보여준 인내심과 결단력, 용기가 얼마나 자랑스러운지를 얘기하면서 그들의 인성 발달을 강조해야 한다.

또한 아이들이 우리보다도 침착한 태도를 보여줄 때, 즉 우리와 달리 압박감을 느끼지 않고 자기 몸이 반응하는 대로 리듬을 따를 때 그 놀라운 능력을 칭찬해주는 것도 좋다. 이렇게 하면 아이들은 목표 달성과 별개로 배우는 즐거움을 알아간다.

낮에는 내내 유아용 변기를 잘 사용하지만, 밤이 되면 기저귀를 차고 자는 다섯 살짜리 남자아이가 있었다. 아이의 아버지는 아들이 스스로 조절하는 능력을 키워야 한다는 생각에 그저 조용히 기저귀만 준비해둘 뿐 아무런 잔소리를 하지 않았다. 유치원 입학식 전날 밤, 그가 여느 때처럼 기저귀를 꺼내려고 하자 아들이 당당하게 말했다.

"기저귀 필요 없어요. 이제 다 컸어요! 내일이면 유치원에 가잖아요."

그날 이후 아이는 한 번도 이불에 실수하지 않았다. 이것이 바로 우리가 아이들에게 바라는 자율성이다.

깨어있는 부모라면 아이가 시험 때문에 불안해할 때 "시험 잘 볼 테니까 걱정하지 마." 이렇게 말하는 대신 아이 스스로 불안을 다스리게 돕는다. 정말로 중요한 것은 시험 결과가 아니라 시험 과목을 얼마나 즐기느냐라는 사실을 아이에게 재차 확인시켜주어야 한다. 우리가 그 과목에 몰입하려는 적극적인 태도에 초점을 맞추면 아이는 자기 이해의 폭을 넓히는 과정 자체를 즐기게 된다. 반면에 우리가 시험 결과에 초점을 맞추면, 아이는 결과물이 있어야만 그 과정이 의미가 있다는 뜻으로 받아들인다. 우리는 아이가 실패를 두려워하지 않으면 좋겠다고 말한다. 하지만 우리가 아이의 현재 모습이 아닌, 우리가 원하는 미래 모습에 초점을 맞추면 아이는 두려움을 가질 수밖에 없다.

아이가 새로운 수업을 등록하거나 부모가 아이 성적표를 볼 때 명심해야 할 점이 있다. 우리의 몸짓이나 목소리, 기뻐하거나 실망하는 표정에서 아이에게 기대하는 바가 다 드러난다는 사실이다. 우리는 아이의 점수가 높을 때만 기분이 좋아진다는 사실을 드러내고 싶지는 않을 것이다. A를 받거나 1등을 해야만 아이의 가치가 증명된다고 알려주고 싶지도 않을 것이다.

〉〉

중학교 1학년 때 나는 전 과목에서 A를 받은 적이 있다. 성적표를 받고 신나서 집으로 달려와 곧장 엄마에게 안겼다. 평소에도 감성이 풍부했던 엄마는 내 손을 잡고 춤을 추며 내 행복한 기분에 맞춰주었다. 나는 아빠도 함께 춤추고 환호성을 지르고 기뻐서 펄쩍펄쩍 뛸 줄 알았다. 하지만 아빠는 빙그레 웃으며 이렇게 말했다.

"A도 좋지. 하지만 더 중요한 것은 네가 최선을 다해서 배웠다고 느끼는 거란다."

나는 놀라서 입을 다물지 못했다. 어깨에 힘이 쭉 빠졌다. 그러자 엄마가 타박하듯 아빠에게 말했다.

"그냥 솔직하게 기분이 좋다고 하면 안 돼요?" 나는 아빠가 왜 그렇게 기분을 망치는 말을 하는지 이해가 안 됐다.

내가 아빠의 진심을 이해하게 된 건 스무 살이 다 되어서였다. 아빠는 내가 어떤 점수를 받아오든 늘 똑같이 반응했다. 내가 C를 받았을 때도 아빠는 이렇게 말했다.

"C도 좋지. 그런데 더 중요한 것은 네가 최선을 다해서 배웠다고 느끼는 거란다."

물론 C를 받았을 때 아빠가 평소와 다름없는 반응을 보인 것이 나로서는 다행이었다! 그렇게 아주 미묘한 방식으로 아빠는 내게 A냐 C냐에 연연하지 않고 배우는 과정에 초점을 맞추도록 가르치셨다.

또한 나는 아빠로부터 외부 기준에 기대지 않고 나만의 성공 기준을 세워야 한다는 사실도 배워가고 있었다. 아빠 덕분에 정말로 중요한 것은 배우는 과정을 즐겁게 받아들이는 태도임을 알아가고 있었던 것이다. 내 성적이 나를 대하는 아빠의 태도에 아무런 영향을 주지 않는다는 게 명백했기에 나는 성적표 나오는 날이 조금도 두렵지 않았다. 아빠가 내 성적에 아무 기대도 하지 않았기에 나는 아무 걱정 없이 즐거운 마음으로 공부할 수 있었다. 그러다 보니 내 기대를 훌쩍 뛰어넘는 성적이 나오기도 했다.

하지만 이런 접근법은 부모에게 불안감을 일으킨다. 우리가 아이에게 기대치를 명확하게 보여주지 않으면 동기부여가 잘 되지 않아 나태해질까봐 걱정하는 것이다. 하지만 엄격한 기준은 아이를 불안하게 만들 뿐이다.

우리가 결과가 아닌 과정을 중시하면 아이는 타고난 호기심을 키우고, 자기만의 계획에 관심을 보이기 시작한다. 이런 식으로 우리는 아이 내면에 배움을 향한 갈망을 심어놓을 수 있다. 그것은 점수로 부모에게 인정을 받을 때의 순간적인 기쁨을 뛰어넘는다. 아이는 단지 성공한 삶이 아닌 의미 있는 삶을 살고자 하는 욕구가 타올라 자기만의 소명을 찾고자 한다.

우리는 아이에게 얼마나 많은 칭찬과 상을 받을 수 있느냐보다 인생에 어떤 의미를 부여하고 있느냐에 초점을 맞춰 사는 법을 가르쳐야 한다. 인생은 우리가 어떤 마음가짐으로 살고 있는지를 고스란히 보여준다. 그러니 각자의 마음 상태가 외부 환경에 그대로 드러난다는 사실을 아이들도 알게 해야 한다.

칭찬에도 적절한 유형이 있다

깨어있는 부모라면 아이가 부모의 기대에 못 미쳤을 때 실망하고 원망하는 데 에너지를 허비하는 대신 그 과정에서 자연스럽게 알게 된 사실들에 초점을 맞춘다. 아마도 이런 얘기를 할 것이다.

"너 자신에 대해 얼마나 많이 알게 됐는지 보렴." "그렇게 최선을 다해 도전했으니 네가 얼마나 용감한 사람인지 알겠지? 간혹 실패했다고 느껴진다 해도 굴하지 않고 버틸 수 있다는 걸 확인했지?"

그다음엔 이렇게 물을 것이다.

"두려움을 극복한 기분이 어때?"

이런 접근법은 아이가 살면서 결과를 두려워하지 않는 어른으로 자랄 수 있도록 한다. 그들은 스스로 배우고 알아차림을 강화할 기회가 가득한 모든 경험을 기쁘게 받아들인다.

부모가 점수에 신경 쓰는 대신 차분히 앉아서 노력하는 용기가 중요하다고 가르치면 아이의 내면에 힘이 생긴다. 아이는 용기를 내어 모험에 도전하고 역경을 만나도 끈질기게 헤쳐 나간다. 우리는 뭔가를 완벽하게 습득하는 것보다 노력을 쏟아붓는 그 자세가 훨씬 더 중요하다는 사실을 설명함으로써 그들에게 한계가 있어도 괜찮다는 것을 알려줘야 한다. 완벽에 집착하는 태도보다는 각자의 한계를 편안하게 받아들이고 사는 법을 배우는 것이 훨씬 더 중요하다는 것을 우리가 몸소 보여줘야 한다.

우리가 이런 가치를 가르치면 아이들은 새로운 영역에 도전하고 낯선 사람들과 생활하는 것을 두려워하지 않는 어른으로 성장한다. 이런 아이들은 실패할 가능성을 편하게 받아들이기 때문에 스스로 정한 기대치를 과감히 높이기도 한다.

아이들이 이미 충만한 존재임을 스스로 깨달을 수 있도록 다음과 같이 말해보자.

- 넌 내게 영감을 준단다.
- 네 모습이 정말 멋지구나!
- 네 무한한 상상력이 정말 놀랍구나!
- 네 멋진 모습에 숨이 멎을 것 같아.
- 넌 무척 친절하구나!
- 너는 진실한 아이야.
- 네 상상력과 창의력은 특별하단다.
- 너는 아주 많은 재능을 가졌구나!
- 너는 내면이 풍요로운 아이구나!
- 너는 배울 점이 참 많은 아이야.
- 나는 너를 보며 더 나은 사람이 되는 법을 배운단다.

아이는 부모가 하는 대로 따라 배운다

부모가 아이의 미래를 걱정하는 이유는 사실 아이를 위해서가 아니라 자기 내면의 두려움 때문이다. 이 사실을 받아들이면 그 두려움을 아이에게 쏟아내고 싶은 욕구가 사라진다. 그 결과 아이가 자기 본모습에 맞게 살아가도록 용기를 불어넣게 된다.

아이에게 내적 충만함과 자율성, 그리고 목적을 발견하도록 가르치고 싶다면 가장 효과적인 방법은 부모가 본보기가 되는 것이다. 우리가 먼저 그렇게 사는 모습을 보여주면 우리의 존재 자체가 아이에게 가장 효과적인 양육의 도구가 된다.

아이들은 부모가 목적의식이 있는 삶의 흐름과 연결되어 있는지, 단절되어 있는지 느낌으로 안다. 우리가 내면과 연결되어 스스로에 대해 만족할 줄 알면 그런 에너지가 발산되기 때문에 아이들은 우리가 내면의 공허함을 채우거나 부족한 점을 메우려고 자신들을 이용하지는 않을 거라고 믿고 안심한다. 그리고 누가 가르쳐주지 않아도 우리와 비슷한 방식으로 존재하는 법을 자연스럽게 물려받는다. 아이들은 우리를 유심히 지켜보며 우리가 자기 자신과 삶을 대하는 방식을 그대로 흉내 낸다. 따라서 우리는 일상에서 아이들을 대할 때 우리의 본모습을 드러내는 것만으로도 아이들이 자신의 충만함을 느끼도록 도울 수 있다. 그러면 아이들은 모든 상황에서 그 충만함을 발견하게 된다.

부모로서 우리는 우리의 욕구를 아이의 욕구와 동등한 무게로 바라볼 때 죄책감을 느끼곤 한다. 아이와 떨어져 우리만의 시간과 공간을 원하는 것에 부끄러움을 느낀다. 하지만 우리가 계속해서 배우자나 친구와 시간을 보내고 싶은 욕구를 희생함으로써 우리 자신을 외면하는 모습을 보여주면, 아이는 남보다 자신을 하찮게 여기는 태도를 배우게 된다.

부모가 눈앞에 어떤 모습의 삶이 펼쳐지든 받아들이기를 주저하면, 아이는 우리의 그런 우유부단함을 그대로 흉내 낸다. 이 때문에 우리가 스스로에게 충실하고 우리의 감정을 소중히 여기려고 노력하는 것은 아이들에게 정신적으로 큰 도움이 된다.

아이가 행복을 가져다줄 거라고 기대하는 대신 부모 스스로 다른 데서 행복을 찾을 때, 부모는 비로소 아이들이 본모습을 찾을 수 있도록 놓아주게 된다. 그러다 보면 아이들은 부모를 행복하게 해줘야 한다는 부담감에서 벗어나 함께 행복을 즐길 수 있다. 부모가 좋아하는 일을 하고, 홀로 조용히 내면과 교감하며, 매일 먹는 음식과 운동 그리고 겉모습을 편하게 받아들이는 태도 등을 통해 스스로를 소중히 여기는 것은 전부 아이에게 자기 자신을 소중히 여기도록 가르치는 방법이다.

어느 날 한 친구가 자기가 자라온 이야기를 들려주었다. 친구의 어머니는 주부이자 안주인으로서 최고가 되려고 늘 애쓰던 분이었다. 손님이 찾아올 때면 언제나 지나치다 싶을 만큼 집을 정돈했다. 온 집안을 꽃으로 장식하고, 고급스러운 음식을 준비하고, 자신의 머리도 완벽하게 치장했다. 하지만 손님이 오지 않는 날엔 이 중 어떤 것에도 신경쓰지 않았다. 손님이 올 때와 오지 않을 때의 차이가 너무 커서 내 친구는 자신이나 가족들보다 남이 훨씬 더 중요하다고 믿게 됐다. 친구는 겨우 예닐곱 살밖에 안 됐을 때 했던 생각을 정확하게 기억하고 있었다.

"엄마가 다른 사람들을 만족시키려고 저렇게까지 노력하는 걸 보니 그들이 엄마보다 더 중요한 사람들인 게 분명해. 엄마는 그 사람들을 챙기느라 매번 거의 죽을 것처럼 애를 쓰잖아."

부모는 아이들에게 자기 의견과 공간 그리고 여러 가지 욕구를 당당히 주장하는 것을 겁내지 않도록 가르쳐야 한다. 아이들은 마음 놓고 자신을 옹호하고 스스로 한계를 정하며 자기 권리를 보호하는 데 주저함이 없을 때 발전한다. 그와 동시에 남에게 베풀 줄도 알아야 한다. 진정한 베풂은 인생의 공허함을 채우기 위해서, 즉 자기 필요에 의해 베푸는 것과 달리 근본적으로 내면의 충만함을 알아차리는 데서 시작된다. 따라서 내면의 샘이 말라 있다면 남에게 베풀 수가 없다. 진정한 베풂은 내면의 샘이 넘쳐흐를 때 일어나기 때문이다.

이렇듯 부모는 자기 내면과 연결된 상태에서 아이들 또한 그들의 내면과 교감하며 진솔한 모습으로 살아가도록 격려해야 한다. 아이들은 부모의 환상과 기대, 통제하려는 욕구와 같은 올가미에서 벗어나 자유롭게 자기 운명대로 살아갈 수 있어야 한다. 이제 부모로서 우리가 상상하는 이미지에 아이를 가두는 대신 각자의 개성을 펼칠 수 있도록 지켜봐주자. 이것은 부모가 자기만의 개성을 발견했을 때 가능한 일이다.

우리가 점점 더 우리의 본모습을 존중하면, 그동안 거짓된 모습을 떠받치던 삶의 요소들이 더는 힘을 쓰지 못하고 떨어져 나간다. 그러면 우리의 진솔한 모습을 뒷받침해줄 다른 요소들이 삶에 들어오기 시작한다. 외면이 내면을 따라가는 것이다.

이렇게 우리가 우리의 진정한 존재와 조용히 연결될 때 비로소 아이들의 진정한 모습이 드러나도록 도와줄 수 있다. 본래 타고난 모습으로 사는 법을 배우면 우리는 아이들이 진심을 얘기하고 자기가 진정으로 원하는 삶을 살더라도 더는 두려움을 느끼지 않는다.

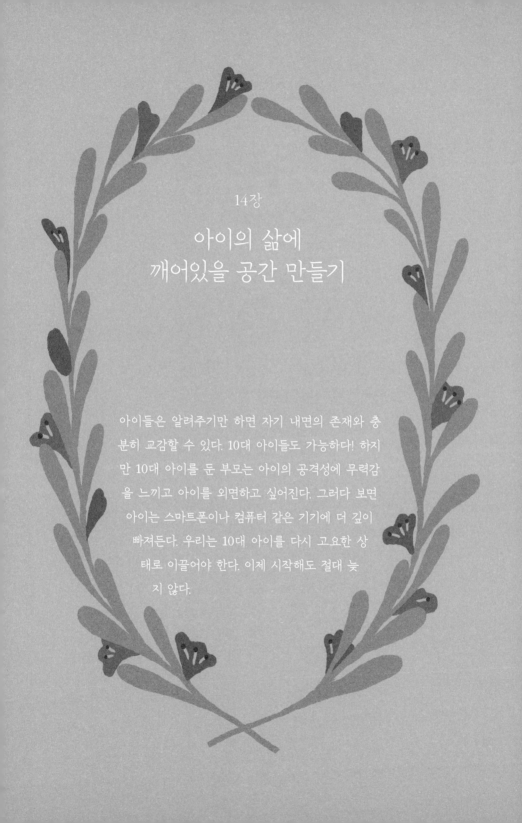

14장

아이의 삶에
깨어있을 공간 만들기

아이들은 알려주기만 하면 자기 내면의 존재와 충
분히 교감할 수 있다. 10대 아이들도 가능하다! 하지
만 10대 아이를 둔 부모는 아이의 공격성에 무력감
을 느끼고 아이를 외면하고 싶어진다. 그러다 보면
아이는 스마트폰이나 컴퓨터 같은 기기에 더 깊이
빠져든다. 우리는 10대 아이를 다시 고요한 상
태로 이끌어야 한다. 이제 시작해도 절대 늦
지 않다.

태어나서부터 만 여섯 살까지는 인생의 정상까지 올라가야 한다는 생각은 할 필요도 없이 놀이와 탐색을 중심으로 재미삼아 날갯짓을 할 수 있는 아주 특별한 시기다. 이때는 아무것도 안 하고 쉴 수 있는 많은 여백이 필요하다.

　이 시기의 아이들은 스스로에 대해 알아가는 기쁨을 누릴 수 있어야 한다. 작은 임무를 완수하고 소소한 목적을 달성해보는 시간이지만, 가장 중요한 건 자기 몸과 마음을 탐색하고 즐기는 경험이다. 몇 시간씩 신나게 놀기도 하고 친구들과 어울리기도 하고, 공원을 산책하거나 해변에서 자전거를 타는 경험도 해봐야 한다. 아이가 몇 시간이나 특별히 하는 일 없이 가만히 있어도 간섭하지 말고 아무 그림이나 그리거나 반죽을 갖고 놀고 모래놀이를 하거나 종이를 잘게 찢고 장난감 상자를 뒤져도 그냥 둬야 하는 시기다. 아이들은 왕이나 여왕, 아니면 용으로 변장하는 놀이도 해봐야 한다. 방에서 몇 시간을 동동거리거나 실수도 해봐야 한다. 이 시기의 아이들에게는 가슴이 시키는 대로 해볼 수 있는 시간과 자유, 절대적 허용이 필요하다.

이 기간은 아이들의 인생에서 다양한 씨앗을 뿌리고 그중에 어떤 것이 뿌리를 내리고 맛좋은 열매를 맺을지 지켜봐야 하는 때다. 아이들에겐 이 방법이 부모가 다 자란 나무 한 그루를 심고 스테로이드 주사까지 놓아서 아무 맛도 없는 열매가 주렁주렁 달리게 하는 것보다 훨씬 성취감이 크다.

만 여섯 살이 지나고, 특히 만 일곱, 여덟 살이 되면 아이들은 정신적으로 발달하기 시작하기 때문에 느긋하게 놀던 때와 확연한 차이를 보인다. 갈수록 생각이 많아짐에 따라 아이들의 생활도 점점 더 복잡해진다. 이런 변화가 일어날 때 우리가 아이를 돕는 가장 좋은 방법은 조용히 앉아서 자신의 경험과 느낌, 주변환경을 이해하는 시간의 중요성을 알려주는 것이다.

아이의 일과에 고요할 수 있는 공간을 만들어주자

아이가 정신적으로 성장해갈수록 일상에서 혼자 있는 시간이 많아진다. 이때 아이가 그 시간을 편하게 받아들이게 두지 않으면 아이는 마치 타인처럼 자기 자신을 낯설어하고 자신의 진솔한 모습과도 멀어진다. 이렇게 되면 혼자 남겨질 때마다 불편해하거나 지독한 외로움을 느낄 수도 있다. 자신의 본질에 충실하며 가만히 쉬는 것이 익숙지 않은 사람에게는 이런저런 소리로 침묵을 깨고 관심을 빼앗을 사람 하나 없이 절대적인 적막 속에서 오로지 자기 자신과 대면해야 하는 것이 두려운 경험일 수 있다.

따라서 아이들이 종종 가만히 앉아 있어 봄으로써 아무 말 없이 고요한 상태로 존재하는 법을 배울 수 있게 해주는 것이 좋다. 예를 들면 차로 이동하는 시간은 아주 좋은 기회가 될 수 있다. 이왕이면 차에 장난감이나 비디오, 전자기기 등을 두지 않아야 더 효과적이다. 특히 출퇴근이나 등하교처럼 일상적으로 차를 탈 때가 조용히 있을 수 있는 절호의 기회다. 물론 장거리 여행을 떠날 때는 비디오나 장난감, 게임을 준비해도 된다. 하지만 일상적으로 차를 탈 때는 라디오도 켜지 않고 다니는 것이 좋다. 노래나 무의미한 대화, 이런저런 게임을 하지 않는 것도 좋다. 그러면 조용히 자기 자신을 관찰할 여지가 생긴다.

끊임없이 무엇을 하느라 주의가 산만해지면 마음의 눈으로 내면상태를 관찰할 수가 없다. 자신을 관찰하는 능력은 조용히 혼자 앉아 있는 순간에만 발달한다. 그렇다고 아이도 돌보지 말고 혼자 있는 시간만 많이 만들라는 뜻은 아니다. 그보다는 뭔가 할 때와 안 할 때, 동적인 것과 정적인 것, 몰입과 단절이 균형을 이루어야만 아이들이 잘 자랄 수 있다는 점을 기억하자는 것이다.

처음에 느껴지는 것과 달리 혼자 조용히 있는 순간은 전혀 공허하지 않다. 그 시간은 각자의 존재를 경험하는 충만한 순간이며, 우리에게 사색과 성찰의 기회를 준다. 깨어있는 부모는 이 순간들을 놓치지 않고 아이들의 자연스러운 모습과 교감한다.

나는 얼마 전부터 딸에게 명상하는 법을 가르치기 시작했다. 여덟 살이면 알아차림의 깊이를 더하는 기술을 발달시키기에 좋은 나이다. 물론 아이의 관심과 기량에 따라 차이가 있을 것이다. 내 경우 딸이 명상에 흥미를 보이기에 시작했고, 지금은 일주일에 한 번 온 가족이 함께하는 활동이 되었다. 주로 주말에 남편과 딸, 나 이렇게 셋이 앉아서 10분 동안 고요 속으로 들어간다.

우리는 먼저 눈을 감고 어두운 느낌에 적응한다. 잠시 후 내가 말을 하기 시작하면 아이는 그 소리를 듣고 그대로 따라하며 명상하는 법을 배워나간다. 나는 아이가 가슴이 부풀어올랐다 가라앉는 것을 느끼며 호흡에 집중하도록 이끈다. 호흡에 집중한다는 건 일반적으로 숨이 콧구멍으로 들어오고 나가는 것을 의식하는 것을 의미하지만, 어린아이에겐 너무 미묘한 경험이라서 가슴이 올라왔다 내려가는 것에 집중하게 한다. 그러면 동작이 크기 때문에 훨씬 더 쉽게 받아들일 수 있기 때문이다.

그렇게 몇 분 동안 숨이 가슴으로 들어오고 나가는 것을 의식하도록 한 다음 나는 침묵한다. 1, 2분 정도 아무 말 없이, 아이가 조용히 자기만의 생각들을 관찰하게 둔다. 이때 아무것도 하지 않고 가만히 앉아서 호흡만 하면 된다고 미리 설명해준다.

마지막으로, 남은 몇 분 동안은 함께 자애명상을 한다. 이때 아이는 배려와 감사로 가득한 생각을 함으로써 자신을 둘러싼 우주에 자비와 감사를 퍼뜨리는 것이 얼마나 중요한지를 배운다.

아이가 더 어렸을 때는 다른 방법으로 고요한 순간을 만들었다. 일부러 아이의 방에 들어가 곁에 조용히 앉아 있었다. 아이가 방에서 신나게 놀고 있어도 상관없었다. 아이를 데리고 나가 자연에서 산책하며 주변의 고요함에 젖어들게 하기도 했다. 매일 정해진 시간 동안 컴퓨터와 스마트폰 등 모든 기기와 단절하고 오로지 아이에게 집중했다. 그렇게 나는 침묵에 귀 기울이고 그것을 두려워하지 않는 법을 아이에게 가르쳤다.

아이들은 알려주기만 하면 자기 내면의 존재와 충분히 교감할 수 있다. 10대 아이들도 가능하다! 하지만 10대 아이를 둔 부모는 아이의 공격성에 무력감을 느끼고 아이를 외면하고 싶어진다. 그러다 보면 아이는 스마트폰이나 컴퓨터 같은 기기에 더 깊이 빠져든다. 우리는 10대 아이를 다시 고요한 상태로 이끌어야 한다. 이제 시작해도 절대 늦지 않다. 그렇다면 어떻게 해야 할까?

우선 일주일에 한 시간만이라도 요가나 태극권, 명상 같은 수련을 통해 고요한 순간을 경험해보게 하는 방법이 있다. 일주일에 한 시간은 자연에서 혼자 산책을 하게 해도 된다. 일주일에 한 시간만 모든 전자기기를 끄고 우리와 이야기를 나누자고 하는 것도 방법이다. 아니면 일주일에 한 시간은 일기를 쓰게 하거나 그림 그리기 같이 차분히 다른 예술 활동을 해보도록 권할 수도 있다.

아이들은 자기 내면이 어떤 풍경을 하고 있는지 알아야 한다. 그러려면 자신의 본모습과 교감할 수 있어야 하는데, 이것은 부모인 우리가 도와줄 수 있는 부분이다. 궁극적으로 부모와 긴밀히 교감하는 아이들은 자기 자신은 물론 세상과 연결된 느낌을 기분 좋게 즐길 수 있다.

아이에게 힘이 되는 이야기 들려주기

우리는 모두 일관되고 의미 있는 삶을 살고 싶어하며, 그 경험이 의미 있는 것이기를 원한다. 특히 아이들은 그들이 처한 현실을 파악하고자 할 때 부모에게 의지한다. 따라서 아이들에게 인생에서 의미와 목적을 찾아내는 법을 가르치는 것은 부모의 의무다.

아이의 일상에 의미를 불어넣는 한 가지 방법은 아이의 경험을 이야기로 만드는 것이다. 아이의 인생에 하나의 이야기가 만들어지도록 돕는 미묘하지만 효과적인 방법은 아이와 시간을 보내는 것이다. 그렇게 하면 우리의 존재감이 이어지기 때문이다. 아이가 대단한 일을 해낼 때만이 아니라 소소한 순간에도 곁에 있다면, 부모는 아이의 모험에 함께하게 된다. 우리의 존재감과 정서적 교감은 아이에게 일관성과 질서, 체계가 잡힌 느낌을 준다.

"네가 여덟 살 때 함께 동물원에 갔었는데, 기억나니? 그때 네가 넘어져서……."

이와 같은 방식으로 아이에게 기억을 떠올리게 하는 것도 이야기를 만들어가는 과정이다. 아이의 추억을 함께 더듬으며 엮어나가는 것은 아이가 경험에서 의미를 찾도록 도와주는 힘이 있다.

이야기를 들려주는 것 또한 아이의 삶을 해석하는 틀을 제공한다는 점에서 도움이 된다. 그렇다고 아무 이야기나 읽어주라는 뜻은 아니다. 텔레비전 미니시리즈로도 만들어진 알렉스 헤일리의 『뿌리』처럼 이야기의 위대한 힘을 가진 소설은 좋은 예시다. 그런 이야기를 통해 우리는 아이들에게 그들이 어떻게 세상에 태어났으며, 우리에게 어떤 느낌을 주는지, 그들이 얼마나 용감하고 친절한지 등을 표현할 수 있다.

아이들은 우리가 가르치듯이 말할 때보다 이야기 형식을 빌려 자기에 대해 말할 때 훨씬 더 잘 흡수한다. 아이들은 자기 이야기를 듣고 싶어 한다. 갓난아기 때는 어땠는지, 지금까지 어떻게 성장해왔는지 그려보고 싶어 한다. 우리가 그런 이야기를 아이에게 들려주면, 아이가 자기 자신에 대해서는 물론, 가정과 사회에서 차지하는 위치에 관한 이야기를 엮어나가는 데 도움이 된다.

아이가 매일의 생각과 감정을 일기장에 쓰도록 권하는 것도 그들의 경험이 가진 의미를 이해하도록 돕는 좋은 방법이다. 일요일 오후쯤 온 가족이 30분쯤 앉아서 각자 한 주를 돌아보며 생각과 감정을 적어볼 수도 있을 것이다. 온 가족이 고요히 앉아서 마음의 눈으로 내면을 살핀다니 얼마나 멋진 일인가!

무언가를 꾸준히 함께하는 것은 아이에게 서로 연결되어 있다고 느끼게 해주는 중요한 방법이다. 온 가족이 매일 저녁식사를 함께하든, 주중에는 시간이 안 되니 주말 저녁에만 그렇게 하든, 아니면 일요일 아침마다 온 가족이 포옹을 하든 상관없다. 이런 작은 의식은 우리가 함께한다는 것이 얼마나 소중한지를 주기적으로 알려주는 장치다. 아이들이 이런 의식에 기댈 수 있으면 안정감이 발달한다. 또한 어른이 되어서도 이런 순간들을 되새기며 의미를 찾을 것이다. 물론 인생의 중요한 순간에 온 가족이 함께 축하하는 것도 중요하다. 그 추억들이 아이의 마음에 단단한 버팀목이 되어준다.

식탁에서나 가족 모임에 늘 이야기가 흘러넘치는 가정에서 자란 아이는 일관성과 연속성이 단단히 뿌리내린 삶을 살게 되기 때문에 힘든 시기도 잘 견뎌낸다. 자신의 선조들에 대해 많은 이야기를 듣고 자라 마음 한켠에 이야기가 자리잡은 사람은 거기서 의연함과 회복력, 용기를 얻는다.

아이에게 고마움을 표현하는 것은 가장 강력한 양육법이다

나는 부모들에게 이렇게 말한다.

"아이에게 고마운 마음을 표현해보세요. 그것이야말로 가장 강력한 양육 기술입니다."

부모가 삶에 경외심을 품고 감사한 마음을 갖는 것은 아이들이 배울 수 있는 가장 중요한 가르침 중 하나다. 고마움을 표현하면 아이들은 자신이 절대 혼자가 아니며, 언제나 인생과 연결되어 있다고 느낀다. 뿐만 아니라 삶이 친절하고 지혜로우며 너그럽기까지 하다는 믿음도 더 강해진다.

매일 혹은 매주 한 번씩 저녁식사 자리에서 각자 감사한 점을 표현할 기회를 마련하면 아이들은 성찰하는 능력을 키우고, 결국엔 인생의 아름다움을 발견하도록 도와준다. 또한 이런 습관을 통해 아이들은 인생에서 얻는 게 있는 만큼 자신도 인생에 기여해야 한다는 생각을 갖게 된다. 실제로 아이들은 물질적인 형태로만이 아니라, 정서와 에너지 면에서도 보답을 해야 한다고 깨닫게 된다.

부모가 자신의 존재를 성찰하며 감사한 마음을 갖는 것을 중요하게 여길수록 아이들도 똑같이 따라 배운다. 우리가 인생의 아주 소소한 것들에 주목하고 감사히 여길 줄 알면 아이들 또한 속도를 줄이고 자신의 삶에 주목하게 된다. 인생의 어떤 부분도 당연시하지 않으며, 그들을 둘러싼 모든 것을 소중히 여기는 법을 배운다. 이렇게 감사하는 마음은 우리로 하여금 삶에 더 충실하게 한다.

부모가 아이에게 지금의 모습으로 존재해주는 것만으로도 고맙다고 표현하는 것은 중요하다. 그런데 우리는 보통 아이들의 현재 모습에 감사하기보다는 아이들이 우리의 존재를 고맙게 여기기를 바란다. 부모가 먼저 아이의 눈을 들여다보면서 진심을 다해 "고마워"라고 말한다면, 아이의 자존감이 엄청나게 높아질 것이다. 이는 우리가 아이에게 그저 존재하는 것만으로도 뭔가 기여하고 있다고 말하는 것과 같기 때문이다.

∨
∨

내 지인 중에 당차고 톡톡 튀는 서른 살 여성이 있다. 그런데 그녀는 가족과 함께 있을 때면 전혀 다른 모습이 된다. 특히 아버지와 함께 있을 때면 무척 긴장하곤 했다. 나는 그 이유를 최근에야 알게 되었다. 어느 날 그녀는 결혼 발표를 하려고 가족들을 집에 초대했다. 그날은 그녀의 가족과 남자친구가 처음으로 만나기로 한 날이었다. 그녀는 남자친구의 종교가 다르다는 이유로 아버지가 화를 낼 것 같다며 걱정했다. 그날의 만남을 준비하는 내내 안절부절못했다. 그녀는 가족들이 도착하기 전에 신경안정제를 두 알이나 먹고 위스키도 한 잔 마셨다. 예일대를 졸업하고 로펌의 파트너 변호사로 활동하는 그녀가 마치 말라비틀어져 사라지기를 바라는 것처럼 아주 나약한 모습으로 불안에 떨었다.

그녀가 가족들에게 남자친구를 소개한 뒤 종교가 다르다는 사실을 밝히자 예상대로 아버지의 얼굴이 붉으락푸르락해졌다. 아버지는 그녀를 따로 불러내 무섭게 야단을 쳤다.

"이 결혼은 절대 안 된다. 네가 이 사람과 결혼하면 나는 창피해서 얼굴을 들고 다닐 수가 없어. 만약 결혼을 하겠다고 계속 고집을 부린다 그녀의 아버지는 딸이 아버지의 축복을 받으며 결혼하고 싶어하고 자신과 많이 다른 사람을 사랑할 만큼 용기가 있다는 사실에 고마워하기는커녕 딸을 차갑게 외면했다. 딸과 남자친구의 관계에서 교훈을 얻을 수 있었음에도 그것을 받아들이지 못하고, 자신에게 익숙한 틀을 고집하느라 딸의 선택을 거부했다.

이처럼 자식에겐 자기가 원하는 삶을 살아갈 권리가 있음에도 부모가 이를 인정하지 못하는 경우가 많다. 그들은 자기 에고를 만족시키기 위해 아이의 본모습을 희생시키려 한다. 자식에겐 부모의 말을 들어야 할 의무가 없다는 사실을 미처 깨닫지 못한다. 만약에 자식이 부모의 뜻에 따른다면, 그것은 그들이 부모에게 허락한 특권이며 부모로선 고마워해야 할 일이다.

우리는 아이들이 함께해주는 것에 대해 꾸준히 고마움을 표현해야 한다. 먼저 우리의 삶을 의미로 가득 채워주는 것에 고마워해야 한다. 아이들의 지혜와 친절, 열정, 자발성, 생동감에 대해서도 고마워할 수 있다. 또한 편히 지낼 집과 먹을 음식, 튼튼하고 건강한 몸, 연대감을 느끼게 해주는 가족과 친구들, 경이로움으로 가득한 자연에 고마움을 표현함으로써 아이들에게 감사하는 태도를 가르칠 수도 있다.

여기에 더해 용기와 같은 자질, 재미난 일들 그리고 보답할 기회가 있다는 것에 감사하도록 아이들을 북돋울 수도 있다. 그리고 인생이 매일같이 우리 자신에 대해 가르쳐주는 모든 것에 대해서도 부지런히 고마움을 표현할 수 있어야 한다. 그래야만 우리 존재에 더 충실하고 가슴 가득 차오른 사랑을 더 의미 있게 표현할 수 있다.

275

부모가 하루를 돌아보며 가장 작은 일들에도 감사한 마음을 갖도록 가르치면 아이들은 이런저런 것들을 필요로 하기보다는 이미 가진 게 많다는 사실에 감사할 줄 알게 된다. 이런 깨달음은 다른 사람들에게 도움이 되고자 하는 욕구를 일으킨다. 이는 우리가 본래 자비로운 존재임을 알아차리면 남을 도우려는 본능이 되살아난다는 뜻이다.

감사할 줄 아는 마음을 가르치는 것은 아이들의 신성한 본성을 존중하며 그들의 내면에 경건함이 깃들게 하는 것이다. 그런데 우리가 먼저 우리의 신성한 본성과 교감하지 못한다면 어떻게 아이들에게 그들 내면의 신성한 본성을 경건하게 대하라고 가르칠 수 있겠는가.

여기서 주의해야 할 점이 있다. 자기 내면의 신성한 본성과 교감한다고 해서 어떤 특별한 유형의 위대함을 드러내야 한다는 뜻은 아니다. 그보다는 자연스럽고 꾸밈없는 상태로 존재하는 그 자체가 이미 위대하다는 것을 분명히 알아야 한다는 의미다. 부모인 우리가 훌륭하다고 여기는 무엇인가가 되라고 아이를 떠밀고, 아이가 훌륭해지면 그제야 아이를 존중하겠다고 생각하는 이유는 단 하나, 우리가 각자의 타고난 신성함을 소중히 여길 줄 모르기 때문이다. 사실상 아이가 자신의 신성한 본성과 교감하는 것 자체를 거부하는 태도다.

아이들은 아무것도 증명해보일 필요가 없다. 아이가 태어날 때부터 이미 신성한 존재임을 인정하고 고마움을 표시하는 것은, 우리가 우리의 신성한 면, 사실상 인생 전체의 신성한 요소들과 연결되어 있다는 뜻이다.

부모가 감사한 마음이 아니라 욕심을 원동력으로 삼아 더 좋은 것, 더 화려한 것, 더 큰 것을 추구하며 만족감을 얻으려고 한다면, 아이들이 이를 고스란히 흡수하게 될 것이다. 반대로 부모가 숨 쉴 공기와 앉아 쉴 수 있는 나무 그늘에 감사하고 만물에 깃든 신성함을 느낄 줄 알면, 아이들 또한 이미 가진 것에 만족하는 법을 배운다. 그러고 나면 설령 더 많은 것을 얻게 되더라도 그것에 집착하지 않고 그저 더 깊이 감사하는 마음을 갖게 된다.

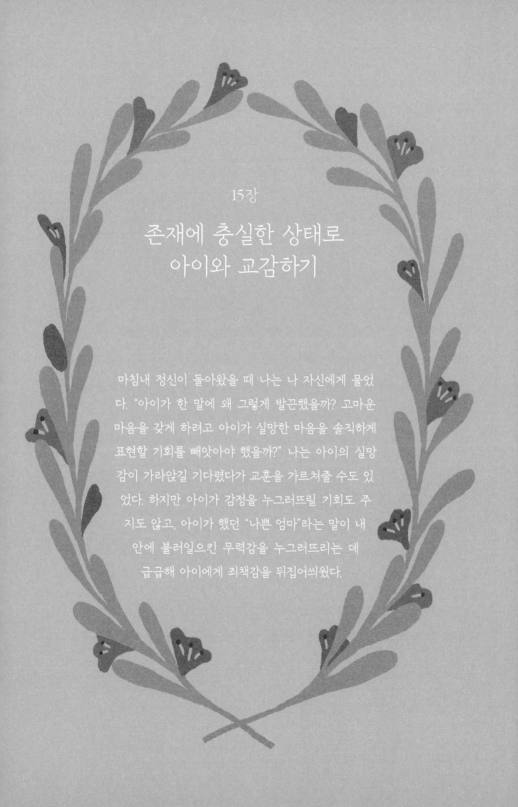

15장

존재에 충실한 상태로
아이와 교감하기

마침내 정신이 돌아왔을 때 나는 나 자신에게 물었
다. "아이가 한 말에 왜 그렇게 발끈했을까? 고마운
마음을 갖게 하려고 아이가 실망한 마음을 솔직하게
표현할 기회를 빼앗아야 했을까?" 나는 아이의 실망
감이 가라앉길 기다렸다가 교훈을 가르쳐줄 수도 있
었다. 하지만 아이가 감정을 누그러뜨릴 기회도 주
지도 않고, 아이가 했던 "나쁜 엄마"라는 말이 내
안에 불러일으킨 무력감을 누그러뜨리는 데
급급해 아이에게 죄책감을 뒤집어씌웠다.

부모는 아이에게 음식을 해주고 숙제를 봐주고 차로 데려다주고 데려오는 등의 '임무'를 수행하는 것을 아이들에게 '충실히 임하는' 상태로 착각하는 경우가 많다. 하지만 아이들의 물질적·신체적, 심지어 지적 욕구에 충실히 대응한다 해도 아이들의 정서적·정신적 욕구에 충실한 것은 아니다.

교감을 나누고 싶어하는 아이들의 욕구를 충족시키려면 몇 가지 특별한 기술이 필요하다. 먼저 아이들의 말을 경청해야 한다. 바로잡거나 혼내거나 가르쳐야 한다는 생각 없이, 아이들이 하는 얘기를 제대로 들어야 한다. 그러기 위해서는 아이들의 모습을 유심히 관찰할 필요가 있다. 그들의 몸짓과 표정, 에너지까지도 살펴야 한다. 이는 우리가 깨어있는 상태로 받아들이면 다 알아차릴 수 있는 것들이다.

그런데도 우리는 대개 아이들에게 충실히 임하는 데 큰 어려움을 겪는다. 보통은 의식하지 못한 사이에 아이들에게 부모인 우리의 상태에 맞추라고 요구한다. 우리는 아이들과 교감을 나누고 있다고 생각하지만, 사실은 아이들에게 우리와 교감하라고 강요하고 있는 것이다. 아이들에게 향한 에너지를 살면서 우리 자신에게로 돌리면 아이들의 삶을 바꿀 힘이 생긴다.

10대 자녀가 대화를 거부한다고 불평하는 부모들에게 왜 그렇게 생각하느냐고 물으면 대개 이런 대답이 돌아온다.

"늘 텔레비전만 보고 저와는 대화를 하려 들지 않아요.""전화기에만 매달려 있지 제게는 시간을 내주지 않아요.""애는 만날 비디오게임만 하고 싶어하는데 저는 비디오게임이 너무 싫어요. 그러니 제가 뭘 할 수 있겠어요?""자기가 좋아하는 가수 얘기만 하려고 하는데 그건 제가 전혀 모르는 분야거든요"

각각의 상황을 가만히 들여다보면, 부모는 아이가 부모 없이 혼자 있을 때 해왔던 것들을 중단하고 부모가 원하는 대로 하길 바란다. 우리의 계획을 바꿔 아이가 좋아하는 어떤 활동이든 해볼 생각은 못 한다. 그 활동을 좋아하지 않더라도 아이와 교감하고 싶다면 충분히 도전해볼 수 있는 일인데도 말이다.

부모의 역할은 지시가 아니다. 아이에게 내재된 모습이 발달하도록 지원해주는 것이다. 따라서 나이와 상관없이 아이와 교감하기를 바란다면 아이의 정서적 에너지에 맞는 방법을 찾아야 한다. 우리가 아이의 정서적 에너지에 맞추면, 아이는 우리가 그들의 진정성을 박탈하거나 어떻게든 그들을 바꾸려는 게 아니라고 안심하며 마음의 문을 활짝 연다.

아이들은 여섯 살이든 열여섯 살이든 부모와 의미 있는 교감을 나누고 싶어한다. 만약에 부모와의 관계가 통제와 평가, 잔소리와 훈계 그리고 압박으로 얼룩지면 아이는 귀를 닫아버릴 것이다. 그러나 독립과 자율, 연대와 정서적 자유 그리고 진정성을 중시하는 관계라면 어떤 아이가 부모를 거부하겠는가?

부모가 깨어있는 상태로 아이들을 대하는 것은 아이가 평가받을까봐 걱정하는 일 없이 있는 그대로의 모습을 보여줘도 된다고 느끼도록 두 팔 벌려 환영한다는 뜻이다. 우리는 "내가 여기서 지켜봐줄게"라는 메시지만 전달하면 된다.

그런데 내가 부모에게 "아이에게 충실히 임하는 것이 정서적으로 건강한 아이를 키우는 데 필요한 전부"라고 말하면 "부모가 늘 아이 곁에 붙어 있어야 한다"는 의미로 받아들이는 사람도 있을 것이다. 하지만 깨어있는 부모라도 몹시 바쁠 수 있다. 이때는 아이들이 부모의 상황을 존중해줘야 한다. 대신에 우리가 바쁘지 않을 때는 마음을 다해 아이를 대할 수 있어야 한다. 우리가 그렇게 할 수 있다면 아이도 이런 깨달음을 얻게 될 것이다.

"나는 소중한 사람임에 틀림없어. 엄마 아빠가 전화기도 끄고, 하던 일도 멈추고, 이렇게 나하고만 시간을 보내고 있잖아."

나는 딸에게 온전히 임하기 위해 아이의 상태를 바꾸려고 하기보다 내가 아이 상태에 맞추려고 한다. 또한 아이에게 내 감정에 맞추라고 요구하기보다 내 정서적 에너지를 아이의 에너지에 맞출 방법을 찾고자 한다. 아이가 내게 말을 걸 때면, 나는 모든 관심을 아이에게 집중하면서 머리뿐만 아니라 가슴으로도 들으려고 노력한다. 아이의 생각과 표현방식을 칭찬하고, 아이의 의견에 동의하지 않을 때조차도 그 의견을 존중하는 태도를 보이며, 열린 자세를 유지한다.

나는 무엇보다 아이에게 충실히 임하는 목적이 내 지식과 우월감을 과시하기 위해서가 아님을 잊지 않으려고 노력한다. 그러다 보니 자연스럽게 딸과 존재 대 존재로 대화를 나누는 시간이 무척 소중해졌고, 우리는 매일 적어도 한 시간은 그렇게 대화를 나눈다. 나는 아이의 있는 그대로의 모습을 진심으로 사랑하고 존중하는 태도로 대화에 임하여 내가 딸에게 배우는 게 얼마나 많은지 표현한다. 그 시간에 우리는 숙제나 집안일을 하지 않는다. 대신 함께 음식을 먹거나 놀거나 책을 읽거나 대화를 하면서 교감을 나눈다. 소박하지만 이때 한 시간은 내 아이의 그릇을 그 아이만의 본질로 꽉 채우는 힘이 있다.

아이와 교감하려는 노력을 망치는 부모의 행동

우리는 아이가 뭔가 얘기하려는 순간에 성급하게 충고나 비판, 훈계를 늘어놓는 경향이 있다. 뿐만 아니라 아이의 경험을 우리 맘대로 해석해서 분류하기도 한다. 왜 우리는 끊임없이 아이에게 이래라저래라 조언하고, 보석 같은 지혜의 말을 전하고, 사사건건 의견을 제시해야 한다고 생각할까? 나는 그 이유가 우리에게 있다고 생각한다. 그것은 단지 우리가 가만히 있지도 그냥 놔두지도 못하기 때문이다. 상황을 있는 그대로 받아들일 수 없는 것이다.

아이가 원하지도 않는 충고를 늘어놓고 대화를 좀 해볼라치면 부모가 듣지도 않고 자기 얘기만 한다면, 아이가 부모를 멀리하고 이것저것 숨기는 게 당연하지 않은가?

심리학 관련 책이 부쩍 늘고 교육과 상담 기회도 많아진 덕분에 아이들을 고치려 들면 안 된다는 사실에 대해서는 어느 정도 알려져 있다. 그래서 아이가 하는 말을 그대로 거울처럼 아이에게 들려주는 연습을 하기도 한다. 내가 그런 적이 있듯이 아이에게 다음과 같은 문장을 사용해본 부모들도 있을 것이다.

- 너 속상하구나!
- 너는 지금 화났구나!
- 너는 지금 화가 잔뜩 난 것처럼 보이는구나!
- 너는 지금 아무도 널 이해 못 한다고 느끼는구나!
- 너는 지금 외롭다고 느끼는구나!
- 당장은 네가 말할 기분이 아니라는 거 알아.
- 지금 네가 짜증 난 상태라는 거 알아.
- 네가 얼마나 당혹스러운지 알겠어.
- 내일이 시험이라 불안하다는 거 알아.

문제는 이렇게 아이들의 감정 상태를 반영하는 말에도 부모의 에고와 통제 욕구가 스며든다는 점이다. 내 감정과 생각을 섞지 않고 오롯이 상대방의 감정과 생각만 표현하기가 쉽지 않다. 사실 위에 나열한 말들을 찬찬히 살펴보면 아이를 못마땅해하거나 심판하는 듯한 표현들이 포함되어 있다.

예를 들어 누군가 우리에게 "너 지금 화났구나"라고 말하면 기분이 어떨까? 마치 우리를 심판하거나 얕보는 것처럼 느껴진다. 위에서 내려다보는 듯한 그 모습이 싫어서 입을 더 꾹 다물고 싶어진다. 아니면 그런 말을 하는 사람에게 버럭 화를 낼지도 모른다. "너 속상하구나" "너 지금 화가 잔뜩 난 것처럼 보여"와 같은 말을 들을 때도 마찬가지다. "나에 대해 참 잘도 아는군!" 하며 발끈할 수도 있다.

정말로 아이의 감정을 그대로 반영하는 말을 하려면 우리는 먼저 우리 안의 불안과 에고를 알아차려야 한다. 그러지 않으면 아이가 자기만의 방식으로 경험하고 느끼도록 가만히 두지 못하며, 그것을 겪어나가는 과정도 온전히 받아들이지 못하고 무의식적으로 가르치려 들거나 평가하려고 한다. 그러면 아이들은 그 경험에 대한 솔직한 감정과 단절된다. 다시 말하면 아이의 상태를 반영하는 말을 할 때는 우리가 어떤 위치에서 바라보고 있는지 알아차리는 것이 중요하다. 아이가 무언가를 경험하고 있을 때 공감해주려는 의도인가? 아니면 비록 무의식적이긴 해도 우리와 아이의 경험을 분리하고, 결과적으로 아이도 지금 겪고 있는 상태에서 그만 벗어나게 하려는 의도인가?

우리가 아이의 눈높이로 아이를 대하면 굳이 말이 필요 없을 때가 많다. 오히려 말할 때 끼어들면 아이가 자기만의 방식으로 경험하고 느끼는 데 방해가 될 수 있다. 그보다는 아이에게 주파수를 맞춘 채로 곁에 있어주기만 하면 된다. 온전히 아이에게 충실한 상태로 임한다는 것은 아이가 이런저런 경험을 할 때 가만히 지켜본다는 뜻이다. 아이가 어떤 감정을 느껴도 그 상태에서 벗어나야 한다는 암시를 주지 않고 아이 스스로 다스리게 기다려주는 것이다.

아이를 '심리학적으로 분석'하지 말고 그냥 두자. 우리가 가만히 지켜보면 아이는 부모에게 기대지 않고 스스로 성찰하는 법을 배워나갈 것이다.

우리가 인정하는 것은 아이의 행동일까, 존재일까?

우리는 누군가 우리의 특별한 행동을 인정해줄 때와 우리의 존재 자체를 인정해줄 때의 차이를 안다. 그리고 "이해해요"라고 하면서 다른 사람에게 공감을 표현할 때도 많다. 하지만 실제로는 이해하지 못하는 경우가 대부분이다. 아무리 비슷한 상황을 겪어봤더라도 그 사람만의 독특한 사고방식과 정서 상태까지 똑같이 겪어본 것은 아니기 때문이다.

다시 말하지만 중요한 건 이런 말을 하는 의도이다. "우리도 그런 경험을 해봐서 안다"고 말하려는 것인가? 아니면 "너를 위해 우리가 여기 있다"는 뜻을 전하고, 무엇보다 "네가 이런 경험을 하고 있다는 걸 다 인정한다"라고 말하려는 것인가? 둘의 차이는 에고의 관점에서 하는 얘기인지, 아니면 그 사람을 진짜로 받아들이고 그 사람의 본질을 존중하며 하는 말인지에 달려 있다.

우리는 지금 공감에 대해 얘기하고 있다. 공감의 핵심은 각자의 경험을 자기만의 방식으로 경험하게 두고, 다만 지켜보는 데 있다. 따라서 아이가 공감할 수 있는 어른으로 자라게 하려면 어떤 경험이든 부모의 간섭이나 통제를 받지 않고 온전히 제 것으로 경험할 수 있게 하는 것이 첫 번째다. 다시 말하면 아이가 스스로에 대해 느끼는 감정을 인정하는 것도 공감에 포함된다. 아이에게 어떤 감정도 느낄 권리가 있음을 알려줘야 한다. 우리는 아이가 느끼는 감정에 동의하거나 반대할 필요가 없다. 그저 감정의 존재를 인정해주면 된다. 아이의 감정을 부정하거나 포장하거나 바꾸려고 애쓰지 않아도 된다. 그보다는 아이가 하는 이야기를 우리가 잘 들어준다는 걸 알게 하고, 아이가 말로 다 표현하지 못한 이면의 이야기에도 관심을 기울여야 한다.

아이에게 공감하려면 부모로서 우리가 느끼는 감정은 기꺼이 보류하고 아이의 감정에 보조를 맞출 수 있어야 한다. 그러나 아이가 질투나 분노, 죄책감과 억울함 같은 부정적 감정에 휩싸여 정서적으로 힘든 시간을 보내고 있을 때는 그러기가 쉽지 않을 것이다. 사실 부모로서 정말 감내하기 힘든 순간이 바로 아이가 부모나 다른 사람을 향해 부정적인 감정을 나타낼 때가 아닐까 싶다.

어느 날 학교 수업이 끝날 즈음 딸아이를 데리러 갔더니, 아이가 공원에 가자고 했다. 나는 안 된다고 대답했다. 그러자 아이는 다시 도서관에는 가도 되느냐고 물었다. 나는 또 안 된다고 말했다. 마지막으로 친구랑 만나서 놀아도 되냐는 물음에 나는 그것도 안 된다고 답했다. 나는 세 번 모두 안 되는 이유를 설명했다.

"저녁 준비를 해야 한다." "아빠가 곧 집에 올 시간이다." "저녁에 우리가 할 일이 많다."

그런데도 아이는 뿌루퉁해지더니 시무룩한 표정으로 투정을 부리기 시작했다.

"엄마는 나빠. 아무것도 못 하게 하잖아. 오늘 정말 짜증나. 지겨워."

그날 나는 딸의 실망감을 이해하고 아이 스스로 감정을 다스리도록 지켜봐야 했는데, 그러지 못했다. 나의 에고가 발동해 딸을 '이기적'이라며 혼내고 '버르장머리 없이' 행동한다고 나무랐다. 거기서 끝내지 못하고 감사 표현의 중요성에 대해 훈계를 늘어놓았다. 그러는 동안 나는 죄책감을 느꼈다. 아이를 나무랄수록 죄책감이 심해졌고, 그럴수록 아이에게 죄책감을 떠넘기려고 더 혼냈다.

마침내 정신이 돌아왔을 때 나는 나 자신에게 물었다.

"아이가 한 말에 왜 그렇게 발끈했을까? 고마운 마음을 갖게 하려고 아이가 실망한 마음을 솔직하게 표현할 기회를 빼앗아야 했을까?"

나는 아이의 실망감이 가라앉길 기다렸다가 교훈을 가르쳐줄 수도 있었다. 하지만 아이가 감정을 누그러뜨릴 기회도 주지도 않고, 아이가 했던 "나쁜 엄마"라는 말이 내 안에 불러일으킨 무력감을 누그러뜨리는 데 급급해 아이에게 죄책감을 뒤집어씌웠다.

우리는 아이가 격한 감정에 사로잡히면 꾸짖는 경향이 있다. 우리가 세게 요구하면 아이의 감정이 마법처럼 사라져 거친 태도나 흉한 모습을 보지 않아도 되길 바라며 이렇게 말한다.

"화내지 마." "질투하면 안 돼." "그만 좀 우울해 해!"

하지만 우리가 이렇게 말하면 아이의 부정적 감정들이 아이의 마음속 후미진 곳으로 떠밀리게 되고, 아이는 자기감정과 단절된 채로 자라게 된다. 그리고 언젠가 그렇게 감정을 부정해온 대가를 치르게 된다. 10대 시절이 아니면 그 이후에라도 어떤 사건이나 관계로 인해 넘어두었던 감정들이 되살아나고, 다 자란 아이는 그런 감정을 제대로 처리해본 적이 없어서 당혹감을 느낀다.

아이가 느끼는 모든 감정에 대해 부모가 공감하는 태도를 보여주지 못하면 아이는 그런 감정을 두려워하며 살아가게 된다.

내가 딸을 데리고 처음으로 워터파크에 갔을 때 일이다. 아이는 몇몇 놀이기구의 경사를 보더니 무섭다고 했다. 이때 내게 처음 떠오른 말은 "바보 같이 그러지 마. 저렇게 많은 사람이 타고 내려오는 거 안 보여?"였다. 그렇게 말하면서 아이의 두려움을 없애주고 싶었다. 아니면 "아무 일 없을 거야. 엄마가 옆에 있잖아"라고 말하면서 안심시킬 수도 있었다. 실제로 주변의 많은 부모가 아이들에게 "겁먹지 마. 겁먹을 거 하나도 없어"라고 말하고 있었다.

나는 잠시 생각한 끝에 그렇게 반응하지 않기로 했다. 내가 아무리 겁먹지 말라고 한들 아이가 겁을 덜 먹게 될 리가 없었기 때문이다. 대신 나는 이렇게 말했다.

"당연히 무섭겠지. 엄마도 그런걸. 솔직히 엄마도 무지 무서워. 하지만 중요한 건 긴장되고 떨리는데도 모험을 계속하는 거잖니."

아이는 내 말을 알아들었다. 우리는 곧 줄을 서서 기다리며 함께 중얼거렸다.

"진짜 무섭다, 진짜 겁난다!"

하지만 우리는 두려움을 겁내기보다 신나게 즐기는 쪽을 택했다. 마침내 놀이기구를 타고 반대편 끝으로 무사히 나왔을 때, 나는 아무리 두려워도 모험을 해보는 것이 중요하다는 사실을 다시 한 번 강조할 수 있었다.

우리는 아이들에게 겁내지 말고 화내지 말고 슬퍼하지 말라고 가르쳐야 한다고 생각한다. 하지만 겁이 나는데 겁을 내면 안 되는 이유가 대체 뭘까? 아이들은 슬픈데도 슬퍼하면 안 되는 이유는 뭘까? 왜 우리는 아이들에게 자기감정을 무시하라고 요구하는 걸까? 우리가 아이들의 감정을 밀어내려고 애쓰는 대신 그 감정을 잘 겪어나갈 수 있게 준비시킬 때 아이들에게 가장 큰 도움이 된다.

아무리 사소한 경험이라도 부모가 아이와 함께하면서 아이가 느끼는 감정들, 예를 들면 "친구가 못 온다고 해서 속상해" "난 깜깜한 게 무서워" "여긴

너무 시끄러워"와 같은 감정 표현을 솔직하게 드러내도록 북돋워주는 것이 좋다.

그냥 거기 있어주기

아이가 반항적으로 행동하면 부모는 난감해진다. 이때 미처 깨닫지 못하는 사실은 이런 반항적인 행동의 뿌리가 바로 제대로 표현되지 못하고 의식에서 밀려난 감정들이라는 점이다. 그렇다면 아이가 자기감정을 당당히 표현하고, 옳다고 받아들일 줄 아는 것이 부모인 우리에게도 이익이다. 따라서 우리를 위해서라도 아이가 어떤 감정이든 모두 느껴보고 적절하게 흘러보낼 방법을 찾도록 도와주는 게 현명하다.

여기서 '적절하게'라는 표현이 중요하다. 때로 아이의 감정 표현 방식이 우리 마음에 들지 않을 수도 있기 때문이다. 이런 경우 아이가 표현 방식을 바꾸도록 우리가 도와줘도 된다. 아이가 화가 난 상태임을 부모가 이해한다고 해서 아이가 주먹을 휘두르거나 물건을 부수게 돼야 하는 건 아니기 때문이다.

아이의 감정 상태를 가만히 지켜보는 단순한 행동이 부모에게는 대단히 힘든 일일 수 있다는 걸 나도 안다. 우리는 아이를 망치지 않고 성공시켜야 한다는 의지가 확고하고, 좋은 부모가 되고 싶은 마음이 있어서 아이의 모습을 있는 그대로 지켜보며 무슨 일이 벌어지든 그냥 함께 있어주기만 한다는 게 어렵게 느껴진다.

당신이 단짝 친구와 만나 인생의 어느 순간에 대해 말하고 있다고 가정해보자. 당신이 어떤 의견이나 생각, 감정을 말하려고 입을 열 때마다 친구가 끼어들어 말한다. 친구는 분명 좋은 의도에서 하는 말이지만 "내 생각에는" "내가 느끼기에는" "내가 보기에는" 혹은 "너는 말이야" "나라면 말이야" 하는 말을 듣고 있으면 점점 짜증이 날 수밖에 없다. "그만 입 다물고 좀 들어줄래?"라고 소리를 지르고 싶지 않을까?

그런데 바로 이 기분을 아이들이 우리와 함께 있을 때 똑같이 느낀다. 10대 아이들이 부모에게 등을 돌리거나 텔레비전 볼륨을 높이거나 아니면 방문을 쾅 닫고 나서 하는 말이기도 하다. 우리가 무의식에서 빠져나와 차분하게 마음을 가라앉히고 아이들의 의식에 마음을 활짝 열지 않는 한 아이들은 우리와 대화하려고 하지 않을 것이다.

다채로운 감정을 경험하는 아이의 모습을 우리가 가만히 지켜보면서 각각의 상태를 분석하거나 분류하려 들지 않으면, 아이는 자기도 내면을 가만히 지켜볼 수 있음을 깨닫게 된다. 우리가 섣불리 끼어들어 아이가 느끼고 경험하는 것에 대해 얘기하지 않는다면, 아이 혼자 힘으로 그 경험과 느낌의 의미를 이해할 여지가 생긴다. 아이에게 자기 내면의 소리를 들을 기회를 주는 것, 그것만이 누군가를 변화시킬 수 있다. 우리가 해줄 수 있는 어떤 말보다도 훨씬 더 도움이 된다.

우리가 간섭하고 싶은 충동을 누르고 아이 스스로 성찰해볼 여지를 두면, 굳이 부르지 않아도 아이가 먼저 다가와 이렇게 물어볼 것이다.

"엄마, 나 왜 이렇게 화가 나지?"

그럴 땐 이렇게 답하면 된다.

"왜 그런지 엄마랑 같이 알아볼까?"

그런 다음엔 아이의 질문에 답하려고 애쓸 필요 없이 아이가 자기감정을 지켜보며 내면을 향해 무슨 일이냐고 질문을 던지도록 이끌어주면 된다. 그러면서 아이가 찾는 답은 저절로 떠오를 것이라고, 금세 떠오를 수도 있고 시간이 좀 걸릴 수도 있지만 필요한 답은 늘 얻게 된다고 말해주면 된다. 이렇게 아이가 자기감정을 지켜보면서 자기만의 답을 얻을 때까지 기다려주는 것이 우리가 직접 설명해주는 것보다 아이에게 훨씬 더 큰 힘이 된다.

우리는 아이에게 궁금증이 생길 것에 대비해 언제나 일목요연한 답을 준비해야 한다고 생각한다. 하지만 우리가 "글쎄, 잘 모르겠는데"라고 반응하면 어떻게 될까? 선뜻 와 닿지 않을지도 모르겠지만, 이 말은 꽤 효과가 있다. 만약 우리가 아이들에게 우리의 논리와 잘 정리된 생각, 미리 만들어놓은 답을 제시하면 이것은 곧 아이들에게 수동적으로 지식을 받아들이는 사람이 되라고 가르치는 셈이다. 하지만 우리가 답을 모른다고 솔직하게 말하면 아이들에게 온 우주가 주는 답을 받으라고 초대하는 것과 같다.

어느 부모나 엄마 아빠가 떠올리지 못한 답을 혼자 생각해내고 기뻐하는 아이 모습을 목격한 적이 있을 것이다. 이런 경험이 모여서 자발성과 기지의 씨앗을 키운다.

"나도 모르겠는데, 같이 알아보자."

이 말은 아주 짧지만, 여기에 인생의 가장 본질적인 면을 자극하는 엄청난 힘이 들어있다. 자, 이제 "다 안다"는 고자세를 버리고 잘 알지 못하는 위치로 들어가는 것부터 시작해보자.

그러기 위해 잘 모르는 위치로 들어가는 방법 몇 가지를 함께 살펴보자.

- 아이가 어떤 질문을 하면 성급하게 의견이나 답을 제시하는 대신 그 질문이 남긴 공간에서 기다리자.

- 정답을 알고 있더라도 이렇게 말해보자.

  "우리 같이 답을 찾아볼까?"
- 아이에게 이렇게 말해보자.

  "네가 한번 생각해보고 알아낸 게 있으면 말해줄래?"
- 우리가 모든 걸 알 수는 없으며, 몰라도 괜찮다는 것을 당당히 보여
  주자.
- 정답을 말하는 것보다 질문을 던지는 것에 힘이 있다는 사실을 아이
  들에게 가르치자. 그러면 결과 중심이던 아이들이 과정 중심으로 바
  뀐다.
- 아이들에게 질문하는 능력이 중요하다고 가르칠 때 놀라운 상상의
  세계를 경험하도록 이끌게 된다.

"저 달은 왜 저렇게 밝을까요?" "왜 구름이 솜처럼 생겼어요?"

아이들이 이런 질문을 할 때는 서둘러 답하지 않아야 한다. 대신에 아이
들의 호기심을 이용해서 무언가를 곧 발견할 것 같은 상태의 이루 말할 수
없는 기쁨을 맛보게 도와주자. 예컨대 다음과 같은 문장을 이용해 아이들이
호기심을 유지하도록 북돋을 수 있을 것이다.

- "기발한 질문인걸!"
- "나는 그런 질문을 생각도 못 했는데."
- "너처럼 늘 인생에 대해 더 많이 알고 싶어하는 건 정말 멋진 태도야."
- 아이의 질문을 천천히 음미하듯 몇 번 반복한 뒤에 이렇게 말해보자.

  "우와, 기막히게 멋진 질문인걸!"

우리가 정답에 초점을 맞추지 않고 아이들이 질문하는 것을 즐기도록 가르친다는 것은 배움을 향한 애정과 인생에 대한 끝없는 호기심을 보여주는 것이다. 또한 현실은 본래 정량화하기 힘들며 알 수 없는 부분도 많아서 단순 분류가 안 된다는 사실도 가르치는 것이다. 그러면 아이들은 정답을 몰라도 괜찮고, 정답을 몰라도 만족감을 느낄 수 있다는 것을 알게 된다.

∨
∨

언젠가 딸아이가 내게 물었다.

"엄마, 아기는 어떻게 생기는 거예요? 황새가 물어왔다는 옛날이야기 말고, 아기가 정말 어떻게 태어나는지 궁금해요. 아기가 어떻게 엄마 뱃속으로 들어가죠?"

그때 내 안에서 에고가 만들어낸 수많은 생각이 소용돌이치기 시작했다.

'드디어 딸에게 사실을 있는 그대로 알려주는 깨인 부모가 될 기회가 왔어.' '신체와 자기 존중감을 주제로 모녀가 서로에게 힘을 주는 대화를 할 수 있겠군.'

하지만 나는 이렇게 말했다.

"흠, 아주 좋은 질문인걸! 우리 같이 인터넷으로 알아보자."

내가 곧장 답을 알려주지 않은 이유는 알고자 하는 욕구를 아이가 좀 더 유지하기를 진심으로 원했기 때문이다. 나는 그 나이 때의 호기심은 충분히 마법과 같은 효력을 지녔다고 생각한다. 정답을 둘러싼 과학적 사실들을 늘어놓아봐야 호기심을 떨어뜨릴 게 뻔했다.

우리가 에고 상태에서 아이를 대하면, 그만큼 아이가 순수하게 존재할 때보다 에고 상태일 때 모습을 선호한다. 하지만 우리가 알아차림을 기반으로 매사에 충실히 임하는 태도를 보여주면 아이들 또한 인생의 모든 순간에 충실히 임하는 법을 배운다.

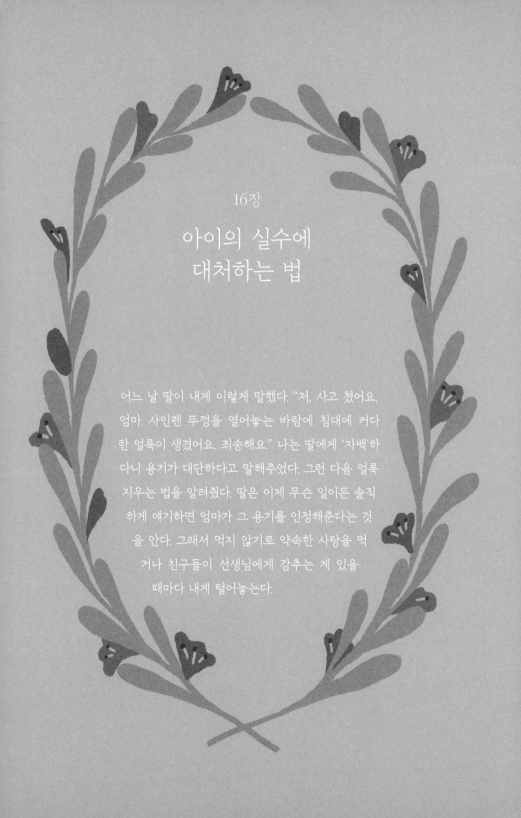

16장

아이의 실수에
대처하는 법

어느 날 딸이 내게 이렇게 말했다. "저, 사고 쳤어요,
엄마. 사인펜 뚜껑을 열어놓는 바람에 침대에 커다
란 얼룩이 생겼어요. 죄송해요." 나는 딸에게 '자백'하
다니 용기가 대단하다고 말해주었다. 그런 다음 얼룩
지우는 법을 알려줬다. 딸은 이제 무슨 일이든 솔직
하게 얘기하면 엄마가 그 용기를 인정해준다는 것
을 안다. 그래서 먹지 않기로 약속한 사탕을 먹
거나 친구들이 선생님에게 감추는 게 있을
때마다 내게 털어놓는다.

우리는 실수를 하면 가장 먼저 자신을 용서하고 자비를 베풀어 곤경에서 벗어나려고 한다. 또한 주변 지인들도 우리의 선의를 이해하고 넘어가주기를 바란다. 바로 이것이 아이들이 실수했을 때 부모가 가져야 할 기본적인 태도다.

실수는 긴 훈계를 듣거나 벌을 받아야 할 일이 아니라 배움의 기회가 되어야 한다. 우리도 실수할 때 그러기를 바라지 않는가? 사실 부모도 어른이지만 많은 실수를 한다. 열쇠를 잃어버리거나 가스 밸브 잠그는 걸 잊어버리고, 운전하다 길을 헤매기도 한다. 약속을 깜빡하는가 하면, 자동차 사고를 내고 공과금을 밀리기도 한다. 친구에게 전화하기로 해놓고 잊어버리고 전화기를 어디에 뒀는지도 기억하지 못하는가 하면, 욕을 하거나 소리를 지르기도 한다. 괜히 심술을 부리기도 하고 과음하기도 하며 밤늦게 귀가하기도 하고, 몸에 좋지 않은 정크푸드를 즐겨먹거나 텔레비전을 너무 오래 볼 때도 있다. 다시 말하면 우리는 아이들에게 "그건 그냥 나쁜 행동이니까 하지 마"라고 한 수많은 일들을 저지른다! 우리가 하는 행동을 똑같이 한다는 이유로 아이들

298

을 심판하고 혼내다니, 도대체 우리의 그 고귀함과 전능함은 어디서 오는 걸까? 어깨 너머로 흘끔 쳐다보며 혼낼 궁리를 하는 사람이 없어서일까?

아이들이 실수로부터 뭔가 배우기를 바란다면 부모는 어떤 식으로든 아이가 "잘못됐다"는 느낌에서 벗어나게 도와줘야 한다. 그래서 아무리 일을 망쳤어도 그들은 여전히 괜찮은 사람이라고 느낄 수 있어야 한다. 죄책감을 심어주거나 비난하는 것은 아무 도움이 안 된다. 아이들은 오직 두려움에서 벗어나 있을 때만 자신에게 필요한 교훈을 얻을 수 있다.

함부로 아이의 행동을 심판하지 말자

아이가 어떤 행동을 했을 때 우리는 그 의도가 뻔하다고 보고 부정적으로 판단해버리곤 한다. 그러면 아이는 무력감을 느낀다. 때로는 대놓고, 때로는 미묘하게 우리는 아이의 마음에 무력감을 심는다. 이를테면 사람들 앞에서 아이를 놀리거나 웃음거리로 만들고, 친구들과 비교하거나 깎아내린다. 그러면서 아이의 의지나 능력치보다 더 많은 것을 기대한다.

아이의 수치심을 자극하는 수많은 말 중에 몇 가지만 살펴보자.

- "너는 가족을 사랑하는 마음이 없으니까 엄마(아빠)가 정한 규칙을 계속 어기는 거야."
- "넌 네 미래에 관심이 없으니까 공부를 열심히 하지 않는 거잖아."
- "넌 게을러서 숙제를 안 하는 거야."
- "넌 네 기분만 중요하고 다른 사람 기분은 관심 없으니까 거짓말을

하는 거야."

- "넌 왜 그렇게 잘 잊어버리고 생각이 없니?"
- "네가 그렇게 느끼다니 유치하구나!"
- "넌 참 버릇없어."
- "넌 부끄러운 줄 알아야 해."
- "난 널 믿지 않아. 믿을 수가 없어."
- "넌 일부러 내 기분을 상하게 하고 있어."
- "넌 못됐어."
- "넌 이야기를 지어내고 있어. 거짓말하는 거잖아."

이런 말을 할 때는 물론이고 그밖에도 아주 많은 경우에 우리는 아이가 어떤 식으로 행동하는 이유를 안다고, 당연히 나쁜 의도를 갖고 그러는 것이라고 확신한다. 우리가 그렇게 판단해버리면 아이는 무력감을 느낀다. 당사자의 이야기를 들어보지도 않고 심판이 내려졌으니 말이다.

우리가 이런 식으로 대하면 아이는 특히 10대인 경우 곧장 벽을 세우고 감정을 드러내지 않는다. 우리의 끊임없는 비판에 너무 상처를 받아서 이제는 우리가 무슨 얘기를 해도 아무 영향을 받지 않는다. 그러면 우리는 아이가 "무심해서 그렇다"고 또다시 그 의도를 상상해서 더 심하게 비판한다. 아이가 '나쁜' 아이 취급을 받고 수치심을 느끼며 사는 데 지쳤다고 느낄 거라는 생각은 잘 못한다.

이때 아이가 느끼는 무력감을 내면으로 돌리면 점점 말이 없어지고 자신이 '나쁜' 사람이라는 믿음을 갖기 쉽다. 반대로 무력감을 외부로 표출하면 자기가 당한 대로 남에게 똑같이 돌려주려고 한다. 이 때문에 괴롭힘이 생겨

나는 것이다. 남을 괴롭히는 사람은 대개 성장 과정에서 느낀 무력감을 속으로 감당하지 못해서 자기가 당한 굴욕감을 남에게 떠넘기는 것이다. 아이들이 남을 괴롭히는 이유는 단 하나, 내면에 고통이 가득하기 때문이다. 괴롭힘이 폭력으로 치달을 때는 그 사람의 내면에 그만큼 심한 수치심이 있어서 그 고통을 남에게 쏟아내야만 위안이 된다고 느끼기 때문이다. 자신의 타고난 선량함과 단절된 채 타인의 선량함을 공격하는 것이다.

다시 말하면 아이들의 폭력성은 부모와의 관계에서 느끼는 무력감이 원인이다. 부모가 비난과 고통을 주지 않으면 아이들도 다른 사람에게 감정적으로 반응할 이유가 없다. 아이가 실수할 때 부모가 그들의 인격과 감정을 존중한다면 아이는 다른 사람을 공격하거나 모욕하지 않는다.

실수를 정신적 보물로 만드는 비결

아이들은 부모가 스트레스 받을 때의 모습을 보며 감정을 다스리는 법을 배운다. 따라서 우리에겐 하루하루가 우리의 부족함을 편안하게 받아들이는 모습을 아이에게 본보기로 보여줄 수 있는 좋은 기회다. 이 말은 곧 우리의 상처와 불완전성, 그리고 아무리 깨어있다고 생각해도 다분히 무의식에 끌려 행동할 수 있음을 받아들인다는 뜻이다.

아이들은 인생의 혼란 속에서도 언제나 정서적으로나 정신적으로 소중한 보물을 캐낼 수 있다는 것을 알아야 한다. 그러면 실패에 대한 두려움에서 벗어나 실수는 피할 수 없으며, 더 나아가 인생의 아주 중요한 일면이기도 하다는 사실을 받아들일 수 있게 된다.

앞서 말했듯이 아이의 실수에 대처하는 법은 우리가 실수했을 때 친구들이 어떻게 반응해줬으면 좋겠는지를 생각해보고 그대로 실천하면 된다. 귀가 아프도록 훈계를 듣고 싶은가? 생일파티에 한 번 늦었다는 이유로 두고두고 비난을 받고 싶은가? 끝없이 잔소리를 듣고 싶은가? 우리의 애정과 헌신을 의심받고 싶은가? 문제는 아이들이 실수할 때 대부분의 부모가 이렇게 반응한다는 점이다.

특히 아이들이 학교 공부를 썩 잘하지 못할 때, 우리는 "더 열심히 노력해." "더 많이 공부해." "포기하지 마." 이렇게 말하는 것이 실패의 두려움을 이겨내도록 도와주는 것이라 생각한다. 그러나 실제로는 완벽해야만 한다고 가르치는 셈이다. 그 결과 아이들은 자신의 부족한 점을 발견하거나 헷갈리고 잘 모르는 상황에 부딪치면 허둥댄다. 자신의 실수가 곧 자신의 존재를 보여주는 것이라는 생각에 실수하고 나면 마비가 된 듯 옴짝달싹 못 한다. 그럴 때 우리가 혼을 내거나 벌을 주면 실수로 인해 더 높은 알아차림에 이를 수도 있다는 것을 보여줄 기회를 놓칠 뿐만 아니라, 아이들이 분노하거나 심지어 폭력성을 갖게 만들 수 있다.

우리는 아이가 실수하게 된 원인을 파악하도록 돕기 전에 먼저 아이가 자기 자신과 실수를 분리해서 바라보도록 해야 한다. 깨어있는 양육은 모든 반감이 가라앉고 이성적인 상태가 될 때까지 기다리는 것이다. 아이의 상태에 공감하는 마음으로 곁에 앉아서, 아무런 판단을 하지 않고 아이의 실수를 받아들이며 다음을 위해 교훈을 찾아내는 법을 알려줘야 한다.

아이들이 실수하게 된 '이유'를 이해하도록 도와주는 것은 용서를 가르칠 수 있는 가장 효과적인 방법이다. 이유를 알면 변화를 위한 힘이 생기기 때문이다. 그런데 안타깝게도 우리는 아이의 잘못된 행동을 대할 때 그 이유를 파악하려고 시간을 내거나 인내심을 발휘하기보다는 '무엇'을 잘못했는지 따지느라 바쁘다. 그러나 원인을 알아야 아이가 달라질 방법을 찾도록 도울 수 있다. 아이가 이유를 이해하면 나머지는 저절로 풀린다. 실수한 이유는 어쩌면 근시안적 태도나 친구들에게서 느끼는 부담감 때문일 수 있다. 단순히 정보 부족이나 잘못된 판단 때문일 수도 있다. 우리는 길게 설명할 필요 없이 간단히 짚어주고 넘어가면 된다.

부모가 아이의 실수를 기분 나쁘게 받아들이지 않으면, 실수란 자신의 진솔한 모습을 알아가는 과정에서 자연스럽게 겪는 부분이라서 사실 용서할 것도 없다는 아주 중요한 교훈을 알려주는 셈이다. 실수를 기분 나쁘게 받아들이지 않는다는 것은, 모든 실수 뒤에는 선한 의도가 있다고 보는 것이다. 이따금 그 의도가 잘 드러나지 않더라도 우리는 실수에 가려진 아이의 선의를 찾아내야 한다. 우리가 이렇게 할 때 아이는 자기 안에 타고난 선량함이 있다고 믿게 된다. 우리가 선의가 아닌 나쁜 결과에만 초점을 맞추면 아이의 도전정신은 식어버린다.

아이가 케이크를 만들려고 빵을 굽고 나서 오븐을 그대로 켜두었다고 가정해보자. 우리는 혼자 힘으로 빵을 만들려고 했던 아이의 선의에 초점을 맞출 수 있을까? 만약에 아이가 토스트를 까맣게 태웠다면, 그래도 우리는 평정심을 유지하며 괜찮으니까 다시 해보라고 얘기할 수 있을까? 아이가 시험시간에 맨 마지막 장을 빼먹고 풀지 않았어도 우리는 아이가 너무 잘해보려다가 그렇게 된 것이라고 이해할 수 있을까? 우리가 아이의 선한 의도에 믿음을 보이는 것은 행동으로 그들을 평가하지 않는다는 것을 증명하는 셈이다.

아이들이 실수를 겁내는 이유 중 하나는, 부모가 아이들을 나무랄 때 아이 스스로 할 수 있다고 느끼는 부분을 무심코 짓밟아버리기 때문이다. 우리가 그 정도로 아이의 기를 죽이면, 아이는 또다시 실수할 것 같은 일은 전부 겁내게 된다. 아이가 케이크를 만들다 불을 낼 뻔했다면, 아이는 케이크 만들기에 다시 도전하기가 두려울 정도로 큰 잘못을 했다고 느끼게 마련이다. 만약에 휴대전화를 잃어버렸다면 죄책감이 너무 커서 다시는 휴대전화를 가질 자격이 없다고 판단할 것이다.

아이의 실수를 기쁘게 받아들이자

우리 집에서 저녁식사 때 자주 하는 게임이 있다. 각자 그 주에 저지른 가장 큰 실수를 한 가지씩 얘기하는 게임이다. 우리는 마치 공을 주고받듯 한 사람이 실수를 털어놓으면 또 다른 사람이 실수담으로 맞받아친다. 그러다 보면 이런 식의 대화가 이어진다.

"그걸 멍청한 실수라고 생각하는 거야? 나는 그보다 더 멍청한 실수를 저질렀는걸."

딸은 남편과 내가 털어놓은 실수담을 들으며 쾌감을 느낀다. 이게 다가 아니다. 우리는 각자 저지른 실수 중에 한두 가지를 골라 자신이 거기서 무엇을 배웠는지 말한다.

어느 날 딸이 내게 이렇게 말했다.

"저, 사고 쳤어요, 엄마. 사인펜 뚜껑을 열어놓는 바람에 침대에 커다 란 얼룩이 생겼어요. 죄송해요."

나는 딸에게 '자백'하다니 용기가 대단하다고 말해주었다. 그런 다음 얼룩 지우는 법을 알려줬다. 딸은 이제 무슨 일이든 솔직하게 얘기하 면 엄마가 그 용기를 인정해준다는 것을 안다. 그래서 먹지 않기로 약 속한 사탕을 먹거나 친구들이 선생님에게 감추는 게 있을 때마다 내 게 털어놓는다.

하지만 아이가 거짓말을 할 때는 (아이는 거짓말을 해왔고 앞으로 또 하겠 지만) 그 또한 어린 시절(그리고 어른이 되어서도!)의 일면이니 부모로서 받아들여야 한다는 말을 꼭 해야겠다. 나는 아이가 잘못을 털어놓을 때 두려움이 없었을 것이라고 생각하지 않는다. 그래서 잘못을 털어놓 는다는 건 누구에게나 두려운 일이라고 알려주며 아이를 안심시킨다. 그와 더불어 실수를 털어놓았을 때 그 실수에 대해 나무라는 사람도 있을 것이라는 이야기도 해준다. 하지만 우리 집에선 실수가 용인되며, 대부분은 너그럽게 받아들여질 것이라고 알려준다. 이렇게 해서 거짓 말이라는 실수가 인간 행동에서 볼 수 있는 자연스러운 측면임을 알 게 한다.

"이렇게 하면 아이가 실수를 너무 가볍게 받아들이지 않을까?"

이런 걱정은 할 필요가 없다. 깨어있는 양육은 우리 아이들이 본래 선한 의도를 가졌으며 옳은 일을 하는 것을 전제로 한다. 하지만 하루를 지내다보 면, 아이는 당연히 뭔가를 빼먹거나 실수를 저지르게 마련이다. 그럴 때 혼이 날까봐 겁이 나면 앞서 말했듯이 거짓말로 실수를 감추려고 할 것이다. 내가 제안하는 방식은 아이에게 실수를 두려워하지 말라고만 가르치지 말고, 실수로부터 배울 점이 아주 많으니 그냥 덮어버리지 말고, 실수로부터 얻는 교훈들은 우리가 그런 실수를 저지르지 않았다면 상상도 못했을 방식으로 우리 삶을 풍요롭게 만들어준다고 알려주는 것이다.

아이가 자신의 가장 취약한 면을 보일 때도 부모가 아이의 존재 자체를 소중히 대하는 모습을 보여주면 아이는 자신이 존중받고 인정받을 가치가 있다고 느낀다. 그러나 아이에게 기대하는 모습에 사로잡혀서 아이의 있는 그대로의 모습을 외면하면, 아이는 자신이 쓸모없는 존재이며 세상은 용서가 허락되지 않는 곳이라고 받아들인다. 그러면 삶에 한발짝 내딛기가 두려워진다.

아이들은 용기 내어 실수를 인정하는 연습을 통해 자신이 잘못을 저지를 수 있고 한계가 있음을 받아들이면서도 계속 나아갈 수 있다는 자신감을 드러내는 법을 배운다. 이렇게 하면 자신도 할 수 있다는 믿음이 강해진다. 여전히 사랑받고 있다는 확신과 함께 우리는 모두 아직 완성되지 않은 존재임을 받아들이게 된다.

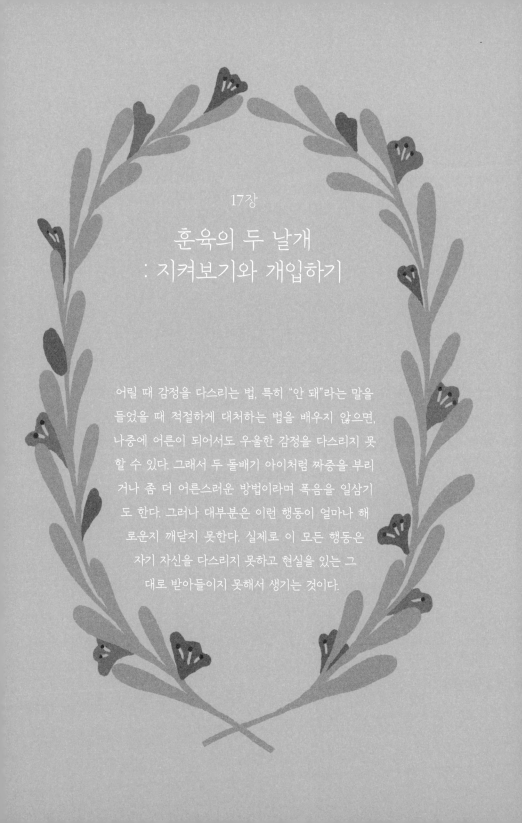

17장

훈육의 두 날개
: 지켜보기와 개입하기

어릴 때 감정을 다스리는 법, 특히 "안 돼"라는 말을
들었을 때 적절하게 대처하는 법을 배우지 않으면,
나중에 어른이 되어서도 우울한 감정을 다스리지 못
할 수 있다. 그래서 두 돌배기 아이처럼 짜증을 부리
거나 좀 더 어른스러운 방법이라며 폭음을 일삼기
도 한다. 그러나 대부분은 이런 행동이 얼마나 해
로운지 깨닫지 못한다. 실제로 이 모든 행동은
자기 자신을 다스리지 못하고 현실을 있는 그
대로 받아들이지 못해서 생기는 것이다.

아이가 깨어있는 상태로 행동하게 하려면 두 가지 종류의 배움이 필요하다. 바로 진정성과 절제. 나는 이것을 독수리의 양 날개에 비유하고 싶다. 둘 중 하나라도 부족한 아이는 버둥대기만 할 뿐 잠재력을 발휘해 가장 높은 곳까지 날아오르지 못한다.

지금까지 우리가 중점적으로 살펴본 것은 진정성이었다. 진정성은 우리 내면의 존재와 단단히 연결되어 있을 때 생겨난다. 따라서 아이는 자기 내면의 소리를 잘 들을 줄 알아야 세상의 더 많은 부분에 진솔하게 임하는 법도 배운다. 아이는 자기 내면의 존재와 긴밀히 교감할수록 자기 자신을 인정하게 될 뿐 아니라, 자기 의지를 수용하고 그것을 세상에 드러내는 법도 알게 된다. 인생 자체는 물론이고, 다른 사람들과도 의미 있는 관계를 구축하는 능력을 키울 수 있다.

독수리의 또 다른 날개인 절제는 다른 사람의 의지를 받아들이는 방식이다. 진정성은 자신의 내적 존재를 소중히 여기고 본모습을 드러내도록 요구하는 반면에, 절제는 다른 주변 사람들의 뜻을 감안하여 진정성을 조절할 수 있게 해준다.

아이들은 자기 자신과 연결되는 법 그리고 타인과 연결되는 법 둘 다 배워야 한다. 이 두 가지는 모든 관계를 유지하는 두 기둥과 같다. 타인을 대하는 능력은 자기 자신과의 교감 능력과 관련이 있다. 이것은 진정성을 위한 발판이자 다른 사람들과 의미 있는 관계를 유지하는 열쇠다.

우리 아이들은 자기 내면과 연결되어 있음을 알고 진솔하게 살아가는 능력을 키워야 하는 동시에 규칙이 있는 세상에서, 인생이라는 모래판에서 다른 사람들과 어울려 지내는 법 또한 배워야 한다. 이를 위해서는 자기 내면의 소리에 귀를 기울이는 만큼 다른 사람의 목소리도 경청할 줄 알아야 한다. 자신의 의지를 수용하고 다른 사람의 의지 또한 적절히 수용하는 능력을 키우는 것이 바로 절제의 핵심이다. 이는 단순히 예의바르게 행동하도록 가르치는 것과 많이 다르다.

아이가 자기 목소리를 내기 시작하면, 그로 인해 이따금 갈등이 생기기도 한다. 부모로서는 아이를 용기 있고 자신감 넘치게 키우려면 거쳐야만 하는 과정이다. 반면 이때 아이들은 세상이 자기를 중심으로 돌아가는 게 아님을 알게 되고, 좌절감을 안겨주는 경험들을 견디는 법도 배운다. 세상에 욕구와 바람을 가진 사람이 자기만 있는 게 아니기 때문에 원한다고 늘 즉각적인 만족감을 얻을 수는 없다는 사실을 깨닫게 된다.

우리가 아이와 교감하며 아이의 모습을 있는 그대로 바라보고 지켜주는 안전망을 제공하면, 그만큼 아이도 관계를 편하게 받아들인다. 주고받는 관계의 역학을 이해하고, 어려움이 생겨도 잘 헤쳐 나갈 수 있게 된다. 누군가의 의존을 받아들이고 자신도 누군가에게 의지해도 된다는 믿음을 갖게 된다.

절제 없이 비상하는 새는 없다

스테파니와 필립 부부에겐 통제 불능의 세 아들이 있다. 삼형제가 늘 싸우는 통에 친구들과 어울려 노는 날은 악몽과 같고, 식사시간은 늘 난장판이다. 집안에 질서라고는 찾아볼 수 없고 아이들이 지배권을 행사하고 있는, 그야말로 혼란의 도가니다. 아이와 부모 모두 서로를 존중하는 마음이 전혀 없다.

스테파니는 그 상황이 감당이 안 돼서 매일같이 눈물을 흘린다. 권위적이고 지배적인 어머니 밑에서 자란 그녀는 자율성에 대한 인식이 부족하고 쉽게 피해의식을 느낀다. 갈등이 두려워서 어떻게든 피하려고 한다. 남편 필립은 감정을 거의 표현하지 않는 가정에서 자랐다. 이 말은 그가 감정을 분명히 드러내야 하는 상황을 만나면 언제나 불편해한다는 뜻이다. 스테파니와 필립 모두 정서적으로 위축된 삶을 살아온 탓에 아이들을 키우며 자신들의 진실한 목소리를 발견하는 것을 두려워했다. 필연적으로 아이들은 여느 아이들처럼 부모의 정신적 지도자가 되어 그들의 정서적 앙금을 해결하라고 부추기는 행동을 했다.

이들 부부가 아이들과 함께 있는 모습을 지켜본 결과 부모의 훈육 방식에 아무런 체계가 없다는 것을 금세 알 수 있었다. 아이들은 어떻게 행동해야 옳은지를 전혀 몰랐다. 예컨대 이런 식이다.

삼형제가 거실에서 놀고 있었다. 얼마 못 가서 장난감을 여기저기 던지고 가구 위로 올라가기 시작했다. 첫째 제이컵이 조명을 흔들기 시작하자 스테파니가 거실로 들어와서 말했다.

"그러지 마, 제이컵."

그는 들은 척도 안 했다. 스테파니가 다시 목소리를 높여 말했다.

"하지 말라고 했다. 제발 그만해. 안 그러면 너 구석에 서 있게 할 거야."

그러나 세 아이 중 누구도 관심을 보이지 않았다. 애원하는 목소리로 스테파니가 다시 말했다.

"그만하라고 했잖아."

그래도 소용없자 스테파니가 힘없이 나를 바라보며 자신을 이해해달라는 표정으로 말했다.

"아이들을 훈육시키려고 애를 쓰는데 아무도 제 말을 듣지 않아요. 이게 얼마나 힘든 일인지 보이시죠?"

잠시 후 조명이 바닥으로 떨어지는 바람에 제이컵의 발에 상처가 났다. 스테파니가 얼른 달려가 살펴보더니 아무 말 없이 제이컵을 안아주고 입맞춤을 했다.

얼마 지나지 않아 제이컵은 다시 놀기 시작했고 조금 전과 똑같은 장난을 쳤다. 몇 분 뒤 사고가 또 터졌다. 세 아이가 뒤엉켜 싸우기 시작한 것이다. 이번에도 스테파니는 문앞에 서서 말했다.

"애들아, 제발 형제끼리 싸우지 마."

아이들은 싸움을 멈추지 않았다. 스테파니는 여전히 아이들과 떨어져서 애원하듯 말했다.

"제발 싸우지 말라고."

그러나 아무도 듣지 않았다.

그때 갑자기 스테파니가 아이들에게 성큼성큼 다가가 세 아이를 각각

떼어놓더니 제이컵의 뺨을 때리며 소리를 질렀다.

"넌 정말 나쁜 녀석이야! 왜 항상 나를 화나게 만들어! 지금부터 아무 것도 하지 말고 가만히 서 있어."

이런 상황을 예상치 못한 제이컵은 너무 놀란 표정이었다. 그는 곧 자기만 혼나는 것은 불공평하다고 항의했다. 그러나 스테파니는 제이컵이 조명을 건드려 다쳤을 때의 감정이 아직 남아 있던 탓에 몸을 부들부들 떨며 화를 터트렸다. 제이컵이 엄마를 때렸다. 그러자 엄마도 아들을 때렸다. 남은 두 아들이 겁먹은 표정으로 움츠러들자 스테파니는 아들들 때문에 너무 괴롭다며 울음을 터뜨렸다. 그 바람에 세 아이 모두 죄책감에 고개를 떨궜다.

스테파니는 이 상황이 자신이 어릴 적에 느꼈던 무력감을 그대로 되살려냈다는 사실을 알아차리지 못했다. 어렸을 때 느꼈던 무력감을 아들들에게 덧씌우고는, 아이들의 행동과 자신의 감정을 분리하지 못한 것이다. 그녀의 모든 행동은 정서적 회피를 위한 것이라 아이들에게 필요한 대응을 할 수가 없었다.

이보다 나이가 많은 아이들의 '그릇된' 행동 앞에서 무력감을 느끼는 부모도 많다. 이런 부모를 유심히 관찰해보면 필요한 순간에 제대로 대처하지 못한다는 공통점이 있다. 예를 들어 어떤 엄마는 여덟 살 딸이 남동생이 가지고 놀던 장난감을 빼앗는 모습을 보고도 두 아이가 치고받고 싸울 때까지 내버려두었다. 또 다른 경우에는 여섯 살 남자아이가 바닥에 과자 부스러기를 떨어뜨리는 모습을 보고도 엄마가 아무 말 않고 가만히 있다가 아이가 온방에 과자 부스러기를 흘려놓은 광경을 보고서야 불같이 화를 냈다.

대개는 부모가 감정적으로 발끈하는 마음을 가라앉힌 다음에 아이들에게 올바른 행동을 가르치는 것이 현명하지만, 시간을 끌면 역효과가 날 때도 있다. 깨어있는 부모는 상황이 악화될 때까지 두지 않고 필요한 순간에 바로 행동을 취한다.

스테파니의 경우 자신의 감정 패턴을 알았더라면 처음부터 훨씬 단호한 태도를 보였을 것이다. 그래서 제이컵이 집안의 물건을 소중히 다루고 자기 자신과 다른 사람의 안전을 지켜야 한다는 규칙을 위반하기 시작했을 때 곧바로 권위적인 태도를 보였어야 했다. 내면에서 우러난 힘으로 "당장 동작 그만. 모두 하던 일을 멈추도록 해" 하고 단호하게 말했어야 했다.

그렇게 놀이를 멈추게 한 다음, 적절한 행동 지침을 강조했어야 했다. 아이들에게 기대하는 행동을 알려주면서 따라 말하게 하고, 기대에 어긋날 경우에는 즉각 놀이가 중단될 것임을 분명히 밝혔어야 했다. 또다시 규칙을 어기면 어떤 결과가 따를 거라는 사실도 단단히 이해시켰어야 했다. 부모가 아이의 '비위'를 맞추거나 아이에게 '애원'하면서 권위가 서기를 기대해서는 안 된다.

자신의 정서적 한계를 인정하기가 두려웠던 스테파니는 아들들이 자신을 함부로 대하게 방치했다. 무력감을 느끼는 것에 익숙한 나머지, 강하고 똑 부러진 엄마를 필요로 하는 아들들 앞에서 무의식적으로 약자의 입장을 취했다. 일말의 예고도 없이 감정을 폭발시키고 말았을 때도 그녀는 여전히 자신의 감정을 인정하는 대신 아이들 탓으로 돌렸다. 자신을 그렇게까지 화나게 "만들었다"며 아이들에게 죄책감을 덮어씌웠다. 아이들은 '못된' 게 아니라 그저 여느 남자아이들처럼 행동했을 뿐인데, 엄마가 비참할 정도로 아이들을 이해하지 못한 것이다.

스테파니의 사례는 우리가 얼마나 쉽게 자신의 감정 패턴에 사로잡히는지, 게다가 얼마나 많은 경우에 우리가 문제 삼는 아이들의 행동과 무관하게 그러는지를 보여준다. 우리는 아이들의 행동이 아니라 '우리의 불안'에 반응하는 것이다.

선의를 가진 많은 부모가 아이들의 무질서한 행동이 계속되도록 내버려두는 이유는 자신의 에고와 인생대본에서 벗어나 아이들을 효과적으로 훈육하는 것에 익숙하지 않기 때문이다. 우리가 에고를 경계하지 못하고 인생대본에 따라 움직이면 아이들과 제대로 관계를 맺지 못한다. 자기감정의 도화선이 어디에 있는지, 갈등을 어느 정도 견뎌낼 수 있는지도 모른 채, 정서적 무지 상태에서 반응하게 된다.

깨어있는 부모에게 중요한 건 언제나 다정하고 애징 표현이 넘치는 모습이 아니다. 깨어있는 부모는 아이들의 부적절한 행동을 용인하지 않으며, 부모 자신의 욕구보다 아이들의 요구를 무조건 앞세우지도 않는다. 주변 사람들을 고려하지 않고 야생동물처럼 제멋대로 행동하게 내버려두는 것은 작은 괴물을 키우는 것이나 다름없다.

이와 같은 이유로 자신이 진정으로 원하는 바를 적당히 억제하면서 감정을 다스리도록 아이를 가르치는 것은 매우 중요하다. 적당히 굽히면서도 필요할 땐 절대 굽히지 않는 태도가 조화를 이루어야 한다. 좋은 부모가 되기 위해서는 아이들을 받아들이고 끌어안는 것 못지않게 단호하게 "안 돼"라고 말하며 한계를 정하는 것도 중요한 부분이다.

깨어있는 양육의 핵심은 어떤 상황이 벌어져도 그 상황에 충실히 대응하는 능력이다. 집착이 아닌 알아차림으로 대응할 수 있어야 하고, 에고가 아니라 진정성 있게 훈육할 수 있어야 한다.

깨어있는 양육은 아이의 비위를 맞추는 것이 아니라 아이의 욕구에 적절하게 대응하는 것이다. 따라서 아이가 제멋대로, 예의 없이 행동할 때 그냥 방치해서는 안 된다. 오히려 자기를 지탱하고 회복시키는 정서적 힘이 자기 안에 있다는 것을 발견하도록 도와줘야 한다. 이런 힘은 대부분 부모가 훈육을 하는 동안 아이가 스스로 감정을 다스릴 때 키워진다.

아이를 혼낼 때 정신을 똑바로 차려야 하는 이유

대부분의 사람들은 갈등을 난감해한다. 그 이유는 우리의 예상과 반대로 행동하는 사람을 대하는 것에 관한 좋지 않은 인상이 남아 있기 때문이다. 그래서 어떤 사람은 지나치게 간섭하거나 통제하려 하는 반면, 어떤 사람은 당혹스러워하며 뒤로 물러선다. 특히 부모로서 우리는 아이를 훈육해야 할 때면 안에 내재되어 있던 통제하려는 괴물이 본색을 드러내거나 정서적 회피에 급급할 수 있다. 갈등 상황에서 어떻게 반응하는지는 각자의 성장 과정과 기질이 복합적으로 영향을 미친다.

그렇다면 아이를 키울 때 자기도 모르게 기대와 에고를 드러내는 순간을 어떻게 알아차릴 수 있을까? 예컨대 아이들이 정말로 반항하는 것인지, 아니면 우리가 너무 엄격한 것인지를 어떻게 구분할까? 이때는 우리 자신에게 이렇게 물어봐야 한다.

"지금 내 안에서 어떤 감정이 일어나고 있지? 나는 왜 발끈할까? 대체 이 상황에 과거의 어떤 부분을 끌어들이고 있는 걸까?"

이렇게 자기 마음 상태를 살피고 나면 우리가 정당한 방식으로 아이를 대하고 있는지, 아니면 괜한 불안감에 판단력이 흐려진 상태인지를 가늠할 수 있을 것이다.

$$\vee$$

딸이 세 돌쯤 됐을 무렵 내 친구와 함께 바닷가에 간 적이 있다. 그런데 하필이면 그날 하루종일 아이가 괴물처럼 행동했다. 소리를 지르고 팔다리를 흔들며 떼를 쓰는 통에 정말이지 끔찍했다. 나는 사실 친구에게 '예의바른' 딸을 가진 '최고의 엄마'로서 아주 좋은 인상을 남기고 부러움을 사고 싶었다. 이와 같이 에고에 사로잡혀 있다 보니, 딸의 행동 하나하나가 기분 나쁘게 느껴졌다. 나를 창피하게 만드는 아이에게 화가 치밀었다. 나는 딸을 옆에 끌어다놓고 내가 할 수 있는 가장 무섭고 못된 표정을 지었다. 당연한 결과지만, 아이는 더 큰소리로 울기 시작했다.

그때 나는 정말 욱해서 되는 대로 내뱉었다.

"죽을 때까지 다시는 너랑 바다에 안 올 거야."

내가 이렇게 협박하듯 말하니 아이는 더 악을 쓰고 울었다. 나는 딸에게 더 강한 위협을 가했다.

"앞으로 텔레비전도 못 보게 할 거고 사탕도 안 사줄 거야. 공원에도 안 데려가고 피자도 먹으러 안 갈 거야."

마침내 딸은 울음을 그치고 엄마의 투정을 받아줘야 하는 상황임을 알아차렸다. 그때부터 아이는 남은 일정 동안 천사처럼 행동했다.

나는 아이가 나를 골탕 먹이고 있다는 생각에 중심을 잃어버리고 말았다. 아이가 감정을 다스리도록 도와주기는커녕 갖은 협박으로 아이를 조용히 시키려고만 했다. 아이의 행동을 바로잡는 일보다 내 친구의 눈에 내가 어떻게 보일지를 더 신경 썼다. 실제로 그날 내 딸이 배운 것은 엄마가 간혹 이성을 잃을 때가 있으니 조심해야 한다는 게 전부다. 이게 다 내가 아이의 행동을 내 멋대로 해석한 탓이다.

아이를 키우는 과정에서 우리가 통제에 집착하며 기대에 어긋나는 상황을 견디지 못한다는 사실을 여실히 보여주는 때가 바로 아이들이 우리의 예상 범위를 벗어난 행동을 할 때다. 그럴 때 우리는 스스로가 얼마나 융통성 없고 독단적이며 오만한지, 심지어 포악하기까지 한지 알게 된다. 우리의 몰지각함이 어느 정도인지 확인하게 되는 것이다.

나는 천국 같은 해변에서 아이를 훈육하게 될 거라고는 생각지도 못했다. 내 기분이 좋고, 날씨마저 화창하니 아이 기분도 당연히 그럴 줄 알았다. 하지만 훈육이 필요한 순간은 때와 장소를 가리지 않고 찾아온다. 절제가 필요하다면 어떤 상황에서든 훈육이 이루어져야 한다. 아이가 잘못된 행동을 하면 언제나, 바로 그 순간에 바로잡아줄 필요가 있다. 훈육을 할 때 부모는 절대적으로 일관성을 보여야 한다. 아이가 문제 행동을 하는 즉시 교정이 이루어지고, 그 다음에 아이가 감정을 처리하도록 하는 것이 절제를 가르치는 두 가지 핵심 요소다.

나는 간만의 외출을 망치고 싶지 않은 마음에 아이가 그릇된 행동을 했을 때 곧바로 대처하지 못했다. 되도록 혼내지 않으려다가 상황을 더 악화시켰다. 중립적인 태도를 유지하며 적절한 조치를 취하지 못하고, 아이가 그릇된 행동을 했다는 사실보다 좋은 날을 망쳤다는 사실에 더 화가 났다. 단순히 아이가 '예의바르게 행동하도록' 만들려고 애쓰는 것과 아이에게 절제를 가르치는 것의 중요한 차이가 바로 여기에 있다.

요즘 나는 자주 이렇게 되새긴다.

"나는 아이에게 필요한 반응을 미루지 않고 즉각적으로 할 것이다. 아이의 행동이 옳다는 것을 인정해야 하는 상황이면 인정하는 데 충실할 것이다. 아이의 행동이 조절과 절제를 요구하면 필요한 순간에 곧장 대응할 수 있도록 경계를 늦추지 않고 집중할 것이다. 아이의 행동이 내게 아무 반응도 원치 않는다면 나는 그렇게 해줄 것이다."

최소한의 관심으로도 아이들과 "그럭저럭 지낼 수 있다"고 보는 듯한 양육 태도는 아이들을 감당하는 데 극도로 힘들어하는 부모에게서 가장 흔히 나타나는 모습이다. 아이들이 무슨 마법에라도 걸린 것처럼 저절로 올바르게 행동하는 법을 배우리란 생각은 오산이다.

아이들의 행동이 어떻게든 달라질 거라는 희망을 품고 부모가 가만히 기다릴 뿐 아무 도움을 주지 않으면 아이들은 그 방식에 익숙해져 부모가 영영 손쓸 수 없는 지경에 이른다. 아이들은 우리가 편할 때만이 아니라 평생 계속해서 우리의 도움을 필요로 한다. 우리가 며칠씩 수수방관하다가 우리가 편할 때 다시 부모 노릇을 하려고 하면, 아이의 그릇된 행동이 나타나는 순간 바로 싹을 잘라버릴 기회를 놓치게 된다. 하다말다 하는 식으로는 아이의 행동을 고칠 수 없다.

이제 나는 그날 해변에서와 같은 상황을 기쁘게 받아들인다. 물론 그 상황을 즐긴다는 의미는 아니다. 혼란스러운 상황에서 내 에고가 모습을 드러내면 그것과 맞설 수 있는 기회를 얻게 된다는 뜻이다. 이런 일이 또 생기면 나는 '지금 내 아이가 내게 더 발전시켜야 할 부분을 알려주고 있구나' 하고 생각한다. 그러다 보면 끝없이 감사한 마음이 든다.

이처럼 아이를 키우는 일은 정신적 성장의 기회가 될 수 있다. 아이와의 관계만큼 우리 안에 맹목적인 통제 욕구를 불러일으키고, 그럼으로써 우리의 미성숙함을 드러내며, 결과적으로 우리의 정신적 성장을 놀랍도록 도모하는 것도 드물다.

갈등을 피하지 말고 가치 있게 여기기

아이들과의 갈등은 부모로서 불가피하다. 갈등이 생기면 기분이 좋지 않으니 우리는 갈등을 피하고 싶어하지만, 사실 갈등은 성장을 도모하는 소중한 기회가 되기도 한다.

갈등을 회피하고 아이를 위해 단호하게 행동하지 못하는 부모는, 아이들을 다정하게 대하거나 감싸주는 태도를 보일 때도 똑같이 겁낸다. 그런 부모 밑에서 자란 아이들은 자신의 본질적 존재를 의심하도록 배워온 탓에 자존감이 낮은 편이다.

갈등이 발생하는 이유는 대개 경직된 사고로 인해 양쪽 다 뜻을 굽히지 않기 때문이다. 갈등을 해결하는 첫 번째 방법은 우리의 생각을 들여다봄으로써 상대방을 통제하려는 무의식적인 습관을 알아차리는 것이다.

어머니의 팔순 생신날 네 살배기 딸에게 입히려고 장만한 예쁜 드레스가 방바닥에 내팽개쳐져 굴러다니고 있다고 상상해보자. 아이는 낡고 지저분한 운동화에 자기가 가장 좋아하는 청바지를 입지 않으면 파티에 가지 않겠다고 고집을 피운다. 아이는 반항하듯 턱을 내민 채 마치 두 발에 풀이라도 발라놓은 양 꼼짝 않고 서 있다. 마치 엄마가 자신을 달래기 위해 선물을 가져올지, 아니면 무릎 꿇고 애원이라도 할지 보려고 기다리는 모양새다.

당신은 분노가 치밀어 올라 '이참에 누가 윗사람인지 제대로 보여주는' 상상을 잠시 떠올린다. 당신의 목소리가 높아지자 아이가 울음을 터뜨리고 팔다리를 마구 흔든다. 당신은 더 큰소리로 야단친다. 아이는 발을 구르고 발길질을 한다. 그렇게 한 시간이 흐른다. 결국 아이가 이긴다. 아이는 원하던 운동화에 청바지 차림으로 파티에 간다. 그새 당신은 5년이나 늙었다.

부모라면 누구나 이와 비슷한 상황에서 이렇게 생각한 적이 있을 것이다. '우리 애는 일부러 이러는 거야. 그러니 내가 통제할 수 있다는 걸 보여줘야겠어.'

우리가 이런 태도를 보이는 이유는 어떤 식으로든 자신이 공격을 받았다고 느끼기 때문이다. 이런 에고 상태로는 현명하게 행동하기가 어렵다. 오히려 통제하려는 괴물 같은 면모를 드러내면서 아이를 지배해 질서와 권위를 회복하려고 한다. 우리가 무심결에 소리를 지르거나 어쩌다 뺨을 때리는 일까지 벌어지는 때가 바로 이런 경우다.

만약 아이가 반항적인 행동을 한다면 이것을 우리에 대한 공격으로 받아들이지 않도록 하자. 아이가 우리를 공격하는 게 아니라 오로지 자기 생각만

하고 있어서 그렇다고 이해하면 도움이 된다. 아이를 진정시키려면 아이의 행동과 우리 자신을 분리시킬 수 있어야 한다. 아이가 잘못된 행동을 하는 순간, 우리의 에고를 개입시키지 않고 차분한 마음으로 아이의 부적절한 행동을 멈추게 해야 한다.

부모가 자신의 에고를 제어할 수 있으면 갈등은 '주고받는' 협상의 기술과 더불어 패배의 아름다움 또한 배우는 소중한 기회가 된다. 그러다 보면 네 살배기 아이도 갈등이 일어나는 그 순간에 이건 둘 중 하나가 이기고 지는 싸움이 아니라 우리가 함께, 우리 모두에게 도움이 될 기발한 해결책을 찾아 가는 과정임을 배울 수 있다.

이를 위해서는 부모인 우리가 먼저 자식에 대해 '이기려' 하거나 '시키는 대로 하지 않으면 아무것도 못 하게 하겠다'는 욕구를 내려놓아야 한다. 예컨 대 할머니의 생신을 축하하기 위해 드레스를 입는 대신 불편한 구두가 아닌 운동화를 신게 하는 것이다. 아니면 이번까지만 드레스를 입고 다음부터는 아이가 직접 선택한 옷을 입도록 약속하는 방법도 있다. 그것도 아니라면 아 이가 어떻게 보여야 한다는 우리의 욕구를 다 내려놓고 아이가 원하는 옷을 입게 할 수도 있다. 어쨌거나 아이가 '인형'처럼 차려입거나 그렇게 행동하길 바라는 데에는 "친척들이 어떻게 생각할까?"를 걱정하는 우리의 에고가 자 리잡고 있기 때문이다.

이런 사소한 결정이 풍성한 대화로 이어져 협상의 기술을 훈련하는 기회 로 바뀔 수도 있다. 물론 안전을 지키고 자기 자신과 타인을 존중하는 것처 럼 절대 양보할 수 없는 조건들이 포함된 상황도 있다. 하지만 우리가 겪는 갈등은 대부분 외부에 어떻게 보이고 싶다는 우리의 욕구, 즉 우리의 거대한 에고 때문이다.

우리가 아이들에게 협상의 기술을 가르치는 것은 오래도록 친밀한 관계를 이어갈 수 있는 씨앗을 뿌리는 것과 같다. 우리는 "내가 양보해야 할까? 아니면 네가 할래?"라며 결론을 알지 못하는 불편한 상태를 견딜 수 있을 때 많은 교훈을 얻는다. 중요한 것은 완벽한 결론을 내지 못해도 괜찮다고 느끼는 것이다.

인생은 깔끔하게 정리되어 있지 않고 어수선하다. 인생이 우리에게 요구하는 건 기꺼이 자신을 바쳐 살아보고 흘려보내고, 다시 또 그러기를 거듭하라는 것이다. 우리가 갈등에 수반되는 심리적 불편함을 견디며, 모든 일이 완벽할 수 없음을 받아들이고, 빠른 해결책을 찾지 못해 좌절감을 느껴도 개의치 않으면, 아이들도 감정을 다스릴 줄 알게 된다.

갈등은 부모와 아이 모두에게 세월이 흘러도 변치 않는 인생의 교훈을 준다. 먼저 아이들에겐 이런 가르침을 준다.

"그래, 네 의견을 고집해도 정말 괜찮아. 그것 때문에 벌을 받는 일은 없을 거야. 다만 다른 사람의 의견을 인정하고 받아들이는 법도 배워야 한단다."

동시에 부모인 우리는 통제하려는 욕구를 다스리는 법을 배운다. 깨어있는 양육은 이렇게 부모와 아이 모두에게 변화를 가져온다.

만약에 당신이 부모로서 '나'와 '우리' 사이에서 균형을 잡고 춤출 수 있도록 연습하고, 그 춤을 아이에게도 가르친다면 아이에게 인생에서 가장 어렵지만 가장 중요한 교훈을 한 가지 전수하는 셈이다. 갈등을 통해 패배의 가치를 배우게 되고, 서로 타협하여 해결책을 만드는 과정의 아름다움도 경험하게 될 뿐만 아니라, 양자택일을 고집하는 경직된 사고방식의 위험성을 우리가 먼저 배움으로써 아이에게 인생을 있는 그대로 받아들이는 법을 가르칠 수 있다.

인생은 서로 상충하는 복합적인 요구로 가득하고 예측하기 어려운 면도 많다는 사실을 알려주는 것이다. 또한 인생에서 승리란 결국 창의적인 해결책을 찾아내고, 유연한 태도를 유지하며, 가까운 사람들과 진정성 있게 타협하는 법을 배우는 과정임을 가르치게 된다.

효과적으로 훈육하는 법

전통적으로 부모와 아이 관계는 수직적이고 일방적이었다. 마치 군대처럼 부모가 규칙을 정하고 명령을 내리면 아이들은 그대로 따르거나 벌을 받거나 둘 중 하나다.

깨어있는 관계는 수직적이거나 일방적이지 않다. 깨어있는 훈육은 부모 대 아이로 이뤄지지 않고 부모와 아이가 함께하는 순환적 역학구도 안에서 이뤄진다. 따라서 특별한 기술이 아니라 부모와 아이의 관계가 가장 중요하다. 그 관계에서 어떤 일이 벌어지든 그 내용과 상관없이 관계 자체는 언제나 철저하게 순환적이어야 한다. 단지 이렇게 부모와 아이의 역학관계를 바꾸는 것만으로도 아이의 행동과 관련된 많은 문제들이 해결된다.

아이가 어떤 행동을 했는지 그 내용에만 초점을 맞추면, 우리는 꾸중을 하거나 가만히 서 있게 하거나 벌을 주는 등의 몇 가지 전략밖에 구사할 수 없다. 이런 전략은 스트레스와 갈등을 초래할 뿐만 아니라 우리의 성장 가능성을 떨어뜨린다. 우리가 아이들의 부적절한 행동을 부끄러운 것으로 치부해버리기 때문에, 아이들은 스스로 배워나갈 기회를 잃게 된다.

아이들은 보통 훈육을 부정적으로 바라본다. '훈육'이라는 단어 자체가 권위와 통제의 느낌을 주고 체벌하는 이미지를 떠올리게 하기 때문이다. 그러나 훈육을 바라볼 때 겁을 줘서 복종을 끌어내는 방법이 아니라 중요한 인생 교훈을 알려주는 교육으로 바라보면, 아이들은 올바른 판단과 분별력을 활용해 효과적인 선택을 하고 긍정적인 해결책을 만들어내는 법을 배울 수 있다.

이 때문에 나는 훈육이라는 말 대신에 '행동 형성'*과 같은 표현을 쓰는 편이 깨어있는 양육과 더 잘 연결된다고 생각한다. 행동 형성을 하려면 우리가 바람직하지 않게 여기는 행동만이 아니라 아이의 모든 행동에 반응해야 한다. 바람직한 행동에도 똑같거나 더 많은 관심을 기울여야 한다.

행동 형성은 갈등의 순간을 골칫거리로 받아들이지 않고 배움을 위한 실험실로 활용한다. 따라서 행동 형성은 벌을 줄 때만 우겨넣듯 이뤄지는 것이 아니라 순간순간 끊임없이 일어난다. 행동 형성을 대표하는 정적 강화positive reinforecement**는 벌을 주는 것보다 훨씬 효과적이다.

정적 강화란 예를 들어 아이의 양치질에 문제가 있으면 양치질이 안 된 서른한 개의 이빨이 아니라 양치질이 잘된 한 개 이빨에 주목하는 것이다. 만약에 아이가 지리 공부를 하기 싫어하면, 한 시간도 못 앉아 있느냐고 잔소리하는 게 아니라 10분 공부할 때마다 칭찬을 해주는 방법이다. 아이가 어

---

* 행동 형성은 행동 교정 프로그램에서 자주 사용되는 용어인데, 행동 교정 프로그램에서는 바람직한 행동이 형성될 때까지 강화 방식을 이용해 새로운 행동을 가르친다. 이 책에서는 부모가 아이의 행동에 매순간 지속적으로 관심을 기울임으로써 문제 행동에 대한 조치가 즉각적으로 이뤄져 뒤늦게 행동 교정에 나서는 일이 없도록 해야 한다는 것을 설명하기 위해 사용됐다.
형성이라는 용어는 끊임없이 변화하는 행동의 본질을 설명하기 위한 것으로, 우리가 도달해야 할 완벽한 경지 같은 것은 없으며 언제까지나 만들고 고쳐나가야 한다는 의미가 담겨 있다.
** 심리학 용어. 목표 행동이 나타난 이후에 긍정적인 자극을 제공함으로써 그 행동의 발생률과 강도 혹은 지속 시간을 증가시키는 방법이다.

떤 친구에게 말을 거칠게 한다면 처음으로 친절하게 말할 때 (그리고 그 이후에도 쭉) 그것을 알아봐주고 격려해주는 것이다.

우리가 아이의 유익한 행동에 주목하고 아이의 선의에 좀 더 관심을 기울이면, 아이도 자기 안의 반짝이는 빛을 들여다보게 된다. 한 송이 꽃처럼 아이에게도 빛을 따라 움직이는 성향이 있다. 그렇다면 아이는 자기 안에 있는 선한 의지로부터 동기부여가 되어야 할까, 아니면 가혹한 방식으로 동기부여가 되어야 할까? 이 질문에 우리가 어떻게 답하느냐에 따라 양육을 대하는 방식이 전체적으로 달라진다.

예컨대 아이가 학교에서 C를 받아왔을 때 꾸짖거나 벌을 준다면 다음과 같은 진짜 문제는 해결될 수가 없다. 아이는 자기 한계를 인정하고 그 한계를 극복하려고 노력하고 있는가? 아이는 자신의 평범함을 인정하고 그런 자신을 받아들임으로써 겸손해지는 법을 배우고 있는가? 교과목에 흥미를 느끼고 배움을 즐기고 있는가? 학교에서 경험하는 것들에 충실히 임하고 있는가? 지금은 특정 과목 점수보다 이런 것들이 훨씬 더 중요한 문제다.

우리가 점수나 발달 지표에 초점을 맞추고 '내 아이는 더 잘할 수 있어. 그러니 내가 더 밀어붙여야 해'라고 생각하면 A학점 받기나 두 살이 되기 전에 기저귀 떼기 같은 것을 신성하게 여기게 된다. 그러다 보면 C를 받은 작품이나 우리가 자주 '게으르고' '동기가 부족하며' '주의가 산만하다'고 여기는 행동에 깃든 신성함을 보지 못한다. 하지만 깨어있는 부모는 이 모든 것에서 신성함을 발견한다.

규칙에 관한 규칙

많은 부모가 먹을 것이나 입을 것 혹은 숙제 등을 놓고 매일같이 아이들과 다툼을 벌인다. 이런 다툼은 대부분 부모의 에고 그리고 통제 욕구와 관련이 있다. 만약에 사소한 문제로 아이들과 자주 갈등에 휘말린다면 이는 아이들의 삶에 지나치게 개입한다는 신호일 수 있다.

사느냐 죽느냐 하는 문제도 아닌데 우리의 방식을 지나치게 고집한다면, 우리는 아이들에게 규칙을 존중하는 법을 가르치고 있다고 생각할지 모르지만 실제로는 우리처럼 융통성 없고 고집 센 사람이 되라고 가르치는 것과 같다. 갈등이 끊임없이 이어지는 이유도 이 때문이다. 아이들은 우리가 그들의 바람을 무시하고 우리 방식만 고집한다는 것을 알고, 이내 우리가 무슨 말을 해도 귀를 닫아버린다. 그러다 거짓말을 하거나 몰래 빠져나가려고 하거나 물건을 훔치는 단계까지 나갈 수 있다.

우리는 불안감 때문에 의도치 않게 너무 엄격해질 때가 있다. 아이들에 대한 통제력을 잃고 아이들에게 휘둘리게 될 거란 두려움 때문에 극도로 엄격해지는 것이다. 그럴 땐 건강한 도전조차 반항의 신호이자 권위에 대한 침해로 받아들인다.

모든 것을 규칙으로 만들 수는 없다. 규칙이 너무 많은 집은 언젠가 무너지게 마련이다. 규칙이 셀 수 없이 많아서 자유롭게 탐색하고 체험해볼 여유가 충분치 않은 가정에서 자라는 아이는 언젠가 더 이상 부모의 엄격함을 감당할 수 없어서 야생마처럼 돌변할 가능성이 높다.

우리가 모든 것을 규칙으로 대하면 아이들은 숨 막히는 답답함을 느낀다. 아이들이 자기 자신을 표현할 때마다 규칙을 위반하는 것은 아닌지 엄격하게 검사받는 분위기라면 그건 아이들의 정신 건강에 최악의 환경이다. 아이들이 규칙을 지키게 하려면 그 수가 적고 내용이 간단해야 한다. 그래야 집 안의 규칙에 익숙해지고, 매일 새로운 규칙이 추가되는 일은 없을 거라는 확신과 함께 안정감을 느끼며 생활할 수 있다. 어떤 규칙을 정하든 아이들이 걱정 없이 느긋하게 이것저것 탐색할 여지를 충분히 보장해야 한다.

규칙에는 뼈대가 되는 주요 규칙과 다소 유연한 규칙이 있다. 주요 규칙이라면 취침시간, 숙제, 식사시간, 기상시간 등과 관련해 부모의 권위를 따르는 것이 대표적이다. 또한 부모가 "안 돼"라고 할 때 그 권위를 존중하기, 자기 자신을 소중히 여기기(따뜻하고 안전한 상태 유지도 포함해서), 다른 사람에게 존중하는 말투와 태도 보이기 등도 주요 규칙에 들어간다.

하지만 안타깝게도 아이들에게는 이런 올바른 행동의 기초를 쌓을 기회가 아주 많지는 않다. 행동 형성은 첫 돌 무렵부터 만 여섯 살 사이에 대부분 이루어진다. 이 시기에 숙제하는 습관이나 목욕, 취침시간 같은 일상적인 습관들이 굳어진다. 만약 부모가 이때 아이의 행동을 올바르게 형성할 기회를 잡지 못하면, 아이가 사춘기에 접어들었을 때 심각한 문제 행동을 일으킬 수 있다. 여덟 살이 되도록 부모를 공경하는 법을 배우지 못한 아이가 열여덟 살이 되었을 때 부모를 공경하기는 대단히 어렵다. 아홉 살이 되도록 한 자리에 가만히 앉아 조용히 한 가지 일에 몰두하는 법을 배우지 못한 아이는 평생 그럴 가능성이 높다.

만약에 아이들이 규칙을 잘 지키길 원한다면, 이에 대해 우리는 아이들에게 진지하게 의사전달을 해야 한다. 아이를 양육하는 부모가 규칙을 적용할 때 일관적이지 않거나 아예 자신은 지키지 않으면서 왜 아이들이 규칙을 무시하는지 모르겠다고 하는 경우가 너무 많다.

주요 규칙 중에서도 자기 자신과 타인을 존중하기는 가능하면 빨리 습득하게 해야 한다. 아이에게 부모의 뜻을 받아들이고 존중하는 법을 가르치지 못하면, 아이는 다른 사람을 무시하고 짓밟아도 괜찮다고 생각하게 된다. 다른 사람에게 공감할 줄 모르고 자기만 아는 어른으로 자라는 것이다. 이런 경우 우정이 오래가지 못하고 주변 사람들로부터 소외당하는 일도 잦다.

유연한 규칙은 아이들의 행복이나 건강에 큰 영향을 끼치지 않는 것들이다. 따라서 주요 규칙이 정해지고 나면 부모와 아이가 함께 논의하고 협의해서 유연한 규칙을 정할 필요가 있다. 아이는 부모와 동등한 입장에서 의견을 주고받으며 싫은 건 "싫다"고 말할 수 있어야 한다. 부모가 권위를 갖고 주요 규칙을 정하되, 아이가 자신의 개성을 충분히 드러낼 수 있도록 기꺼이 권위를 내려놓는다면 행동 형성 과정은 부모와 아이가 정신적으로 진정한 교감을 나누는 기회가 된다.

자기 의사를 표현할 기회를 준다는 점에서 아이는 주요 규칙보다 유연한 규칙에서 중요한 인생 교훈을 배운다. 관계에는 주고받는 게 있으며, 어떤 문제든 타협이 가능하다는 사실을 배운다. 어른 세계에서 효과를 발휘할 핵심 능력을 갖추게 되는 것이다. 유연한 규칙에는 어떤 옷을 입고 어떤 음식을 먹고 어떤 관심사나 취미를 추구할 것인지, 어떤 책을 읽고 어떤 영화를 보며 어떤 친구를 사귀고 여가 시간은 어떻게 보낼지 등이 포함된다. 아이는 주요 규칙과 융통성 있는 규칙 사이에서 건강한 균형을 유지하며, 다른 사람들과 적당히 거리를 두면서도 대화를 소중히 여기는 법을 배워나간다.

아이가 10대로 접어들면 (건강과 안전을 해치지 않는 선에서) 자기가 원하는 옷을 입고 자기 관심사와 열의를 표현하며 친구도 직접 선택할 수 있음을 알아야 한다. 어릴 때부터 자기 자신과 남을 존중하는 법을 잘 배웠다면 아이가 자란다고 해서 그 마음이 사라질까봐 염려할 필요는 없다.

우리가 아이와 유연한 규칙에 대해 협상하는 것은 아이에게 융통성 있는 태도를 보여주는 동시에 아이와 함께 정서적 교훈을 얻으려는 의지를 드러내는 기회다. 우리는 '완벽'에 관한 목표를 내려놓고, 완벽하지 못한 자신에 대해 배울 수 있다. 이를 통해 더 유연한 태도를 취할 수 있게 되고, 스트레스 받을 수 있는 상황도 창의력과 유머로 대처할 수 있게 된다.

우리가 아이와 힘을 합쳐 해결책을 찾으려는 의지를 보여준다면, 아이는 그 과정을 부모와 함께하고 있다고 느끼게 된다. 이때 아이들은 어떤 관계든 모든 당사자의 의견을 들어봐야 각자 자신에게 정말로 중요한 것을 얻을 수 있다는 점을 배운다.

이런 식으로 아이들은 모두에게 유익한 창의적인 해결책을 찾기 위해 틀을 깨는 사고를 배워나간다. 이것은 오늘날과 같이 다양성이 확대되는 세상에서 특히 중요한 가르침이다.

벌을 주는 것보다 가르치는 것이 효과적인 이유

아이를 키우다 보면 부적절한 행동과 정면으로 맞서야 할 때가 있다. 만약 아이가 경솔한 행동을 하면 우리는 그 즉시 아이의 경솔함을 깨닫게 해줘야 한다. 예컨대 아이가 누군가를 치거나 버릇없이 행동하면, 우리는 신속하면서도 진지하게 대응할 필요가 있다. 구체적인 대응 방법은 아이의 성숙도에 따라 다르다.

걸음마를 시작한 아이라면 마음이 진정될 때까지 부모가 부드럽게 안고 가만히 지켜봐줘야 한다. 이 나이대에는 자제력을 기대하기 어렵기 때문에 부모가 절제를 시켜줘야 한다. 그런데 만약 10대 자녀가 무례한 태도로 얘기한다면, 부모는 그 즉시 잘못을 일깨워주되 태도가 공격적이지 않아야 한다.

가끔은 아이에게 질책에 가까운 반응을 보여야 하지만, 그렇지 않을 때는 유쾌하고 온화한 태도를 보이고, 칭찬과 정적 강화 방식으로 접근하는 편이 더 효과적이다. 대부분의 경우 아이가 부모에게 원하는 건 자기 힘으로 문제를 해결해나가는 모습을 가만히 지켜봄으로써 행동 형성이 일어나게 도와주는 것뿐이다. 아이에게 올바르게 처신하는 법을 이해시킬 때는 노래나 춤, 연기, 놀이가 효과적일 수 있다. 아이들은 우리가 요구하는 삶의 규범들을 이런저런 방식으로 익혀나간다. 그러다 보면 자연스럽게 존재하는 법을 발달시키는 동시에 절제할 줄 아는 생활 태도가 습관으로 자리잡는다.

아이에게 벌을 주면 아이가 하던 행동을 멈출 수도 있고, 그렇지 않을 수도 있다. 하지만 부적절한 행동을 더 생산적인 행동으로 바꾸는 법을 가르치지 못하는 것은 분명하다. 아이가 잘못된 행동을 했을 때 우리가 벌을 주는 게 아니라, 그 문제 상황을 활용해 자신을 돌아보는 법을 가르친다면 문제 해결 방식을 통해 상황을 다스리는 긍정적인 방법들을 보여줄 수 있다.

예컨대 아이가 짜증을 부릴 때 피곤해서 그런 것임을 이해할 수 있다면, 아이의 행동에 초점을 맞추는 대신 곧장 아이의 기분을 파고들어 이렇게 말할 수 있을 것이다.

"네가 지금 무척 피곤할 거라는 거 알아."

혹시 무언가 슬픈 일이 있어서 그런 것이라면 이렇게 물어볼 수 있다.

"너 지금 슬퍼서 이러는 거니?"

그러면 감정 처리 과정으로 이어지는 문이 활짝 열린다. 아이의 정서 상태를 파악하고 공감을 표한 뒤에는 이렇게 얘기해보자.

"네 기분이 그래도 이렇게 함부로 행동하면 안 돼. 네 감정을 표현할 다른 방법을 찾아보자."

그런 다음엔 이상한 행동으로 감정을 에둘러 표현하지 않고 직접 표현하는 법을 알려주면 된다.

만약에 직접 표현할 방법을 찾지 못하면 아이들의 몸과 마음은 다른 방법을 찾는다. 자기 내면세계에서 떨어져나간 잃어버린 조각들처럼 느껴지는 뭔가를 찾아 헤맨다. 그러다 자신을 해치거나 남에게 피해를 주는 행동을 하게 되는 경우도 많다.

아이가 지나치게 매달리거나 반대로 반항적인 태도를 보인다면, 절도나 자해를 하기도 하고 씻는 걸 거부하거나 학교에 가지 않는다면 분명 아이의 감정에 무슨 문제가 생겼다는 신호다. 아이의 정서 상태는 종종 편두통이나 복통 혹은 공황발작 같은 신체 증상으로 나타나기도 한다. 이런 현상은 대개 아이가 솔직한 감정을 너무 억누른 나머지 그동안 표현되지 못한 감정들을 몸이 더는 감당할 수 없을 때 벌어진다.

아이는 주변 사람들을 기쁘게 해주는 역할이나 모범생 역할이 힘에 부쳐서, 혹은 반대로 반항이나 나쁜 아이 노릇에 지쳐 무너져버렸고, 그 무너짐을 몸이 감당하려니 힘든 것이다.

부모는 아이들이 관심을 얻고자 우회적인 방법을 쓰면 불안한 반응을 보인다. 예컨대 아이가 학교를 빠지기 시작하면 부모는 화를 내고 통제하려고 한다. 아이가 자꾸만 여기저기가 아프다고 하면, 부모는 아이를 데리고 이 병원 저 병원 찾아다닌다. 신체 증상을 동반하는 경우, 몸에 이상이 생겼을 가능성도 완전히 배제할 수 없어서 대처하기가 유난히 어렵다.

무엇보다 난감한 사실은 아이의 정서적인 문제엔 접근도 못 해보고 몸에 이상이 있는 것 같다는 아이의 믿음에 힘을 실어줄 수 있다는 점이다. 이 때문에 아이에게 자기감정을 표현할 여지를 주는 것이 매우 중요하다.

아이들이 부정적인 행동이나 긍정적인 행동을 하는 이유가 그들의 감정 상태 때문임을 이해하면, 우리는 아이에게 그 감정을 직접적인 방식으로 표현하도록 가르칠 수 있다. 감정을 직접 표현하는 방법은 화가 날 때 위험한 행동을 하는 것이 아니라 화가 났다고 말로 설명하는 것이다. 마찬가지로 슬플 때는 자신을 해치는 행동을 하기 전에 슬프다고 말이나 글로 표현하는 것이다.

부모가 아이에게 꾸준히 자기감정을 이해하고 표현하도록 가르치면 아이는 과격한 행동으로 감정을 표출함으로써 관심을 끌어야겠다는 생각을 하지 않는다. 부모가 자기에게 귀 기울이고 있다고 느끼기 때문에 애써 관심을 유도할 이유가 없는 것이다. 부모가 자신을 받아들이고 인정한다고 느끼는 아이들은 괴로운 감정을 부정적인 행동으로 표출해야겠다는 충동을 경험하지 않는다.

부모가 자기감정을 직접적으로 담백하게 표현하면 아이도 그대로 따라한다. 감정을 표현하기 위해 악을 쓰거나 비명을 지르지 않는다. 만약 아이와의 관계에서 어떤 문제가 발생한다면 이렇게 말하면 된다. "이 문제에 대해 우리 둘 다 느끼는 바가 있잖아. 네 느낌을 먼저 얘기해주겠니? 그럼 나도 내 느낌을 얘기할게." 우리는 우리의 감정만큼이나 아이의 감정도 소중히 여긴다는 사실을 아이가 알게 해야 한다.

아이에게 기분을 상하게 하는 것이 무엇인지 얘기해달라고 할 때는 언제나, 특히 그것이 우리의 행동과 관련이 있다면 이렇게 말해볼 수 있을 것이다.

"네가 생각하기에 엄마가 무엇을 잘못했는지 말해줄래? 그리고 내가 그것을 어떻게 고치면 좋을지도 얘기해줄 수 있겠니? 지금 너를 괴롭게 하는 것에 대해 나는 무엇이든 들을 준비가 되어 있단다. 그러니 네 느낌과 생각을 자유롭게 얘기해주렴. 섣부르게 판단하지 않을 테니까."

이런 상황이 닥친다면 우리는 자신의 잘못된 점을 받아들일 준비가 되어 있어야 한다. 아이에게 이렇게 말할 수 있을 것이다.

"존중받지 못한다고 느낄 때 기분이 어떤지 알아. 내가 널 그렇게 느끼도록 했다니 정말 미안해. 서로를 존중하는 마음을 느낄 수 있는 방법을 함께 찾아보자."

혹시라도 아이가 물건을 훔친 적이 있다면 부모는 이런 생각을 해봐야 한다.

나의 어떤 모습 때문에 아이가 물건을 훔치고 싶어졌을까? 아이의 내면에 어떤 결핍이 있기에 물건을 훔침으로써 그걸 채우려고 했을까?

이렇게 생각해보면 아이가 그런 행동을 하게 된 정서적 원인을 파악하는 데 도움이 된다. 모든 행동의 기저엔 정서적 원인이 있게 마련이다. 그 원인을 찾아내는 것이 부모의 책임이다.

우리는 부모로서 훈육을 담당해야 한다는 생각에서 벗어나 누구나 받아들일 수 있는 방식으로 현실을 살아가도록 아이를 이끌어주는 안내자라고 생각해야 한다. 그러려면 일관성이 중요하다. 하나의 행동만 형성하고 끝내거나, 하루는 행동 형성을 하고 다음날은 무시해버리면 안 된다. 아이의 행동에 대해 어떤 날은 고함을 지르고 또 어떤 날은 그냥 넘어간다면 아이는 부모를 조종하기 시작한다.

말썽 피우는 아이에겐 정서적 불만이 있다

아이가 심각하게 말썽을 부릴 때, 우리 대부분은 그것이 "제발 저 좀 도와주세요!"라는 외침이라는 것을 알지 못한다. 사실 아이는 이렇게 말하고 있는 것이다.

"나 좀 막아줘요. 그러지 않으면 나 자신이나 다른 사람을 해칠지도 몰라요. 절제하는 법을 배우고 싶어요. 통제 불능인 느낌이 싫어요. 다른 사람에게 상처주고 죄책감에 시달리고 싶지 않아요. 부끄럽고 민망한 느낌도 싫어요. 나는 좋은 사람이에요. 내 선한 마음을 표현할 수 있게 도와줘요. 제멋대로 굴거나 반항하고 싶지 않아요. 그러면 기분이 좋지 않아요."

아이가 발로 차고 깨물고 소리를 지르고, 심지어 술을 마시거나 마약을 할 때, 겉으로 드러나지 않는 간절한 애원을 부모가 알아듣기는 쉽지 않다. 아이가 그런 극단적인 행동을 하면 우리는 덜컥 겁이 나기 때문에 그 행동에 가려진 의도를 헤아리기 어려울 수 있다. 하지만 아이의 그릇된 행동이 정서적으로 충족되지 않은 욕구 때문임을 이해해야만 비로소 그 욕구가 무엇인지를 진지하게 탐색해나갈 수 있다.

행동 형성의 전제는, 아이들이 골치 아픈 행동을 하는 이유는 벌을 줌으로써 겁을 줘야 할 만큼 나쁜 아이라서가 아니라 본래 선한 아이가 아직 절제된 방식으로 표현하는 법을 배우지 못한 탓에 힘든 감정을 겪고 있기 때문이라는 것이다. 따라서 행동의 근원이 되는 감정을 처리하지 않는 한, 부적절한 행동은 계속될 수밖에 없다. 아이들이 자기감정을 솔직하게 절제된 방식으로 표현하는 법을 배울수록 말썽피우는 일은 줄어든다. 그래서 행동 형성의 목표는 언제나 감정 조절이다.

여기서 다시 한 번 강조하고 싶은 사실은 행동 형성을 할 때 아이의 성숙도를 고려해야지, 아이가 하는 행동이나 나이에만 맞춰 진행하면 안 된다는 점이다. 따라서 학교에서 아이들의 학습 능력을 파악하기 위해 평가를 하는 것처럼, 부모도 지속적으로 아이의 정서 상태를 점검할 필요가 있다. 그렇다고 형식을 갖춰 평가를 해야 한다는 뜻은 아니다. 아이가 이런 상태일 것이라고 미루어 짐작하는 게 아니라 관찰을 통해 '실제'로 어떤 상태인지를 깊이 이해하는 시간이 필요하다.

제 나이에 맞게 성숙해가는 아이가 있는가 하면 좀 늦게 철드는 아이도 있다. 따라서 전통적인 의미의 나이에 너무 연연하다 보면 아이마다 다른 고유한 특성을 알아차리지 못하게 된다. 단순히 나이를 더 먹는다는 이유로 성장하기를 강요하면 괜히 아이의 자존감만 무너뜨리게 된다. 아이가 "다른 또래들 같지가 않아서" 부모로서 조바심이 날 수도 있다. 그러나 나이는 개념에 불과하기 때문에 나이에 얽매이면 아이의 영혼을 파괴할 수도 있다고 지혜롭게 생각해야 한다. 따라서 또래 아이들과 어떤 비교도 하지 않는 편이 현명하다.

아이마다 조금씩 다른 접근이 필요하다. 어떤 아이는 정적 강화에 효과적으로 반응하고 그것을 활용해 변화를 시도해나간다. 그런가 하면 규칙이나 지침을 선호하는 아이도 있다. 또한 정서적으로 배려할 때 창의력이 강해지는 아이도 있다. 그러니 우리 앞에 어떤 아이가 있느냐에 따라 접근 방식을 조정해서 그 아이의 요구에 맞춰야 한다.

내 딸을 보면 정서적으로 어떤 면은 또래보다 최소 2년은 성숙한 것 같은데, 다른 측면은 또래와 비슷하거나 오히려 늦기도 하다. 내가 만약에 딸의 어떤 면이 조숙하고 어떤 면이 미숙한지를 알지 못했다면, 내가 생각하는 그 나이대 아이의 모습대로 딸을 대했을 것이다. 아이가 구체적으로 어느 정도 성숙한지를 파악하지 못한다면, 아이에게 절제를 가르치려는 부모의 시도 자체가 적절치 않을 수 있다.

따라서 아이들이 말썽을 부릴 때 우리는 자신에게 다음과 같은 질문을 해보는 것이 중요하다.

- 아이가 정서적으로 미숙해서 판단력이 부족한 것일까, 아니면 다 알면서 일부러 그러는 것일까?
- 지금 아이에게 주어진 과제는 아이가 감당할 수 있는 것일까, 아니면 능력 밖의 일일까?
- 아이가 생각보다 성숙하니 내가 수준을 더 높여서 반응해아 할까?

아이가 아직 미숙하고 판단력이 부족해서 말썽을 부린다면 부모는 즉시 접근 방식을 바꿔야 한다. 훈육이 아니라 가르침이 필요한 것이다. "내가 하자는 대로 해"와 같은 강경한 태도보다는 바로 그 순간에 아이에게 필요한 것을 찾는 태도를 보여야 한다.

아이가 '그렇게' 행동하는 데는 부모의 책임도 있다

아이가 노골적으로 반항하거나 아예 주기적으로 말썽을 피운다면, 그런 행동이 지속되는 데는 부모의 책임도 있다는 점을 인정해야 한다. 아이들이 반항하는 이유는 아무 대가를 치르지 않고 그냥 넘어갈 수 있기 때문이다.

물론 기질적으로 고집이 세서 그런 경우도 있지만, 고집스러움이 반항으로 바뀌는 것은 부모와의 관계를 통해서다. 부모가 이 사실을 깨닫지 못하면 아이가 "못돼서" 그렇다고 생각한다.

　다섯 살 아이가 짜증이 난다고 소리를 지르고 발로 차는 행동을 하면, 그 자리에서 딱 멈추게 한 다음 아이에게 다른 방식으로 감정을 다스리는 법을 알려줘야 한다. 여섯 살 아이가 부모를 보면서 혀를 쑥 내미는 행동을 하면 부모는 그냥 넘어가면 안 된다. 그건 절대 용납될 수 없는 행동임을 단호한 표정으로 분명히 알려줘야 한다. 일곱 살 아이가 부모를 시험하듯 사탕을 달라고 하거나 텔레비전을 더 보게 해달라고 조르면, 부모는 아이가 자기 마음대로 부모를 조종하지 못하도록 명확한 한계를 정해야 한다.

　여덟 살 아이가 부모 앞에서 문을 쾅 닫아버리면, 부모는 따라 들어가서 무례한 행동에 대해 침착하지만 단호하게 꾸짖어야 한다. 아홉 살 아이가 숙제할 때 산만한 태도를 보이면, 마음을 차분히 가라앉히고 제 할 일을 하는 법을 배울 때까지 부모가 매일 곁에서 지켜봐야 한다. 아이를 위해 숙제를 대신해줘서는 안 되며, 정말로 아이 혼자 힘으로 할 수 없는 숙제일 때만 도와줘야 한다. 열 살 아이가 부모의 말을 못 들은 척하거나 말대꾸를 하면, 부모는 순간적으로 기지를 발휘해 용납될 수 없는 행동임을 가르쳐야 한다. 열한 살 아이가 거짓말을 하거나 부모의 돈을 몰래 가져가면, 부모는 훨씬 더 엄하게 대응해야 한다. 아이가 그런 행동에 대한 정당한 대가를 치르게 함으로써 사안을 심각하게 받아들이도록 해야 한다는 뜻이다. 이러한 접근법이 구체적으로 어떻게 적용될 수 있는지 몇 가지 상황을 예로 들어보겠다.

엄마가 딸에게 신발을 신발장에 넣으라고 말하자 딸이 못 들은 척 한다. 엄마가 다시 한 번 얘기하는데도 아이는 여전히 반응하지 않는다. 엄마는 더 얘기하지 않고 손수 신발을 정리한다.

이런 상황에 필요한 조치는 무엇일까? 일단 딸이 자신의 행동을 스스로 고쳐볼 기회를 주는 것이다. 만약에 딸이 그 기회를 잡지 않으면 엄마는 딸의 행동을 감정적으로 해석하는 대신 다시 한 번 담백하게 말이나 행동으로 요구한다. 여기서 중요한 것은, 딸이 임무를 완수할 때까지 엄마가 단념하지 않는 것이다. 엄마가 그 상황에 진지하게 임하고 있음을 충분히 보여주면 딸도 그에 반응하게 마련이다. 진정성 있는 태도는 자석처럼 끌어당기는 힘이 있기 때문이다. 마침내 딸이 신발을 정리하면, 엄마는 집안을 깔끔하게 유지해야 다른 사람의 물건에 걸려 넘어지는 일 없이 모두가 즐겁게 지낼 수 있다는 점을 존중할 줄 아는 딸을 칭찬해준다.

이번엔 아빠가 그만 텔레비전을 끄고 숙제하라고 얘기하자, 아들이 무시한다. 발끈한 아빠가 고함을 쳐보지만 소용없다. 아들은 여전히 꿈쩍도 안 한다. 아빠가 험한 욕을 퍼부어도 들은 척도 안한다. 몹시 화가 난 아빠는 결국 포기해버린다.

이 상황을 다시 써보자. 아들이 아빠의 말에 관심을 보이지 않자, 아빠는 "한 번 더 얘기한다. 이제 텔레비전 *끄자*"라고 말한다. 그래도 아들이 못 들은 척하자 아빠는 아들에게 다가가 리모컨을 들고 화내지 않고 차분하게 직접 텔레비전을 끈다. 그런 다음 리모컨을 손에 든 채로 이렇게 말한다.

"이제 네가 규칙을 지킬 수 있다는 걸 보여줘야만 텔레비전을 보게 할 거야."

그날 저녁엔 아들이 아무리 떼를 쓰고 애원해도 절대 텔레비전을 보여주지 않는다. 다음날 저녁에 아들이 텔레비전을 보겠다고 하자, 아빠는 자신이 기대하는 바를 분명하게 설명한 다음에 리모컨을 건넨다. 그날 저녁, 텔레비전 때문에 다툼이 벌어지지 않으면 아빠는 아들의 행동이 변한 데 대해 칭찬을 해준다.

∨

두 아이가 탁자에서 그림을 그리느라 분주하다. 엄마는 아이들에게 그림을 다 그리고 나면 탁자 위를 깨끗이 치우라고 말하고 나간다. 아이들은 엄마의 말을 귀담아 듣지 않지만, 엄마는 그에 대해 아무런 조치를 하지 않는다. 결국 가사도우미가 아이들을 대신해 탁자를 깨끗이 정리한다.

이 사례의 경우, 아이들이 엄마의 말을 듣지 않았을 때 엄마가 그냥 자리를 뜨면 안 된다. 엄마는 일단 아이들의 그림 그리기를 중단시킨 다음에 뒷정리에 대해 정확하게 얘기하고 나가야 한다. 그리고 돌아왔을 때 아이들이 제대로 정리를 해놓았으면 칭찬해주는 게 맞다.

∨
∨

여섯 살 딸아이가 예쁜 그림을 그리고 나서 엄마에게 보여주려고 달려
간다. 엄마는 전화 통화를 하느라 바빠서 아이를 상대하지 못한다. 그
러자 아이는 더 크고 더 예쁜 그림을 그린다. 이번에도 엄마는 아이에
게 조용히 하라고 한다. 딸아이가 곁에 있던 남동생을 때린다. 그 모습
을 보고 엄마가 소리를 지른다.
"이런, 그건 나쁜 짓이야!"

이 상황에서는 엄마가 딸에게 소리를 질러 창피를 주는 게 아니라 곁에 불
러다놓고 동생이 맞았을 때 기분이 어떨지에 대해 알려줘야 한다. 딸의 행동
을 확대 해석하기보다는 동생과 화해하라고 하는 정도면 충분하다.
　가장 좋은 건, 아이가 엄마의 관심을 끄는 데 번번이 실패한 그 모든 상황
을 엄마가 되짚어보는 것이다. 만약에 여섯 살 딸이 맨 처음 엄마에게 달려갔
을 때, 엄마가 잠깐이라도 관심을 보였더라면 어땠을까? 아이 혼자 그림을 그
린 것뿐만 아니라 혼자서도 재미있는 일을 찾아 도전해본 것이 기특하다고
칭찬해줬더라면 훨씬 더 좋았을 것이다. 그랬다면 아이에게 정서적 불만이
생기지 않았을 것이다.

학교를 마치고 집에 돌아오면 늘 혼자인 여덟 살 남자아이가 있다. 부모는 퇴근한 뒤에도 회사 일과 집안일로 바쁘다. 결과적으로 이 아이는 아무도 돌봐주는 이가 없다. 아이가 혼자 성냥을 갖고 놀기 시작하는데도 아무도 알아채지 못한다.

아이는 부모가 자신을 신경이나 쓰는지 궁금하다. 아이가 방안에서 불장난을 해도 아무도 와보지 않는다. 급기야 학교에서 불장난을 하고 정학을 당한다. 아이의 이런 모습에 부모는 어떻게 반응했을까? 아이를 석 달 동안 집에 가두고 못 나가게 했다.

아이가 학교에서 불장난을 하고 정학을 당했을 때, 현명한 부모라면 그것을 아이가 보내는 경고로 받아들였을 것이다. 아마도 상담을 의뢰해 관심 받고 싶어하는 아이의 욕구를 파악했을 것이다. 그동안 제대로 돌봐주지 못한 것에 대해 아이에게 용서를 구하고, 근무 시간을 변경하거나 대신 돌봐줄 사람을 구해서 부모가 집에 돌아올 때까지 어른과 함께 있도록 했을 것이다. 또한 부모 스스로도 매일 아이와 의미 있는 시간을 보내려고 했을 것이다.

아이들은 부모가 뭔가 지시할 때마다 재깍재깍 받아들이도록 만들어지지 않았으며 그럴 의무도 없다. 하지만 아이들은 자신이 해야 할 행동과 하면 안 되는 행동을 명확히 알아야 한다. 우리는 아이들에게 이 점을 가르치고 부모로서 존경받는 것이 우리의 권리임을 마음 깊은 곳에서부터 느낄 때에만 이에 대해 제대로 가르칠 수 있다. 우리의 욕구에 의한 에고 차원에서 존경을 강요하는 것이 아니라, 아이를 진정성 있게 대하면서 응당 받아야 할 존경을 받는 것이 중요하다.

우리가 전체 체계와 융통성 사이의 균형을 늘 염두에 둔다면 아이가 적절한 한도 내에서 자유롭게 놀고 마음껏 자기 자신을 표현하게 둘 수 있다. 아이가 한계를 벗어날 때는 체계를 알려줘야 한다. 우리가 가만히 지켜보기와 개입하기를 춤추듯 반복하다 보면 아이에게 자기 조절 능력을 가르칠 기회가 생긴다.

우선은 어디까지가 한계인지를 부모 스스로가 명확히 알아야 한다. 하지만 우리는 대개 아이의 공간으로 들어가 부드럽지만 단호하게 아이의 어깨를 잡고 그들이 가야 할 길로 안내하기를 두려워한다. 아이와 정면으로 맞서서 우리에게 그럴 권한이 있다고 당당히 말할 자신이 없어서 아이가 원하는대로 하게 내버려두는 것이다. 그러다 아이가 잘못된 행동을 하면 단호한 조치로 행동을 바로잡는 것이 아니라 불같이 화를 낸다. 여기 대표적인 사례가 있다.

네 살배기 딸을 키우는 한 엄마는 낮잠을 전혀 자지 않고 밤마다 잠투정을 하는 딸 때문에 무척 피곤해했다. 아이가 밤마다 울고 소리를 지르는 통에 스트레스가 이만저만이 아니었다. 엄마는 지쳐 잠이 들고, 딸은 새벽 1~2시까지 깨어있는 날도 잦았다. 온 가족이 수면 부족으로 낮 생활에 지장을 받았다.

"아이가 도무지 잠을 자려고 하지 않는데, 제가 어떻게 강제로 재울수 있겠어요?"

엄마 말에 따르면 낮잠을 자게 하거나 밤에 시간을 정해놓고 잠자리에 들게 하는 것은 딸의 의지에 반하는 행동이다. 그녀는 엄마로서 딸의 건강과 행복을 위해 강제로라도 규칙적인 생활습관이 자리잡도록 해야 한다는 것을 알지 못했다.

이럴 때 엄마는 딸의 손을 잡고 방으로 들어가 침대에 눕히고 이불을 덮어준 뒤, 이제 나오지 말고 자야 한다고 확실하게 알려줘야 한다. 만약에 딸이 밖으로 나오면 침착하게 다시 방으로 데려가 침대에 눕히고 이불을 덮어주고 나오면 된다. 그런데도 딸이 또 밖으로 나오면 지체 없이 다시 방으로 데리고 들어가야 한다.

이 모든 과정에 감정이 개입되어선 안 된다. 만약 딸이 열 번도 넘게 뛰쳐나오면 엄마는 그만큼 다시 방으로 들여보내되 화를 내거나 귀찮아하면 안 된다. 발끈하지 않고 아이에게 충실히 임하는 태도가 가장 중요하다. 아이의 신체 리듬이 이런 좋은 생활습관에 맞춰지려면 아마도 며칠 밤은 이렇게 반복해야 할 것이다.

아이는 지금껏 아무 체계 없이 그저 감정만 소진시켰고, 그것이 모두를 힘들게 했다. 어린아이에게 낮잠과 밤잠 시간은 타협의 여지가 없는 주요 규칙에 속한다. 부모가 단호한 태도를 보이면, 아이는 조른다고 바뀔 문제가 아님을 금세 알아차린다. 이 사례에서 엄마의 문제는 이 규칙과 관련해 자신이 얼마나 단호해야 하는지에 대한 확신이 없었다는 점이다.

사랑스러운 아이가 반항아로 바뀌는 이유

10대 아이들의 반항에 대해서는 이미 다뤘지만, 오늘날 심각한 문제로 부각되고 있는 만큼 조금 더 깊이 살펴보고자 한다. 반항하는 10대는 하루아침에 만들어지지 않는다. 수년에 걸쳐 진정성이 억압당하고 말뿐인 약속에 지쳐 그렇게 된 것이다. 아이는 그동안 서서히 자신을 잃어온 탓에 살아 있음을 느끼려면 매일 전쟁 같은 싸움을 벌여야 한다. 나쁜 아이이고 싶은 10대는 없다. 단지 다르게 사는 법을 알지 못해서 그런 것뿐이다.

아이가 반항하는 10대로 자라는 이유는 진정성과 자제력, 부모와의 교감 중 어느 하나가 부족하거나 이 세 가지가 전부 부족하기 때문이다. 예컨대 부모와 실질적인 교감을 충분히 나누지 못한 채 10대가 된 아이는 말썽을 피워야만 부모의 관심을 받을 수 있다고 느낀다.

아이가 반항적인 행동을 할 때는 언제나 동기가 있게 마련이다. 그런 행동을 하면 부모의 관심을 받을 수 있다거나 아니면 다른 사람의 바람을 소중히 여기는 법을 배우지 못했기 때문이다. 그동안 한계를 벗어나도 그에 합당한 대가를 치르지 않았던 것이다. 따라서 아이들 문제로 어려움을 겪을 때, 부모는 발끈할 게 아니라 속으로 다음과 같이 질문해보는 것이 좋다.

- 내가 단호하고 일관적이지 못해서 아이가 이런 식으로 행동하는 걸까?
- 과연 나는 아이의 행동을 용납할 수 없다는 뜻을 분명하게 표현하고 있을까? 미적지근하게 헷갈리는 메시지를 주고 있는 건 아닐까?
- 지금 당장 아이의 정서적 역량에 대해 내가 생각하고 기대했던 바를 다시 점검하고 재조정해야 할까?

- 혹시 내 안의 지배욕이 되살아나서 아이에게 발끈하고 있는 것은 아닐까?
- 혹시 "내 방식을 따르지 않을 거면 집어치워" 하는 태도를 고집하느라 아이와의 관계가 힘든 것일까?
- 아이를 보면 내가 자랄 때 느꼈던 무력감과 박탈감이 되살아나는 걸까?
- 내가 갈등을 불편해한다는 걸 아이가 알아서 나를 더 강하게 자극하는 걸까?
- 혹시 나는 나 자신을 믿지 못해서 아이로부터도 존경받지 못할 거라 생각하는 걸까?
- 아이가 반항하는 이유는 혹시 내가 다른 데 정신이 팔려서 아이가 잘못된 행동을 할 때만 관심을 보이기 때문일까?
- 아이와 대화할 때 자꾸만 불안감이 밀려와 타협이 잘 안 되는 이유는 좌절감을 감당하는 능력이 부족하기 때문일까?
- 아이가 조금이라도 통제가 안 되는 것 같으면 벌컥 화가 나는 이유는 내가 너무 긴장하고 신경이 곤두서 있기 때문일까? 종일 식구들을 위해 애쓰고 나니 억울해져서 사소한 자극에도 감정을 터뜨리는 걸까?
- 내가 지금 기운이 다 빠져서 아이에게 충실하게 임하지 못하는 건 아닐까?
- 혹시 나는 아이의 타고난 기질에 어떻게 반응해야 할지 몰라서 이렇게 불안한 것일까?
- 나는 나 자신과 아이가 바르게 처신하도록 압박을 가하다 못해 일이 계획대로 되지 않으면 균형감을 잃을 정도가 되어버린 걸까?

우리는 자기감정을 제대로 이해하지 못할 때 아이들이 그렇게 느끼게 만들었다고 탓한다. 그러다 보면 아이들도 우리와 똑같은 감정을 느끼게 된다. 우리가 아이에게 불안감을 쏟아내면, 해결되지 않은 우리의 묵은 감정들을 아이가 고스란히 짊어지게 된다. 아이 또한 중심을 잡지 못하고 행동하게 된다는 뜻이다. 아이의 그런 모습에 부모는 더 심하게 발끈하기 때문에 결국 고통의 악순환이 대물림된다.

각자의 정서적 에너지가 서로의 마음에 어떤 감정 상태를 불러일으킬 수는 있지만, 앞서 지적했듯이 누구도 우리가 느끼는 방식까지 결정하지는 못한다. 겉으로는 어떻게 보일지 몰라도, 보다 근본적인 차원에서 보면 아무에게도 그럴 권리가 없다. 애초에 우리 안에 짜증이나 무력감, 좌절 혹은 긴장의 씨앗이 없었다면 그런 감정들이 생겨나지 못한다. 우리가 이미 무력감을 느끼고 다소 통제가 안 된다고 느끼고 있었기 때문에, 아이가 약간이라도 우리 말을 듣지 않는 듯한 기미가 보이면 마치 우리의 권위가 무너진 것만 같고 아이를 다루기가 힘들다고 느껴져 아이에게 분노를 쏟아내는 것이다. 부모가 아이들로 인해 감정적으로 동요한다는 것은 그만큼 정서적으로 이미 불안한 상태였다는 뜻이다.

누구도 우리를 불행하게 만들 수 없다는 사실을 이해하면 인생대본과 정서적 각인으로 인한 무거운 짐도 내려놓을 수 있다. 그러면 우리는 타인과 상호작용이 일어나는 공간의 에너지를 바꿀 수 있으며, 이로써 모든 감정적인 드라마를 끝낼 수 있다. 더 이상 스스로를 피해자나 승리자 혹은 희생자나 단순 생존자로 보지 않기 때문에 굳이 살아 있음을 느끼기 위해 드라마를 만들 필요가 없어지는 것이다. 간혹 자극을 받더라도 다른 사람에게 상처와 트라우마를 남기기 전에 발끈하는 반응을 거둬들일 수 있다.

반대로 우리가 이미 스스로에 대해 긍정적인 생각을 하고 있으면 아이들을 대할 때도 긍정적인 느낌을 받을 수 있다. 또한 우리가 스스로에 대한 믿음이 있으면 그만큼 확신을 갖고 아이들을 대할 수 있다. 우리가 내적으로 경험하는 것은 결국 겉으로 드러나기 때문이다.

겉으로 드러나는 것은 아이들에게 영향을 미치고, 그 영향이 다시 우리에게 돌아오는 식의 순환이 계속된다. 이 정도로 깊이 들어가면 구분이 사라지고 부모와 아이는 하나가 된다. 아이는 우리의 마음 상태를 고스란히 반영한다는 점에서 우리의 정신적 안내자가 되기에 딱 알맞다.

겁주기 전략의 역효과

많은 부모가 아이를 무섭게 대하거나 심지어 체벌을 가하면 아이가 배워야 할 것들을 제대로 배우게 될 거라고 믿는다. 하지만 이때 아이는 부모가 무서워서 타고난 대로 선한 사람이 되고자 하는 자연스러운 욕구를 외면해버린다. 만약에 의미 있는 훈육을 하고자 한다면, 우리는 부모로서의 권위를 받아들이고 단호한 모습을 보이는 동시에 아이와 정서적으로 더 깊은 교감을 나누려고 노력해야 한다. 겁주기 전략은 아이와의 관계를 악화시킬 뿐이다.

아이의 행동을 쉽게 '고치'는 방법을 찾고 있다면 나중에 실망할 것에 대비해야 한다. 아이를 키우는 데 있어서 깔끔하게 정리된 답은 없다. 이른바 '사랑의 매'라고 하는 것도 궁극적으로 원망을 낳는다. 따라서 우리는 아이에게 겁줄 생각을 버리고 어떤 상황에서든 아이 스스로 옳고 그른 행동을 가려낼 수 있게 해야 한다. 이따금 부모가 어찌할 바를 몰라서 본의 아니게 아이를 야단치고 큰소리를 낼 수도 있지만(내가 전에 바닷가에서 세 살짜리 딸에게 그랬던 것처럼), 깨어있는 부모가 되려면 이런 일이 자주 일어나선 안 된다.

부모가 겁주기 전략을 사용하면 꾸짖기만 해도 아이의 마음엔 죄책감과 불안감이 자리잡는다. 그런 상황에서 아이는 부모도 자기 자신도 존중하지 못한다. 존중하는 마음 없이 죄책감만 들면 아이는 공허함을 느끼고 타인에게 공감하지 못 한다. 아이가 죄책감을 느끼는 이유는 세상에 어떤 아이도 자제가 안 되고 무례한 느낌을 원치 않기 때문이다.

깨어있는 행동 형성을 하려면 아이를 위협하거나 비난 또는 주눅 들게 하는 역학관계에서 벗어나 부모와 아이 모두의 요구를 고려하는 방식으로 체계를 갖춰야 한다. 따라서 대화가 일방적이면 안 된다. 우리는 아이를 대할 때 항상 정말로 아이를 위한 반응인지 아니면 우리 자신의 욕구에서 비롯된 반응인지 돌아보고 아이의 의견도 적극적으로 받아들여야 한다.

"내가 말한 대로 해."

이것은 훈육이 될 수 없다.

"이게 규칙이지만 그것을 어떻게 경험하는지는 네 자유야. 네가 느끼는 바를 언제든 얘기해주렴."

훈육에는 이런 태도가 포함되어야 한다. 깨어있는 훈육은 아이에게 부모의 지시를 따르도록 요청하는 한편 아이의 느낌을 표현할 자유를 준다.

어른으로서 좌절감을 견디는 능력은 어린 시절에 만들어진다. 조금 더 정확하게 말하면 그것은 부모로부터 "안 돼"라는 말에 대처하는 법과 묵은 감정을 처리하는 법을 얼마나 잘 배웠느냐에 달렸다. 대부분의 부모는 "안 돼"라고 말하긴 해도 아이들이 그 말을 들었을 때 느끼는 감정을 처리하는 데 아무런 도움을 주지 못한다. 아이가 실망감을 처리하도록 도와주지 못하는 이유는 부모부터가 실망감을 제대로 다스려본 적이 없기 때문이다. 그래서 아이의 감정을 부정하거나 빨리 달래려고만 한다. 문제가 있는 것 같으면 '고치고', 아이의 관심을 딴 데로 돌려서 말이다. 이렇게 해서 아이는 불편한 감정을 회피하는 법을 배우게 되고, 그 결과 10대 혹은 그 이후에 약물 의존과 같은 극단적인 행동을 하게 될 수도 있다.

어릴 때 감정을 다스리는 법, 특히 "안 돼"라는 말을 들었을 때 적절하게 대처하는 법을 배우지 않으면, 나중에 어른이 되어서도 우울한 감정을 다스리지 못할 수 있다. 그래서 두 돌배기 아이처럼 짜증을 부리거나 좀 더 어른스러운 방법이라며 폭음을 일삼기도 한다. 그러나 대부분은 이런 행동이 얼마나 해로운지 깨닫지 못한다. 실제로 이 모든 행동은 자기 자신을 다스리지 못하고 현실을 있는 그대로 받아들이지 못해서 생기는 것이다.

아이에게는 위안이 되는 존재와 더불어 자율성이 필요하다는 점을 우리는 늘 명심해야 한다. 따라서 아이의 잘못된 행동을 바로잡은 다음에는 반드시 이야기를 들려주거나 안아주거나 대화를 나누는 등 아이의 나이와 요구에 맞게 교감을 해야 한다. 잘못된 행동을 바로잡느라 아이와의 관계를 망치면 안 된다.

아이의 행동은 진공상태에서 아무 이유 없이 일어나지 않는다. 그것은 우리가 부모의 권위, 즉 에고의 권위가 아니라 진정성 있는 모습으로 아이에게 임하는 권위를 얼마나 잘 이해하고 있느냐와 밀접한 관련이 있다. 우리가 눈에 보이는 행동 자체에 연연하여 부모 대 아이라는 전통적인 방식으로 상황에 대처하면, 부모의 권위가 사라지는 것은 물론이고 창의적으로 대응할 능력도 잃어버린다. 그러면 마치 아이에게 우리의 이성과 자제력, 시간과 존엄성 그리고 명예까지도 다 빼앗기는 것처럼 느껴진다. 아이가 우리의 동반자가 아니라 적이 되는 것이다.

사람을 대할 때 일반적으로 그렇듯 '나' 대 '너'의 싸움으로 보지 않고 "주위의 모든 사람이 나를 비추는 거울이다"라고 생각하면, 발끈하는 마음이 들 때 지금까지와는 전혀 다른 반응을 보일 수 있다. 아이와의 관계도 마찬가지다. 부모 대 자식이라는 전통적인 역학관계에서 벗어나면 아이가 부모보다 더 현명할 때가 많으며, 정신적인 면에서는 부모를 능가하기도 한다는 사실을 깨닫게 된다. 이 방법은 10대 자녀에게도 통한다.

⌄

딸이 어릴 때만 해도 아주 다정했던 아버지와 딸이 있다. 딸이 10대가 되자 두 사람의 관계가 삐걱거리기 시작하더니 결국 대화가 끊기고 딸은 학교도 제대로 안 다니는 지경에 이르렀다. 딸은 소외되고 비난받고 있다고 느꼈다.

"아빠는 늘 내가 거짓말을 한다고 생각하고 날 믿지 않아요."

딸이 슬픔에 젖어 내게 말했다.

"아빠는 나를 알지도 못해요."

이렇듯 아빠가 자신을 오해하고 얘기를 들어주지 않으며 관심도 없다고 느낀 딸은 아빠의 냉대를 피하려고 아예 본심과 다른 거짓말을 하기 시작했다.

"거짓말하는 게 훨씬 편해요. 전에는 신경이 쓰였는데, 이제는 아무렇지 않아요."

딸의 아버지는 당혹스러워하며 같은 말을 반복했다.

"애는 거짓말만 해요. 이제 거짓말 좀 그만하면 좋겠어요."

딸의 거짓말을 멈추게 하려고 아버지가 선택한 방법은 비난과 통제의 강도를 높이는 것이었다. 끊임없이 딸을 추궁하는 통에 두 사람이 함께 있는 시간은 마치 '진실 게임'처럼 흘러갔다. 그의 이런 태도는 전부 부모로서 가진 두려움에서 비롯된 것이었다.

내가 두 사람의 관계에는 인간적인 요소와 서로를 보듬어주는 기능이 사라지고 없다고 설명하자 딸의 아버지는 비로소 그동안 사로잡혀 있었던 일방적인 역학관계에서 벗어나야 한다고 느끼기 시작했다. 그는 딸과 의미 있는 시간을 보냄으로써 친밀한 부녀관계를 회복할 수 있었다. 두 사람의 유대감이 탄탄하지 않은 상태에서 훈육을 하면 관계만 틀어질 뿐임을 깨닫고 부모 노릇을 하기보다 친구 같은 존재가 되려고 노력했다.

아버지가 인간적인 관심을 보이자 불과 몇 주 만에 딸의 태도가 눈에 띄게 달라졌다. 훨씬 상냥하고 호의적으로 바뀌고 거짓말도 확실히 줄어들었다. 모두 따뜻한 보살핌을 받고 있다는 느낌 때문이었다. 이렇듯 유대감을 배제한 행동 교정은 있을 수 없다.

나아지는 것도 없이 답답한 상황이 반복되고 있다면 그때는 멈춰 서서 스스로에게 물어봐야 한다.

"효과도 없는데 대체 왜 이러고 있지?"

그 답은 아이는 물론이고 부모인 우리에게도 전혀 도움이 되지 않은 태도로 아이를 바라본다는 데 있다. 그 태도를 바꾸면 둘 사이의 역학관계도 달라진다. 문제는 우리에게 그럴 마음이 있느냐다.

"안 돼"라고 한계를 알려주는 법

"안 돼"라는 말을 듣기 좋아하는 사람은 아무도 없다. 그 이유 중 하나는 많은 사람이 "안 돼"라는 말을 들으면 과거에 언젠가 들었던 위협적인 메시지가 연상되기 때문이다. 냉정하고 엄했던 부모에 대한 기억이나 자율권을 빼앗겼던 어린 시절이 떠오르는 것이다.

지금은 어른이 되었는데도 불구하고, 이따금 "안 돼"라는 소리를 들으면 우리는 다시 두 살짜리 아이처럼 발길질하며 바닥에 드러누워 얼굴이 시퍼레지도록 소리를 지르고 싶어진다. 물론 그럴 수 없다는 걸 알기에 투덜대기, 험담하기, 삐지기 등 좀 더 교묘한 방식으로 성질을 부린다. 주먹으로 베개를 치거나 차 안에서 저주를 퍼붓는 사람도 있을 것이다. "안 돼"라는 말은 여전히 누구에게나 나이에 상관없이 가장 듣고 싶지 않은 말이다. 그런데 우리는 이 말을 아이들에게 하루에도 수없이 한다. 아이들의 기분이 어떨지는 신경 쓰지 않고 말이다.

우리는 자기 확신에 차서 양보할 마음이 없을 때면 언제나 단호하게 "안 돼"라고 해버림으로써 불편한 심기를 드러낸다. 그러면 아이는 아예 귀를 닫아 버리거나 더 심하게 반항한다. 만약에 우리가 "안 돼"라는 말에 불편함을 느낀다면, 우리가 아무리 "안 돼"라고 해도 아이는 귀담아듣지 않는다. 아이는 우리가 꼭 들어주기를 기대하는 말만 듣는다. 이는 우리가 존중받기를 기대하고, 우리가 정한 한계가 지켜지기를 바라며 말해야 한다는 뜻이다.

다시 말하면, 아이들이 "안 돼"라는 말을 편하게 들을 수 있게 하려면 우리가 먼저 그 말을 편하게 할 수 있어야 한다. 우리가 "안 돼"라는 말에 불편함을 느끼면 아이는 청소년기에 반항하고 제멋대로 굴 가능성이 높다. 중요한 것은 "안 돼"라고 말할 때의 태도와 맥락이다. 우리는 깨어있는 상태에서 우리의 문제 때문이 아니라 진실로 아이의 행동을 염려해서 "안 돼"라고 말하는 것이 확실한가? 우리가 정말로 깨어있는 상태에서 "안 돼"라고 말하면 죄책감을 느끼지 않을 뿐만 아니라, 미온적이거나 일관성 없는 태도를 보이지 않는다.

가끔은 우리에게 그럴 자격이 없다는 생각에 "안 돼"라고 제대로 말하지 못할 때도 있다. 이는 우리가 존중받기를 기대할 권리를 아주 오래전에 우리의 부모에게 빼앗겼기 때문이다. 스스로를 존중하는 마음이 있어야 다른 사람의 존중도 받을 수 있다. 우리가 우리를 존중하지 않는다면 아이는 물론이고 어느 누구도 우리를 존중하지 않을 것이다.

만약에 우리가 "안 돼"라고 말할 때 그 이유가 분명하지 않으면 십중팔구 아이에게 휘둘리고 조종당하게 된다. 이 때문에 정말로 원하는 것만 얘기하고, 말한 것 외에 다른 뜻은 없어야 하며, 말한 대로 실천하는 것이 대단히 중요하다.

간혹 아이들이 에고 상태여서 다시 존재에 충실하도록 우리가 이끌어줘야 할 때가 있다. 그럴 때는 아이에게 온전히 임하는 모습을 보여줄 필요가 있다. 가끔은 우리의 뜻을 강요해야 할 때도 있을 것이다. 이것은 아이에게 무엇이 필요한지를 거의 알지 못하는 상태에서 무의식적으로 우리의 뜻을 강요하는 것과는 확연히 다르다.

∨
∨

싱글맘인 수잔에게는 통제 불능인 10대 초반의 딸 메리언이 있다. 메리언이 어렸을 때는 천사 같아서 둘은 완벽한 모녀 사이를 자랑했다. 하지만 메리언이 개성을 드러내기 시작하자 수잔은 딸의 독립심이 싹트는 것을 어떻게 감당해야 할지 몰랐다. 자율성과 권한을 원하는 딸의 자연스러운 요구에 건설적으로 대응할 방법을 알지 못했다. 이로 인해 그렇잖아도 낮았던 수잔의 자존감이 점점 더 위축됐다.

수잔이 딸과의 관계를 힘들어하는 이유는 그녀가 모질고 폭력적인 어머니와 어린 시절을 보냈기 때문이다. 어머니는 끊임없이 딸을 구박하는 것도 모자라 마치 본질적으로 결함이 있는 아이처럼 느끼게 했다. 그 결과 수잔은 어른이 되어서도 그녀를 존중해주는 상대를 만나지 못하고 계속해서 그녀를 괴롭히는 사람들하고만 관계를 맺었다. 설상가상으로 그녀는 비만과 만성 허리 통증에 시달렸다.

수잔은 자존감이 너무 떨어져 있다 보니 딸에게 엄마로서 존중해달라고 요구할 생각조차 못했다. 스스로에 대한 한계가 명확하지 않으니 딸에게도 한계를 정해주지 못했다. 결국 메리언이 일곱 살 때 그녀가 정한 규칙을 어겨도 제지하지 않았고, 여덟 살 때 그녀를 때려도 아무 말 없이 지나갔다. 메리언이 아홉 살 때는 그녀가 가장 아끼는 목걸이를 망가뜨리고 반성하지 않는데도 문제 삼지 않았다. 뿐만 아니라 메리언이 열두 살일 때 처음으로 친구들끼리 놀러가는데도 귀가 시간을 정해주지 않았다. 다시 말하면, 수잔은 자기도 모르는 사이에 딸에게 자신을 모질게 대했던 어머니의 그림자를 덧씌우고 있었다. 투명인간 취급받는 희생자 역할에 익숙해진 나머지 무의식적으로 딸에게 무례함의 씨앗을 뿌린 것이다.

부모로서 아이에게 반응을 보여야 하는 상황이 오면, 우리는 언제나 이렇게 자문해야 한다.

"지금 나의 반응은 진실로 아이를 위하는 것인가? 아니면 내 욕구와 해결되지 않은 내 문제 때문에 이러는 것인가?"

이렇듯 아이와의 관계를 통해 자발적으로 변화를 시작하는 것이 깨어있는 부모의 중요한 특징이다.

우리가 아이에게 어떻게 "안 돼"라고 말할 것이냐는 아이의 기질에 달린 문제다. 부모의 말을 선뜻 들어주는 아이는 그만큼 예민해서 영향을 잘 받는 것이다. 어떤 아이는 부모가 한번 쳐다보기만 해도 하던 일을 멈춘다. 하지만 이런 아이들은 부모의 기분에 너무 맞추려는 경향이 있다. 이런 경우에 부모는 아이를 압도하지 않도록 주의해야 한다. 자칫 아이가 주저하거나 삶을 두려워하게 될 수도 있기 때문이다.

아이가 기질적으로 고집이 세다면, 부모가 한번 쳐다보는 정도로는 부족할 것이다. 이런 아이들은 독립적인 데다 의지가 강하고 성급하기까지 해서 자주 말썽을 일으킨다. 이런 경우 부모는 친절한 태도를 유지하면서도 좀 더 강하게 밀어붙여야 한다. 물론 그 균형을 잡기가 쉽지는 않다. 하지만 모든 훈육은 편안한 분위기에서 충분히 교감을 나누면서 이루어지는 것이 중요하다.

아이가 한참 반항적인 태도를 보일 때면, 우리는 어느새 끊임없이 "안 돼"라고 말할 수밖에 없는 처지가 된다. 어차피 거쳐야 할 시기라면 부모가 매일 단호한 모습을 보여도 괜찮다. 문제는 겨우 며칠만 지나면 많은 부모가 지쳐버린다는 점이다. 그러면 아이는 지친 부모의 허를 찌르고 기세등등해져 그릇된 행동을 계속한다.

아이가 반항적인 태도를 보이면, 우리는 잠시 멈춰 서서 심호흡을 하고 가만히 생각해볼 필요가 있다.

'아이가 어긴 것이 주요 규칙인가, 아니면 유연한 규칙인가?'

만약에 우리가 중요한 사안에 대해 "안 돼"라고 한 것을 아이가 무시한다면 단호하게 적절한 조치를 하는 게 맞다. 하지만 유연한 규칙을 어긴 것이라면 타협이나 수용으로 대하는 편이 현명이다.

조치가 필요할 때는 아이에게 하던 일을 멈추고 그 자리에서 벗어나 가만히 있으라고 하거나, 아니면 장난감이나 텔레비전, 컴퓨터 등 아이의 관심 대상에서 물러나게 하는 방법이 있다. 우리는 "안 돼"라고 이야기할 때 주저하지 않으면서도 독단적이지 않은 태도로 진심을 담아 말해야 한다. 부모가 말과 행동에서 일관성 있는 모습을 보이면 아이도 말과 행동이 일치해야 한다고 생각한다. 어떤 조치든 가혹하거나 강압적이지 않지만 단호하고 일관성이 있을 때 가장 효과적인 법이다.

"안 돼"라는 말에 대처하는 법을 배우기 위해서는 아이에게 스스로를 달랠 방법을 찾을 시간과 공간이 필요하다. 그래야 다시 중심을 잡을 수 있다. 나는 딸에게 이렇게 말하곤 한다.

"네 좌절감을 내가 없애줄 수는 없어. 그러고 싶지도 않고. 하지만 네가 그 감정을 다 해소할 때까지 엄마가 곁에 있어 줄게."

좌절감을 해소하려면 우선 그 감정을 받아들여야 한다. 밀려오는 감정의 파도에 올라타야 하는 것이다. 아이들은 알아차림과 받아들임, 인내를 연습함으로써 감정을 다스릴 수 있게 된다.

스스로 감정을 다스릴 수 있게 하는 토대는 아이가 더 어릴 때부터 마련해놓는 것이 좋다. 이를 위해 여러 가지 감정에 이름을 붙이는 방법도 있다.

아이가 자기감정을 그림으로 그리거나 글로 표현해보게 하고 부모가 옆에서 지켜봐도 된다. 또한 아이가 감정을 통과할 때 호흡에 집중하도록 이끌어주는 것도 방법이다.

많은 경우 "안 돼"라는 말은 감정의 찌꺼기를 남기지 않고 금세 소화된다. 하지만 아이들이 하고 싶은 얘기나 표현하고 싶은 감정이 남을 때가 있다. 부모가 아이들의 그런 불만이 해소되도록 도와주지 못하면 아이의 억눌린 감정이 차곡차곡 몸에 쌓인다. 따라서 우리는 아이의 얘기를 들어주고 불만을 느끼는 게 당연하다고 알려줘야 한다. 나는 딸에게 "네가 어떤 감정을 느끼는지 한번 살펴보자." 이렇게 말하고 아이와 함께 그 감정들을 들여다본다.

아이들은 "안 돼"라는 말을 들었을 때 느끼는 감정에서 무엇을 배울 수 있을까? 한 가지 교훈은, 인생이 늘 우리가 바라는 대로 되지는 않는다는 것이다. 이것은 받아들이기는 어렵지만 아주 중요한 가르침이다. 사실 우리가 알아차리기만 한다면 "안 돼"라는 말은 창의성을 불러일으키는 좋은 자극제다. 만약에 아이가 지금 이 순간 바로 여기에서 원하는 것을 가질 수 없다면, 인생의 다른 어딘가에서는 원하는 것을 얻을 방법이 있을까? 우리가 아이와 함께 창의적인 답을 찾기 시작한다면 아이에게 "안 돼"라는 말에 대처하는 강력한 도구를 손에 쥐어주는 것과 같다.

"안 돼"라고 말하는 효과적인 방법과 그렇게 말해야 할 상황들에 대해 살펴보았으니, 이제는 우리가 확실하게 "좋아"라고 말해줘야 할 것들을 몇 가지 제안하고 싶다.

- 성과보다는 노력에
- 발견 자체보다 찾아가는 과정에

- 늘 알고 있는 것보다는 모를 때도 있는 것에
- 무조건 외우기보다 다양한 방법으로 배우는 것에
- 순조롭게 성공하기보다는 어려움을 이겨내는 것에
- 이미 아는 사실에 연연하기보다 호기심을 갖는 것에
- 뭔가 하지 않아도 존재 자체에
- 따라하는 것보다 상상하는 것에
- 안전을 추구하기보다 모험을 감행하는 태도에
- 속으로 삭이기보다 소리 내어 우는 것에
- 욕심 부리지 않고 베풀 줄 아는 태도에
- 부담을 느끼기보다는 즐기면서 하는 모습에
- 책만 파기보다 창의력을 발휘할 때
- 이기려고 할 때보다 즐기려고 할 때

행동 형성에서 중요한 건 타이밍

부모가 자주 범하는 실수 중 하나는, 아이와 심한 갈등을 겪고 있는 와중에 올바른 행동을 가르치려 하는 것이다. 아이가 부적절한 행동을 하면, 우리는 그 즉시 못 하게 해야 한다. 하지만 아이는 마음을 진정시키기 전까지 그 행동에 담긴 깊은 의미를 헤아리지 못할 것이다. 이는 우리가 적절한 때를 기다려야 한다는 뜻이다. 그날 늦게, 혹은 그 주 다른 시간에 그 행동에 대해 아이와 다시 얘기해보는 것이 좋다.

하루는 딸이 친구 집에서 놀다가 너무 재미있었는지 도무지 집에 가려고 하지 않았다. 당연히 아이는 그 자리를 마무리해야 했다. 이에 관한 한 다른 방도가 없었다. 나는 아이를 번쩍 들어서 차에 태웠다. 아이는 그때부터 집에 오는 내내 울었다. 나는 아이의 태도에 화가 나서 그러면 안 된다고 알려주려고 애썼다. 훈계를 늘어놓았지만 아이는 내 말에 조금도 관심을 보이지 않았다. 자기감정에 사로잡혀 내가 왜 화를 내는지도 이해하지 못했다.

며칠 뒤 아이를 침대에 눕히면서 그날의 이야기를 꺼냈다. 아이가 한 행동을 흉내 내고 아이가 느꼈을 감정을 표현하면서 그것이 얼마나 지나친 모습이었는지 보여주었다. 이렇게 부모가 재연한 자기 행동을 보면서 아이는 마치 거울을 들여다보는 것처럼 자기성찰의 기회를 얻는다. 이런 식으로 부모와 아이가 함께 다른 대안을 고민해보고 모두가 만족할 만한 해결책을 생각해낼 수도 있다.

그 과정을 통해 아이는 자기에게도 결정권이 있다고 느낀다. 일방적으로 훈육을 당하는 것이 아니라 절제하는 법을 찾는 과정에 직접 참여하기 때문이다.

그날 이어진 대화에서 아이는 내게 이렇게 말했다.

"미안해요, 엄마. 하지만 친구와 헤어져야 하는 게 견딜 수가 없었어요."

나는 이렇게 대답했다.

"친구와 헤어지는 게 쉬운 일은 아니지. 엄마도 알아. 그게 정상이야."

하지만 나는 그게 힘들다고 해서 한계를 무시해도 되는 건 아니라는 점도 분명히 해두었다. 먼저 나는 딸에게 솔직히 말해줘서 고맙다고 얘기하고, 내가 좋은 해결책을 찾도록 도와달라고 부탁했다.

"네가 엄마라면 어떻게 했을 것 같니?"

아이는 다음부터 친구 집에 놀러가면 헤어질 준비를 할 수 있게 세 번의 예고를 해달라고 말했다. 심한 갈등 상황에서 벗어나니 아이는 자기감정을 해소하고 좀 더 나은 행동을 하는 법까지 생각해낼 수 있었다.

부모의 여정은 바로 이런 과정을 통해 부모와 아이 모두에게 정신적으로 새로워지는 경험이 될 수 있다. 부모와 아이는 매 순간 정신적으로 교감하며, 서로 손을 맞잡고 있지만 각자 사기만의 영적 길 위에서 춤추고 있음을 인정하는 것이다.

아이에게 물려줘야 할 위대한 유산

진정성 있게 오래 가는 변화를 일으키기 위해서는 정말로 변해야 하는 것이 무엇인지를 철저하게 파악하는 방법밖에 없다.

깨어있는 부모가 되려고 하다 보면 우리는 깨어있지 못하는 이유가 매우 다양하고 복잡하다는 사실을 알게 된다. 일단 우리에겐 윗세대로부터 대물림된 것들이 있는데, 그것은 각자의 조상들뿐 아니라 같은 문화 집단에서 온 것도 있다. 달리 말하면 우리가 어떤 것을 익숙하게 여기는 데는 우리의 부모만큼이나 동료 집단을 비롯한 이 사회가 중요한 역할을 한다는 뜻이다. 실제로 우리의 무의식을 살펴보면, 우리는 윗세대는 물론이고 오늘날 교류하는 모든 사람과 서로 의존관계임을 알게 된다. 우리의 무의식은 주변 모든 사람의 무의식과 관련이 있는 것이다.

깨어있는 부모가 되려면 맹목적인 충동이 아닌 깨어있는 상태로 대응하는 법을 배워야 한다. 반사적으로 대처하지 않고 이성적으로 판단하며, 소극적으로 반응하기보다는 적극적인 의지를 가지고 대응해야 한다. 그러다 보면 아이가 본래 부모와 진정성 있는 관계를 깊이, 오래 맺고 싶어한다는 것을 깨닫게 된다. 만약에 아이가 우리에게서 등을 돌리거나 거리를 둔다면, 그것은 우리가 아이의 정서적 욕구를 채워주지 못했거나 아이 스스로 욕구를 충족 시키는 법을 가르치지 못했다는 뜻이다.

우리는 모두 한 배를 타고 있다

깨어있는 부모가 되려면 우리의 무의식, 앞서 말했듯 집단 무의식의 영향을 받은 우리의 무의식이 어떻게 아이들을 망가뜨리는지 알아야 한다. 예를 들면 다음과 같다.

- 아이에게 막대기와 돌이 아닌 다이아몬드를 쥐여줌으로써 탐욕스러 워지는 법을 가르친다.
- 아이가 성공하면 상을 주고 실패하면 벌을 줌으로써 모험을 두려워 하도록 가르친다.
- 아이가 진실을 말할 때 화를 냄으로써 거짓말을 하도록 가르친다.
- 아이의 감정을 무시하고 조건 없이 받아들이기를 거부함으로써 다 른 사람에게 비열하고 모질게 대하는 법을 가르친다.
- 아이에게 남보다 뛰어난 실력으로 "무언가가 되어야" 한다고 압력을 가함으로써 의욕과 열의를 잃게 만든다.
- 아이에게 지금과 다른 사람이 되라고 강요함으로써 부모를 거부하 게 만든다.
- 아이의 정신을 지배하고 제 목소리를 내지 못하게 함으로써 남을 괴

롭히는 사람이 되도록 가르친다.

- 아이에게 겉으로 드러나는 것은 다 해주면서 내면을 들여다볼 방법을 알려주지 않음으로써 혼란에 빠지고 어찌할 바를 모르게 만든다.

- 아이의 삶을 많은 활동들로 바쁘게 채워 차분히 앉아 있을 여유를 남겨두지 않음으로써 부주의하고 산만한 아이로 만든다.

- 우리의 시간과 에너지를 외모와 소유물에 쏟음으로써 아이에게 내면이 아닌 밖으로 눈을 돌리라고 가르친다.

- 아이가 처음으로 무례한 태도를 보일 때, 그리고 그 이후에도 곧바로 제지하지 않음으로써 부모를 무시하도록 가르친다.

- 부모로서 우리는 규칙을 세울 줄도 모르고 진심을 다할 줄도 모른 채 아이가 반항하도록 가르친다.

- 아이의 기를 죽이고 끊임없이 심판함으로써 아이가 수치심을 느끼게 만든다.

- 현재를 기쁘게 받아들이지 못하고 늘 미래에 초점을 맞춤으로써 아이를 불안하게 만든다.

- 아이가 느끼는 감정을 자꾸만 부모 마음대로 옳은 것과 그른 것으로 구분해 아이가 자기 자신을 좋아하지 못하게 만든다.

- 아이의 본질적인 모습을 보지 못하고 매번 배신감을 안겨줌으로써 아이에게 세상을 믿지 말라고 가르친다.

- 우리는 자신을 사랑하지 않음으로써 아이에게 자기 자신을 사랑하지 않는 법을 가르친다.

사람은 누구나 익숙하고 예측 가능한 방식으로 행동하고 싶어한다. 이런 습관에서 벗어나 마음에서 우러나는 대로 자연스럽게 대처하기가 쉽지 않다. 하지만 효과적인 양육을 위해서는 반드시 그렇게 해야 한다. 자기만의 독특한 정신을 지닌 아이를 키워내야 하는 우리가 습관적인 방식을 아이에게 강요한다면 아이는 진정성을 잃어버리고 말 것이다.

깨어있는 부모가 된다는 것은 아이에게 과시하고자 하는 우리의 욕구에 맞추라고 강요하지 않고 우리 스스로가 아이의 진솔함에 맞추는 것이다. 지칠 대로 지치고 냉소적이며 원망과 미움이 가득한 태도를 바꾸는 것이다.

아이가 얼마나 만족스러운 삶을 사느냐는 부모와의 관계와 밀접한 관련이 있다. 아이가 부모와의 관계를 통해 자기 내면과 교감하는 법을 배우지 못하면 교감에 목마른 영혼이 되어 다른 방법으로 연결고리를 회복하려 할 것이다. 명품이나 직장에서의 높은 지위, 값비싼 보석, 도박, 술, 약물, 여러 명의 파트너 등에 의존하며 관심을 밖으로 돌리려고 할 것이다.

반면에 부모와의 관계를 통해 자신의 내면과 의미 있게 교감하는 법을 배운 아이는 자기 혼자서도 충분히 만족할 수 있다. 이것이 의미 있고 찬란한 인생을 사는 열쇠다.

현재에 충실한 부모가 되려면

부모가 아이에게 제공해야 하는 것이 정서적인 모범과 안정감, 인정과 안전이라면, 아이가 부모 인생에 초대받은 이유는 오직 아이만이 가르쳐줄 수 있는 뭔가가 있기 때문이다. 그것은 바로 지금 여기에 충실한 자세로, 진심을 다해서, 즐겁고 자발적으로 인생을 대하는 법이다. 우리는 이것을 아이 때는 알지만 잘못된 양육의 결과로 어른이 되면 다 잊어버린다.

양육은 직접적인 관계가 있든 없든 수많은 사건 속에서 아이에게 매 순간 충실히 임해야 하는 일이다. 이 때문에 여기서 기발한 전략을 하나 배우고, 저기서 참신한 기술을 습득한다고 될 게 아니다. 깨어있는 양육은 매 순간 살아서 숨쉬며 유기적으로 접근하는 것이다. 아이는 우리가 삶을 대하는 모습에서 자신의 영혼에 귀 기울이는 법을 배우고 인생에 자기만의 독특한 각인을 새기게 된다. 그러므로 우리가 내면과 교감하면서 자기만의 목적에 맞게 살아가는 모습이 궁극적으로 아이의 인생에 가장 큰 영향을 준다.

이런 이유로 우리는 다음과 같은 질문을 스스로 던지는 습관을 통해 얼마나 현재에 충실한지 점검할 필요가 있다.

- 지금 마음의 소리를 잠재우고 고요히 앉아 있을 수 있는가?
- 생각을 멈추고 매 순간의 향기와 소리, 맛을 느낄 수 있는가?
- 삶이 '계획'대로 이뤄지지 않을 때조차도 크게 웃을 수 있는가?
- 상처받고 있을 때도 다른 사람에게 공감을 표할 수 있는가?
- 몸을 소중히 여기는가?
- 열정대로 살고 있는가?
- 불완전한 내 삶을 사랑하는가?
- 특별한 존재도 아니고 아무것도 하지 않는 나 자신을 받아들이고 하나가 될 수 있는가?
- 심판에 대한 두려움이나 부끄러움 없이 나의 가장 깊은 감정을 알아차릴 수 있는가?
- 내면에 중심축을 두고 세상을 바라보는가?

이렇게 해서 우리가 현재에 충실할 수 있다면 아이도 똑같이 배운다. 아이는 우리가 하는 말이 아니라 현재에 온전히 임하는 모습을 보고 배운다. 우리가 사주는 물건이나 우리가 보내는 대학이 아니라 우리의 깨어있는 모습에서 배움을 얻는다.

그러나 현실적으로 잡념 없이 오로지 경험 자체에만 집중할 수 있는 사람은 별로 없다. 우리는 의식하지 못하는 사이에 이것 아니면 저것 둘 중 하나, 선과 악, 기쁨과 고통, 너 아니면 나, 과거와 미래, 부모와 자식 등 극단적인 이분법에 집착한다. 그 순간 우리 자신과 우리를 둘러싼 세계가 분리되기 시작한다. 우리는 그 같은 분리가 일어나는 줄도 모른 채 그렇게 행동하는 경우가 대부분이다. 새로운 사람을 만나면 평가하기 바쁘고, 아이를 바라볼 때도 어느새 이런 생각을 한다.

"우리 아들은 착해." "쟤는 못됐어." "왜 저렇게 행동할까?"

우리는 계속해서 현실을 심판해야 한다고 느낀다. 그런 우리에게 현실을 있는 그대로 대하는 것은 낯설기만 한 일이다. 우리가 바라는 모습이 아닌, 있는 그대로의 현실에 충실히 임하기 위해서는 마음을 조용히 가라앉히고 과거와 미래에 대한 집착을 끊어야 한다. 그러려면 우리의 중심을 지금 여기에 두어야 한다. 모든 것을 이분법적인 사고의 틀로 바라보지 않고 순수하게 경험하는 상태로 들어가야 한다.

우리가 아이의 모습을 있는 그대로 받아들이지 못하는 것은 우리의 삶 자체가 현재에 충실하지 못하고, 과거에 길든 방식에서 가져온 이상적인 모습들을 아이에게 강요하려 들기 때문이다. 내 아이는 '내 것'이니 그럴 수 있는 무한한 권리를 가졌다고 믿고, 아이의 본질적인 모습을 억압하는 방식으로 양육한다. 깨어있지 않은 부모가 대부분인 이 사회에 우리도 한몫 거드는 셈이다.

우리의 무의식은 우리가 깊이 파헤쳐야 할 것이지 아이에게 물려줄 유산이 아니다. 깨어있는 부모가 된다는 건 매일의 일상에 무의식이 미치는 영향을 계속해서 알아차리는 것이다.

깨어있는 부모 밑에서 자라서 심리적으로 안정되고 존재 자체에 기쁨을 느낄 줄 아는 아이들은 이 세상이 얼마나 풍요로운지 발견하고 이 넘쳐나는 자원을 활용하는 법을 배운다. 이 아이들은 인생을 동반자로 바라보기에, 살면서 어려움을 만나도 호기심과 설렘을 느끼고 진지하게 몰입하는 자세로 임한다. 내면의 평화를 중시하고 존재 자체의 기쁨을 알아차리도록 길러진 아이들은 나중에 부모가 되었을 때 자기 아이가 기쁨이 충만한 상태로 살도록 가르친다.

이와 같은 기쁨은 영혼에 자신감을 불어넣는다. 만물과 하나가 되는 경험들로 삶이 채워지니 마음을 무겁게 하는, 권력과 통제를 향한 다툼은 끼어들 자리가 없어진다. 이로써 아이들도 치유의 힘이 흘러넘치는 삶을 살게 된다.

부록

깨어있는 부모를 위한
11가지 질문

: 스스로 묻고 답하며
깨어있는 상태로 나아가기

Q 1. 내 감정의 도화선은 무엇인가?

- 나는 어떤 경우에 감정에 휩싸이는가?
- 내 주된 감정의 도화선은 무엇인가?
- 폭발하는 감정을 어떻게 처리하는가?

Q 2. 나의 에고가 가장 집착하는 것은 무엇인가?

- 물질적 성공에 집착하는가?
- 부모, 배우자, 직장인 같은 내 역할과 이미지에 집착하는가?
- 끊임없이 무엇을 원하거나 필요로 하는가?
- 스스로가 부족하다고 느끼는가, 아니면 풍족하다고 느끼는가?
- 왜 나는 그런 상태에 있는 것일까?
- 내 인생에서 지금 움켜쥐고 놓지 못하는 것은 무엇인가? 그게 무엇이든 일찍 내려놓았더라면 어땠을까?

Q 3. 내 마음속 깊이 자리잡은 두려움은 무엇인가?

- 홀로 깊은 고독에 잠겨 자신을 거울에 비춰보면서 두려움과 마주해본 적이 있던가?
- 다른 사람들을 통제하거나 힘을 과시함으로써 두려움을 억누르지 않고 편하게 받아들일 수 있는가?
- 마음속 깊이 느껴지는 두려움을 가만히 지켜보고 이해하고 보듬어주고 다시 놓아줄 수 있는가?

Q 4. 나는 어떤 인생대본에 따라 살고 있는가?

- 지난날을 돌아보면서 내가 얼마나 집안 내력에 뿌리를 둔 인생대본에 따라 살아가고 있는지를 확인한 적이 있던가?
- 나는 과연 어떤 주제로 인생을 꾸려가고 있는지 알고 있는가?
- 타인과의 관계를 살펴봄으로써 나의 습관적인 패턴을 파악할 수 있는가?

Q 5. 내가 물려받은 정서적 유산은 무엇인가?

- 삶이 내가 바라는 대로 흘러가지 않을 때 내가 주로 보이는 정서적 반응은 무엇인가?
- 나는 어떻게 하루하루를 대하는가?
- 내 안에 새겨진 정서적 각인과 거리를 두고 그것을 경계할 수 있는가?
- 내 감정을 어떻게 아이와 배우자에게 쏟아내는지 알고 있는가?

Q 6. 나는 살면서 부정적인 일이 생기면 어떻게 처리하는가?

- 화가 나거나 우울할 때, 이런 감정을 외부 요인 탓으로 돌리는가, 아니면 내 안에서 처리하는가?
- 감정이 일어나면 곧장 반응하지 않고 가만히 앉아서 지켜보는가?
- 부정적인 감정을 흘려보낼 수 있는가?
- 내 감정을 다른 사람에게 쏟아낼 때 그런 나 자신을 알아차릴 수 있는가?

Q 7. 내 인생의 사명은 무엇인가?

- 좀 더 깊은 삶의 목적을 이해할 수 있는 경지에 이르렀는가?

- 내적 성취감을 느끼는가?
- 하루하루를 어떻게 의미 있게 만드는가?

Q 8. 나는 깨어있는 상태로 살아갈 수 있는가?

- 믿음과 통찰력을 갖고 살 수 있는가? 아니면 두려움과 걱정, 후회로 얼룩진 삶을 살고 있는가?
- 나는 내 본질을 이해하는가?

Q 9. 나는 행동을 중시하는 사람인가, 아니면 존재에 충실한 사람인가?

- 나는 어떻게 인생을 살아가고 있는가? 내가 하는 모든 일은 내 존재에서 비롯되는가?
- 하루하루를 끊임없는 활동으로 채워야 한다는 부담을 느끼는가? 아니면 적어도 하루에 한 번은 혼자 가만히 앉아서 내면의 고요함을 느낄 수 있는가?
- 나 자신과의 내적 교감을 강화하는 활동을 하는가? 아니면 너무 바빠서 교감이 끊긴 상태인가?
- 끊임없이 판단하고 정신적으로 뭔가 계속 해야 한다고 느끼는가? 아니면 아무 판단 없이, 다만 깨어있는 상태로 여러 가지 경험을 경험하는 데 충실할 수 있는가?

Q 10. 내 양육법의 핵심은 무엇을 기초로 하는가?

- 무의식중에 아이의 성공 기준을 뭔가 해내고, 만들어내고, 이루는 능력에 두진 않았는가?

- 아이가 어떤 행동을 시작하기에 앞서 자연스럽게 영감을 먼저 떠올리도록 기다려줄 수 있는가?
- 아이에게 타고난 모습이 아니라 내가 원하는 모습이 되라고 부담을 주고 있진 않은가?
- 아이를 바라보면서 뭔가 부족하다고 느끼는가, 아니면 충분하다고 느끼는가?
- 아이를 바라볼 때 자꾸만 뭔가 되기에는 아직 부족하다고 느끼는가, 아니면 지금도 충분히 놀라운 존재라고 여기는가?

Q 11. 나는 아이에게 내면과 연결되도록 어떻게 가르치는가?
- 아이를 어떤 식으로 대하는가?
- 아이의 이야기를 어떻게 듣는가? 소극적으로 듣는가, 아니면 적극적으로 듣는가?
- 아이의 진정한 모습을 다 볼 수 있는가?
- 아이가 자기 내면과 더 긴밀히 교감하도록 어떻게 도와주는가?
- 아이에게 모범이 될 수 있도록 나 스스로가 내면과 교감하는 모습을 보여주는가?
- 나는 인생을 어떻게 바라보는가? 인생은 자애로운가, 악한가? 아니면 그 답은 내가 처한 상황에 따라 달라지는가?

깨어있는 부모

1판 1쇄 발행 2022년 5월 25일
1판 12쇄 발행 2024년 12월 20일

지은이 세팔리 차바리
옮긴이 구미화
펴낸이 이선희

책임편집 이선희
독자 모니터링 박연주
저작권 박지영 형소진 최은진 오서영
디자인 이보람
광고 디자인 최용화 장미나 이연우
마케팅 정민호 박치우 한민아 이민경 박진희 황승현
브랜딩 함유지 함근아 박민재 김희숙 이송이 박다솔 조다현 배진성
제작 강신은 김동욱 이순호
제작처 영신사

펴낸곳 (주)나무의마음
출판등록 2016년 8월 25일 제406-2016-000107호
주소 10881 경기도 파주시 회동길 210
문의전화 031-955-2696(마케팅) 031-955-2643(편집) 031-955-8855(팩스)
전자우편 sunny@munhak.com

ISBN 979-11-90457-19-4 03180

○ 나무의마음은 (주)문학동네의 계열사입니다.
○ 잘못된 책은 구입하신 서점에서 교환해드립니다.
  기타 교환 문의: 031-955-2661, 3580

www.munhak.com